Goede Gendrich
Mit Büchse, Hund und gutem Wind

Goede Gendrich

Mit Büchse, Hund und gutem Wind

Landbuch

Umschlagfoto: Jürgen Weber, Hannover

Landbuch-Verlag GmbH, Hannover, 1983

Satz, Druck und buchbinderische Verarbeitung:
Landbuch-Verlag, GmbH, Hannover

ISBN 3 7842 0278 0

Inhalt

I cannot go to Canada 7
Endlich wieder ein Revier 10
Erste jagdliche Erlebnisse 19
Intermezzo 34
Zurück im alten Revier 40
Bilda 51
Arbeit und Einbuße 67
An den Teichen 87
Am Forsthaus 103
Hirsche ohne Zukunft? 115
Gedanken zur Bejagung des Rotwildes 129
Begegnungen und Erlebnisse mit Rotwild 136
Raudel 146
Gäste 175
Und doch noch starke Heidehirsche 191
Der große Sturm 1972 209
Rückblick und Zukunft 222

I cannot go to Canada

Am 20. Juli 1951 schrieb ich in sicherlich nicht ganz korrektem Englisch an das Kanadische Konsulat in Stuttgart einen Brief mit dem Kerninhalt: I cannot go to Canada.

Was war diesem Schreiben, in dem ich meinen ursprünglichen Einwanderungsantrag widerrief, weil ich inzwischen eine Anstellung in unserem Lande gefunden hatte, vorausgegangen?

Im Januar 1946 war ich nach längst beendeter Ausbildung in Mecklenburg vom Oberpräsidenten der Provinz Hannover „zur Fortsetzung meiner Ausbildung" in den Dienst der Landesforstverwaltung übernommen worden. Die Floskel „zur Fortsetzung meiner Ausbildung" hatte dem Landesforstamt nur zur Täuschung der alle behördlichen Maßnahmen überwachenden britischen Besatzungsmacht gedient. Niedersachsen zeigte sich damals im Vergleich zu anderen Landesforstverwaltungen besonders großzügig hinsichtlich der Aufnahme der aus dem Osten vertriebenen Forstbeamten.

Als Beamter auf Widerruf war ich von Januar 1946 bis Anfang Juli 1951 in zwei Forstämtern tätig. Bereits 1948 zeichnete sich jedoch die Gefahr ab, daß die Landesforstverwaltung nach der Wiederaufforstung der umfangreichen Kahlschläge für die Besatzungsmacht beträchtliche Schwierigkeiten haben würde, weiterhin die vielen von ihr teils auf Widerruf, teils als Waldfacharbeiter eingestellten Forstbeamten aus dem Osten zu beschäftigen.

Um 1950 wurde die Absicht des Ministers deutlich, fast sämtliche außerplanmäßigen Revierförster und Forstasses-

soren aus dem Staatsdienst zu entlassen. So faßte ich mit Einverständnis meiner Frau den Entschluß, mich in Kanada, dem Land der Elche, Karibus und Bären, um einen Job als Forstmann zu bemühen.
Kaum hatten wir uns mit dem Gedanken vertraut gemacht, Deutschland zu verlassen, überraschte mich das Regierungsforstamt Hannover mit der Weisung, mich zur weiteren Verwendung bei dem in der Südheide gelegenen Forstamt Neuensothrieth zu melden. Als mir dort die Betreuung des Forstortes Schelploh in Größe von 200 Hektar und des kurz zuvor von der Klosterkammer angekauften Forstortes Lohe in Größe von 550 Hektar übertragen wurde, war ich sicher, daß das Damoklesschwert der Entlassung nicht mehr über meinem Haupt hing. Als Wohnung wurde mir ein idyllisch am Waldrand gelegenes ehemaliges Jagdhaus zugewiesen, in dem zwar noch drei Flüchtlingsfamilien hausten, doch auch für meine Frau und mich vorerst genügend Platz war. Geplant war, den Bezirk Schelploh, nachdem er durch den Ankauf von Lohe die entsprechende Größe gewonnen hatte, zur Revierförsterei zu machen.

Damit hatte mich das Regierungsforstamt vor die Wahl gestellt, entweder auf das Revier in der Südheide oder aber auf den verlockenden Job in Kanada zu verzichten. Was alles ging in diesen Tagen meiner Frau und mir durch den Kopf! „Bleibe im Lande und nähre dich redlich!“ Selbst diese abgeflachte Redensart bekam plötzlich Gewicht und erschien uns nicht mehr als Phrase. Fontanes Wort: „Denn der ist in tiefster Seele treu, der die Heimat liebt wie du“, griff mir ans Herz und drohte, das Bild, das ich mir als Jäger von Kanada gemacht hatte, zu verdunkeln. Was aber hatten wir in Deutschland noch zu erwarten? Noch war das Wirtschaftswunder ein ferner Traum, und am politischen Horizont der alten Welt ballten sich bedrohliche Wolken zusammen. Sollten wir, soeben dem mörderischen Chaos mit nackter Haut entronnen, abermals vor dem Nichts stehen, uns vielleicht nochmals dem Wahnwitz eines neuen Krieges ausgesetzt sehen?!

Wir suchten nach Klarheit in uns und fanden sie nicht, solange wir debattierend des Nachts auf unseren Strohsäkken lagen und der Schlaf uns floh. Erst als wir am frühen Morgen ins Revier gingen – zum erstenmal, nachdem wir uns notdürftig in unserem neuen Heim eingerichtet hatten –, der Nebel sich von der Heide hob, das Licht der Sonne sich tausendfach in benetzten Spinnweben brach, ein Rudel Rotwild geruhsam vom Feld zu Holze zog und Sauen arglos vor uns unter breit ausladenden Eichen brachen, wurde es licht in uns, und wir lächelten und nickten einander wortlos zu, denn einer Erklärung bedurfte die Entscheidung nun nicht mehr.

Noch am Mittag desselben Tages schrieb ich dem Kanadischen Konsulat in Stuttgart: „I cannot go to Canada."

Endlich wieder ein Revier

Ich wußte nicht, was die Landesforstverwaltung von meiner Entlassung hatte Abstand nehmen lassen, während zahlreichen Kollegen das Arbeitsverhältnis gekündigt wurde. Bei aller Freude, mich selbst nicht auf die Straße gesetzt zu sehen, deprimierte mich doch ihr hartes Schicksal. Ich freute mich deshalb mit ihnen, als die Verwaltung etliche Zeit später auf gerichtlichem Wege gezwungen wurde, sie, mit Ausnahme einiger weniger, die inzwischen in der freien Wirtschaft besser dotierte Posten gefunden hatten, wieder einzustellen.

Warum ausgerechnet ich nach Schelploh versetzt wurde? Wer kennt schon die Gedanken einer sich nur allzuoft als deus ex machina gebärdenden Behörde? Hier oder dort ist eine Stelle vakant. Wen haben wir greifbar? Den Meier, den Schulze? Nehmen wir also den Schulze, und wie sich dort dessen Schicksal abspult – nun, was kümmert es uns. Dienst ist Dienst und Schnaps ist Schnaps. Ein Grund sprach allerdings dafür, mir Schelploh zu übertragen, wobei die Formulierung „übertragen“ vielleicht zu große Hoffnungen erweckte, denn noch war Schelploh keine Revierförsterei; es sollte vielleicht einmal eine werden. Eine Anfrage des Regierungsforstamts, ob ich als ehemals mecklenburgischer Forstbeamter Kenntnisse in der Bewirtschaftung von Rotwildrevieren besäße, konnte ich mit gutem Gewissen bejahen. Im stillen machte ich mir Hoffnungen auf ein Hochwildrevier, die sich nun zu erfüllen schienen.

Der 200 Hektar große Forstort Schelploh war waldbaulich in bestem Zustand. Der kurz zuvor angekaufte 550 Hektar große Forstort Lohe dagegen gehörte einst einem jüdischen Bankier, der dieses Waldgut als reines Jagdrevier betrachtet und deshalb waldbaulich kaum bewirtschaftet hatte. Als sein Besitz dann im Dritten Reich konfisziert und er selbst ausgewandert war, wußte der Staat offensichtlich nicht recht, was nun mit dem Waldgut geschehen sollte. Vom benachbarten staatlichen Forstamt zwar jagdlich betreut, wurde es jedoch – offenbar war man sich der Zukunft noch nicht sicher – forstlich in keiner Weise genutzt. Man hielt es nicht einmal für opportun, dort neue Kulturen zu begründen. Seit mehr als zwanzig Jahren war Lohe sich waldbaulich selbst überlassen geblieben. Nach dem Zusammenbruch erhielt der eigentliche Eigentümer sein Besitztum zurück; er verkaufte es jedoch an die Klosterkammer, weil er sich endgültig im Ausland niedergelassen hatte, und so wurde Lohe dem Forstort Schelploh zugeschlagen.

Die Klosterkammer ist als Deutschlands älteste und in ihrer Aufgabe wohl einzig dastehende Staatsbehörde zu betrachten. Ihre Gründung fußt, als eines der Ergebnisse des Lunéviller Friedens vom 9. Februar 1801, auf dem Reichsdeputationshauptschluß vom 25. Februar 1803, der, im Zuge der zweiten großen Säkularisationswelle, die katholischen Hochstifte, Stifte und Klöster den weltlichen Fürstentümern Deutschlands als Entschädigung für die westlich des Rheins an Frankreich abgetretenen Gebiete auslieferte. Während die katholischen Wittelsbacher und Habsburger ebenso wie die protestantischen Fürsten den Klosterbesitz ihren Ländern als Staatseigentum zuschlugen, blieb das Königreich Hannover dem überkommenen Grundsatz treu, die aus dem Klosterbesitz erwirtschafteten

Einnahmen den Kirchen, Schulen und karitativen Einrichtungen zukommen zu lassen. Am 8. Mai 1818 unterzeichnete der 1811 vom Parlament zum Regenten erklärte Prinz von Wales – 1820 wurde er als Georg IV. zum König von England und Hannover ausgerufen – ein Dekret, das „die Errichtung einer allgemeinen Klosterkammer zu Hannover" zum Inhalt hatte.

Mit dem Dekret von 1818 wurden die Einkünfte der calenbergisch-göttingischen Klöster mit denen des ehemaligen katholischen Besitzes zu einem, wie es 1840 nochmals betont wird, „von den übrigen öffentlichen Kassen gänzlich getrennten Klosterfond" vereinigt, „um davon nach der ursprünglichen Absicht der Fundatoren, jedoch auf eine den Erfordernissen der Zeiten angemessenen Art, die geistlichen Bedürfnisse unserer Untertanen nach Möglichkeit zu befriedigen und solche (Einkünfte) namentlich für Kirchen, Schulen, höhere Gymnasien und wohltätige Anstalten zu verwenden".

Die Klosterkammer besitzt umfangreiche Wälder, heute in etwa 25 000 Hektar. Die Forstbeamten der Klosterkammer sind Landesbeamte, die personell zwar der Regierung unterstellt sind, in allen Wirtschaftsfragen jedoch ihre Weisungen ausschließlich vom Leiter der Klosterforstverwaltung erhalten.

Für die waldbauliche Bewirtschaftung der angekauften Flächen standen zunächst weder Pläne noch entsprechende Mittel zur Verfügung. In Lohe beschränkte sich mein Dienst auf die Ausübung des Forst- und Jagdschutzes, und die waldbaulichen Arbeiten in Schelploh füllten meine Zeit nur zum Teil aus. Dieser Zustand befriedigte mich keineswegs, zumal ich als Jäger mit leeren Händen dastand. Noch immer war uns von der Besatzungsmacht der Besitz eigener Waffen verboten.

Dennoch lernte ich von Tag zu Tag mein Revier besser kennen. Wie oft schon hatte ich als Jäger den Reiz eines neuen Reviers ausgekostet! Es ist der Reiz des Entdeckens eines bis dahin unerforschten Gebietes, der Reiz des Abenteuers, das man mit klopfendem Herzen hinter der nächsten Dickung, hinter der nächsten Wegekehre erwartet. Nirgends aber eroberte ich mir, jedes Bild bedächtig auskostend und doch von unbändiger Neugier getrieben, ein Revier mit größerer Spannung als mein jetziges, vor allem Lohe. Im Westen schlossen sich, wie auch im Norden und Süden, weite Wälder an. Nur im Osten lagen, notdürftig mit einem alten Gatter gegen Wildschäden geschützt, Äkker des Klosterhofes sowie einiger Bauern und Neusiedler, die sich als Flüchtlinge inmitten von Kieferndickungen Heideland urbar gemacht hatten. Von Norden nach Süden verlaufend, wurde der Forstort von der Drelleniederung durchschnitten, im oberen Drittel von einem sechzig Meter breiten, mit kniehohen Gräsern und einzelnen Krüppelkiefern bestockten nassen Fenn, in der Mitte von kümmerlich mit Koppeldrähten eingefriedeten Wiesen und Weiden des Klosterhofes, im Süden von teils verwilderten Vorwärm-, teils gut bewirtschafteten Fischteichen, die vom Drellebach gespeist wurden.

Nirgends führte in die Tiefe dieses Forstortes ein öffentlicher Weg, kein Bestand war durch Schneisen zerhackt, keine Wirtschaftsfläche durch Jagensteine gekennzeichnet. Die mir vom Forstamt ausgehändigte Revierkarte trug ein Datum aus dem vorigen Jahrhundert. Verwunschene, kaum noch erkennbare Wege führten mich an weite Heideflächen, an Moore und Teiche, durch Birken- und Wacholderhaine, in Kiefern- und Fichtenbestände, deren wildwüchsige Einsamkeit seit Jahrzehnten von keiner Axt gestört worden war. Längst verwilderte, von Disteln und mannshohen Fuhren überwucherte Äsungsflächen trugen schwarze Narben, niemand hatte die Sauen beim Brechen gestört. Bizarre Kiefern, bis zum Fuß beastete Wetterfichten, breit ausladende Eichen und selbst ein Horst überalteter Buchen, an denen ich zwei von Künstlerhand in die Rinde geschnittene und längst verwachsene Umrisse von Rothirschen fand, unterbrachen die Dickungen, Stangen- und Althölzer.

Unter den Buchen lag ein viele Tonnen schwerer Findling, dessen Schrägen im gaukelnden Licht das grüne Blattmosaik der Buchen irisierend widerspiegelten. Einen skurrilen Namen trug dieser den Jägern als Treffpunkt für die Jagden dienende Stein. Als er unter Naturschutz gestellt wurde, unterrichtete eine Angestellte der Naturschutzbehörde das Forstamt von dieser Maßnahme. In ihrem Schreiben hatte die geologisch unkundige Angestellte aus dem „erratischen Block" (geol. = Findling) einen „erotischen Block" gemacht; offensichtlich brachte sie der lebendigen Körperlichkeit mehr Verständnis entgegen als der toten Materie. Der Name blieb, und mit ihm viele andere, die als Flurnamen aus längst vergangener Zeit immer noch die einzelnen Winkel dieses durch keine Abteilungsnummern entweihten Paradieses bezeichneten.

Wohin mich auch immer mein Weg führte, überall stieß ich auf Fährten von Rot-, Schwarz- und Rehwild, nur selten aber auf Spuren von Menschen. Wirklich, Forstmeister Funk hatte recht, wenn er mir gegenüber bei einem ersten gemeinsamen Reviergang äußerte, die Tore zu diesem Paradies sollten nur Jägern, niemals aber Forstleuten offenstehen, war hier doch endlich einmal eine Landschaft über Jahrzehnte hin sich selbst überlassen worden. Aus der Sicht der zwangsläufig wirtschaftlich denkenden Behörde aber mußte ein solches Wunschbild leider ein frommer Traum bleiben.

Doch auch die um Schelploh gelegenen Bestände entbehrten nicht jagdlicher Reize. Westlich der Bundesstraße lag der Espenloh, dessen landschaftlich schönsten Teil ein mehrere hundert Jahre alter, von jüngeren und älteren Fichtenhorsten durchsetzter Eichenbestand bildete. Teils von Dickungen, teils von Stangen- und Althölzern begrenzt, stand hier zu jeder Jahreszeit Wild. Im Frühjahr und Sommer fand es auf heimlichen Blößen Äsung, im Herbst und Winter war es die Eichelmast, die das Schwarz- und Rotwild anzog. Hinter Fichtenkulissen verborgen, lagen unter den alten Eichen mehrere Wassertümpel, deren Ufer von Fährten und Suhlen genarbt waren. In seiner Urtümlichkeit mußte dieser Eichenbestand jedem Jäger und Forstmann als ein rechter Herrgottswinkel erscheinen. Den „Urwald" nannte ihn der hier zuvor diensttuende Revierförster und legte mir ans Herz, ihn so zu bewahren, wie er ihn mir übergeben hatte. Ich versprach es ihm, und der „Urwald" blieb auch in den nächsten fünfundzwanzig Jahren in seiner Ursprünglichkeit erhalten.

Östlich der Bundesstraße, hinter dem Forsthaus, standen auf grundwassernahen Böden neunzigjährige Fichtenbestände bester Bonität. Teils mit gleichaltrigen Kiefern und Birken durchsetzt, zeichneten sie sich nicht nur durch hohe Ertragsleistung aus, sie schenkten auch, von Wiesen und Koppeln unterbrochen, den Spaziergängern den Anblick einer noch natürlichen Landschaft. So viele Besucher auch in den Wald gingen, nur wenige fanden die vom Lutterbach gespeisten, nur eine Viertelstunde Weges vom Forsthaus entfernt gelegenen Teiche. Sie aber waren es, die mich am stärksten anzogen.

Inmitten der mecklenburgischen Seenplatte als Sohn eines Forstbeamten groß geworden, hatte ich seit der Vertreibung aus der Heimat den Anblick von Wasser entbehrt, von Seen und Teichen, in denen sich Wolken und Wälder spiegelten. Noch wußte ich nicht, was alles ich hier an den Teichen als Jäger und Fischer erleben würde. Allein ihr Anblick beglückte mich, ich glaubte ein Stück Heimat zurückgewonnen zu haben. Und klopfenden Herzens, von Neugier getrieben, folgte ich dem sich einem Mäander gleich durch düstere Fichten, durch sphagnumbleiche Moore und lichte Wiesen schlängelnden Lutterbach, bis ich auch hier die Grenze des zauberhaften Reviers ausgemessen hatte.

Was aber nutzen einem Jäger die herrlichsten Jagdgründe, wenn er unbewaffnet bleiben muß? Um endlich wieder in den Besitz einer Jagdwaffe zu gelangen, suchte ich die Dienststelle des britischen Kreis-Residenz-Offiziers auf. Es überraschte mich nicht sonderlich, von einem unteren Dienstgrad an eine Dolmetscherin verwiesen zu werden; was mich jedoch aus der Fassung brachte, war ihre Mitteilung, daß mein Revier seit Jahren von den Engländern beschlagnahmt sei. Bereits im Begriff, mich zu verabschieden, wurde ich aufgefordert, doch noch zu bleiben.

„Sind Sie“, fragte sie mich verschmitzt lächelnd, „in Ihrem Revier schon einmal einem Engländer begegnet?“

„Nein!“ antwortete ich. „Aber . . .“

„Hab ich mir's doch gedacht! Schauen Sie her: Ausgerechnet Ihr Revier ist als letztes in der Liste der für die Engländer reservierten Jagden aufgeführt, und das als einziger Nachtrag auf der Rückseite des letzten Blattes. Ich wette, bisher hat noch keiner der britischen Herren von diesem Nachtrag Kenntnis genommen.“

„Und was bedeutet das?“

„Daß Sie unbesorgt in Ihrem Revier jagen können.“

„Wozu allerdings eine Waffe erforderlich wäre.“

„Natürlich“, lächelte sie. „Folgen Sie mir bitte in die Waffenkammer und suchen Sie sich dort ein brauchbares Gewehr aus!“

In der Waffenkammer standen etwa zwei Dutzend Flinten und Repetierbüchsen. Sie schienen gut gepflegt zu sein, wenngleich an keiner Waffe der Name ihres rechtmäßigen Eigentümers vermerkt war. Nach kurzer Musterung entschied ich mich für eine Haenel-Büchse im Kaliber 9×57. Sie lag mir gut und war von allen Büchsen augenscheinlich die beste. Mit der Munition haperte es allerdings; nur fünf Patronen konnten mir ausgehändigt werden.

„Und wie lange darf ich die Waffe behalten?“

„An der Führung der Waffe haben sich mehrere Jäger zu beteiligen. Das Gewehr geht im laufenden Turnus reihum und darf vom jeweiligen Jäger nur eine Woche geführt werden. Die beteiligten Jäger haben einen Ausweis mit sich zu führen, in dem die Nummer der Waffe vermerkt ist“, wurde ich belehrt.

„Ein recht umständliches und deprimierendes Verfahren!“

„Wem sagen Sie das! Es gibt aber eine Möglichkeit, diese Vorschrift zu umgehen. Sie werden jedoch Verständnis dafür haben, daß ich mir Einzelheiten erspare. Nur soviel: Ich gebe Ihnen einen Ausweis für die Büchse mit einer hier nicht registrierten Nummer. Mit diesem Ausweis können Sie die Waffe unbefristet in Ihrem Revier führen.“

„Aber dann stimmt doch die Nummer im Ausweis nicht mit der Nummer der Büchse überein.“

„Richtig! Doch das läßt sich leicht beheben. Gehen Sie zum Büchsenmacher Beyer, bestellen Sie ihm einen Gruß von mir und lassen Sie auf der Büchse die im Ausweis vermerkte Nummer einschlagen. Die alte Nummer muß natürlich unkenntlich gemacht werden.“

„Sagen Sie, ich bin doch gewiß nicht der erste, dem Sie auf diese Weise helfen?“

Und wieder lächelte sie: „Darüber sprechen wir besser nicht.“ Mit einem freundlichen Aufwiedersehen wehrte sie meinen Dank ab, als ich mich von ihr verabschiedete. Wie oft sie schon den Jägern und Forstleuten geholfen hatte, wieder in den Besitz einer Waffe zu gelangen, wurde mir deutlich, als sie anläßlich eines vom Forstamt veranstalteten Grünen Abends als besonders bevorzugter Gast gefeiert wurde.

Erste jagdliche Erlebnisse

Die Haenel-Büchse erwies sich als durchaus brauchbare Waffe. Zwei Probeschüsse reduzierten allerdings meinen Munitionsvorrat auf drei Patronen. Zufällig erfuhr ich jedoch, daß der im Nachbardorf residierende Bürgermeister unserer Gemeinde gleichfalls eine Büchse im Kaliber 9×57 führte. Zwar verfügte auch er nur über einen geringen Vorrat an Patronen, doch als ich in einer Jagdzeitschrift Patronen gleichen Kalibers angeboten fand, erklärte er sich bereit, sie zu kaufen. Mir selbst war das nicht möglich, wurde doch im Inserat eine Mindestabnahme von 100 Patronen zum damals unverschämten Preis von 300 DM gefordert. Immerhin konnte ich nun nach Bedarf vom Bürgermeister Munition für die Haenel-Büchse beziehen.

Als erstes Wild erlegte ich im November am alten Wildacker einen starken Fuchs. Auf der Pürsch hatte ich mich ihm auf vierzig Gänge genähert. Zwar wirkte sich das schwere Geschoß recht brutal aus, doch da die Kugel auf dem Halsansatz saß, ließ sich der Balg leidlich wieder zusammenflicken und zu einem annehmbaren Preis verkaufen.

Ende November, ich saß gerade am Schreibtisch, überraschte mich der Pächter des Klosterhofes Schelploh mit der Nachricht, auf seinem an der Bundesstraße gelegenen gegatterten Feld befände sich eine stärkere Sau. Fünf Minuten später hatte ich den immer noch im Gatter umherirrenden zwei- bis dreijährigen Keiler vor mir. Da ich weder in Richtung auf das Dorf noch auf die Bundesstraße schießen konnte, versuchte ich, ihn auf offenem Feld in einen Zaunwinkel zu drücken und mich ihm dabei auf schußgerechte Entfernung zu nähern. Doch das war leichter geplant als getan. Bald versuchte der Keiler nach links, bald nach rechts auszubrechen. Schließlich hatte ich mich ihm in dauerndem Zickzack soweit genähert, daß ich den Schuß wagen konnte. Im Knall überschlug er sich unmittelbar am Gatter, ein kurzes Schlegeln, und schon hatte das schwere Geschoß seine Wirkung getan. Siebzig Kilo wog der Keiler.

Schwarzwild zählt für mich seit eh und je zum jagdlich reizvollsten Wild. Zwei Sauen waren es auch gewesen, die ich kurz vor dem Zusammenbruch auf einer Drückjagd als letztes Wild in meiner mecklenburgischen Heimat erlegen durfte. So düster seinerzeit auch der nahe Zusammenbruch diese letzte Jagd in meinem heimatlichen Revier überschattet hatte, so hell steht noch heute jener in gleißendes Sonnenlicht getauchte Wintertag mit seiner makellosen Neuen und dicken Schneepolstern auf den Fichten vor meinen Augen.

Der jetzt erlegte Keiler war nicht das erste Stück Schwarzwild, das ich nach dem Kriege streckte. Bereits in meiner vorigen Dienststelle hatten mir die Briten einen englischen Militärkarabiner überlassen, um den zu Schaden gehenden Sauen begegnen zu können. Der Karabiner war eine unhandliche, für jagdliche Zwecke wenig geeignete Waffe, deren Diopter selbst stärkeres Wild fast verdeckte und dem Schützen in der Dämmerung das letzte Licht nahm. Allein auf dieses Waffenmonstrum gestützt, hätten die Briten den Krieg nie gewinnen können. Ohne lange zu fragen, versah ich den Karabiner mit einer selbstkonstruierten Visierung. Auf die den Lauf überdeckende Holzschäftung nagelte ich ein rechtwinklig gebogenes, mit einer Kimme versehenes

Stück Blech. Um die Visierung zu justieren, zog ich, bevor ich das Diopter entfernte, durch dessen Loch einen Faden zum Korn hin und paßte die grob vorgeschnittene Kimme in Tiefe und Seitenstellung mittels einer Feile dem straffgespannten Faden an. Einige Probeschüsse mit abgefeilten Militärgeschossen bestätigten mir den Erfolg der eigenmächtigen Manipulation.

Als erstes schoß ich mit dem Karabiner in der Abenddämmerung einen Frischling. Als nächstes Stück lief mich im Winter während der Rauschzeit bei hellem Tag ein Überläuferkeiler an, dem ich auf knapp dreißig Gänge die Kugel aufs Blatt setzte. Ich würde mich dieser beiden Schüsse heute wohl kaum noch erinnern, hätten sie damals nicht das deprimierende Gefühl in mir ausgelöst, als Jäger mit einer letztens doch unzureichenden Waffe ausgerüstet zu sein.

Eine dritte und letzte Begegnung mit Sauen im gleichen Forstamt hätte sich meinem Gedächtnis auch unter weniger bedrückenden Umständen eingeprägt. Es war ein stiller Herbstabend, an dem der volle Mond am sternenklaren Himmel stand, als ich nach dem Ansitz gemächlich heimwärtsschlenderte. Gesehen hatte ich außer einigen Rehen nichts. Einmal hatte ich geglaubt, Sauen vor mir in der Dickung zu hören, doch dann war es wieder still geworden. Durch das dunkle Dach der Kiefern fiel silbergrün das Mondlicht auf meinen Weg und spiegelte sich in breiten Pfützen wider, die der Regen am Tag zuvor hinterlassen hatte. Zwiefach sah ich so den Mond, am Himmel vor mir und auf dem Weg in dunklen Wasserlachen. Plötzlich hörte ich die Sauen wieder. Eine Weile zogen sie neben mir durch das von Fichten unterstandene düstere Altholz, dann näherten sie sich dem Weg, und ich blieb regungslos stehen. Obgleich es mir unmöglich erscheinen mußte, Kimme und Korn zusammenzubringen, erregte es mich, die Sauen unmittelbar vor mir zu wissen. Doch dann geschah es:

Drei, vier schwere Schatten kreuzten, keinen Steinwurf entfernt, gemächlich den Weg. Ein fünfter Schatten, breit und massig, löste sich vom linken Wegrand, verharrte zwölf Gänge vor mir inmitten einer Wasserpfütze, in der sich der Mond widerspiegelte. Der Umriß einer stärkeren Sau zeichnete sich deutlich ab. Und schon tauchte das Korn des Karabiners in das Spiegelbild des Mondes, glitt aufwärts in das schwarze Schattenbild des Wildkörpers, und dröhnend fiel der Schuß. Das Spiegelbild des Mondes zerbrach, Wasser platschte, und während nach rechts hin die Rotte fortbrach, flüchtete das beschossene Stück in die unterständigen Fichten zurück. Einmal noch glaubte ich, es fünfzig oder hundert Gänge entfernt zu hören, doch dann war es wieder still wie zuvor.

In der Nacht bangte ich um den Erfolg. Ich fragte mich, ob das abgefeilte Militärgeschoß auch ganze Arbeit geleistet hatte, ob es nicht leichtsinnig von mir gewesen war, dem Stück im diffusen Mondlicht die Kugel anzutragen, und woher ich nun einen brauchbaren Schweißhund nehmen sollte. Doch als ich am nächsten Morgen im Rauhreif am Anschuß stand und die Sonne jeden Strauch und jeden Baum in ein funkelndes Wunder verwandelte, sah ich, daß es keines Schweißhundes mehr bedurfte, der breiten Wundfährte zu folgen. Rot zog sie sich von Blöße zu Blöße, durch kniehohes Gras, Gestrüpp und Farn bis hin zur Dickung, an der ich am Abend zuvor angesessen hatte. Fast dreihundert Meter entfernt vom Anschuß stieß ich auf den verendeten Keiler. Das Geschoß hatte dem vierjährigen Stück Leber und Pansen durchschlagen und einen knapp fingerstarken Ausschuß hinterlassen. Seine Wirkung war unbefriedigend, ein deutsches Jagdgeschoß hätte dem

Stück ein schnelleres Ende bereitet. Und wieder mischte sich in den Becher der Freude die Bitterkeit, mehr als fünf Jahre nach Kriegsende noch immer mit einer unzureichenden Waffe jagen zu müssen und auf eine ängstliche Besatzungsmacht angewiesen zu sein, der deutsches Waidwerk erst zu einem Begriff werden sollte.

Natürlich hätte ich in meinem neuen Dienstbezirk auch gerne dem Rotwild nachgestellt, doch das Forstamt scheute sich, mir in dem beschlagnahmten Revier ein Stück freizugeben. Hinsichtlich der Sauen zeigte das Forstamt weniger Skrupel. Seit Jahren nicht nachhaltig bejagt, gingen sie im Feld derart zu Schaden, daß die Bauern bereits mit recht fragwürdigen Mitteln zur Selbsthilfe gegriffen hatten.

Vom Frühjahr bis zum Herbst dröhnten Nacht für Nacht auf den Feldern mit Karbid betriebene Böllergeräte, um die sich die Sauen bald den Teufel scherten. An den Waldrändern stank es nach Kornitol und einem ekelhaften Mittel, das den Schweißgeruch von tausend Menschen garantieren sollte. Während es mir eindeutig nach Kloake stank, schienen die Sauen sich an dieser Duftnote zu delektieren. Am labilen Hordengatter des Siedler-Neulandes stieß ich auf geschickt verblendete Fallgruben für Sauen, in die bereits mehrere Schwarzkittel gestürzt sein sollten. Der Pächter des Klosterhofes lieferte mir, kaum daß ich meinen Dienst angetreten hatte, einen geringen Überläufer, den er mit Hilfe seines riesigen Wolfshundes in einen Gatterwinkel getrieben und mit der Axt erschlagen hatte!

Es waren rauhe Sitten, die sich in den Revieren nach der Entwaffnung der Jäger und Forstbeamten eingebürgert hatten. In den feldnahen Dickungen fand ich ungezählte Schlingen. Inmitten des Forstortes ließ mich der Zufall in einem dichten Wacholder gar eine Repetierbüchse finden, deren Besitzer zweifellos ein allseits als Wilderer bekannter

Bundesbahnarbeiter war. Um ein Haar hätte ihn sein illegales Handwerk das Leben gekostet. Als eines Abends ein britischer Offizier in Begleitung eines deutschen Revierförsters auf dem Hochsitz saß und vor ihnen am Dickungsrand der Lump bewaffnet auftauchte, hatte der Brite den Finger bereits am Drücker. Gewiß hätte er den Kerl umgelegt, aber im letzten Augenblick gelang es dem Revierförster, den Briten von seinem rigorosen Vorhaben abzubringen. Der Wilderer selbst hatte die beiden nicht bemerkt, und es war sein Glück, daß der Wildacker vor dem Hochsitz leer
war sein Glück, daß der Wildacker vor dem Hochsitz leer
war und er sich enttäuscht wieder zurückzog.

Wohl die erregendste Begegnung mit Sauen – zugleich die fragwürdigste – verdankte ich dem Klosterhofpächter. Fast ein Jahr war seit meinem Dienstantritt vergangen, als ich Ende Mai gegen sieben Uhr nach ausgedehnter Frühpürsch auf eine Rotte Überläufer stieß. Das Feldgatter schloß hier eine Kieferndickung ein, aus der die Sauen vergeblich in den angrenzenden Wald zu entkommen versuchten. Da das Gatter nur noch zum Teil seine Aufgabe erfüllte, hatte der Pächter immer wieder Gelegenheit, mit seinem Hund das Schwarzwild vom Feld gegen den Draht zu hetzen. Und so war es auch an diesem Morgen geschehen.

Kaum war ich über den Zaun geklettert, um einen der Überläufer zu schießen, stand ich auch schon dem Hund gegenüber und hörte den Pächter mit seinen Leuten in der Dickung lärmen. Klirrend flohen vor dem Hund die Sauen den Draht an. Zugleich stürmten der Pächter, sein Schwager und ein Landarbeiter mit Mistgabeln und Knüppeln bewaffnet auf die in den Gatterwinkel gedrängte Rotte ein, eine Situation, in der ich unmöglich von der Schußwaffe Gebrauch machen konnte.

Einer der Überläufer prallte neben mir gegen den Draht, der Hund sprang zu und hielt ihn am Teller fest. Kurzerhand legte ich die Büchse ab, griff zum Weidmesser und ging die Sau schräg von hinten an. Die linke Hand über den Blättern in den Borsten verkrallt, holte ich mit der rechten zum Stoß aus, doch da riß sich die wohl einen Zentner schwere Sau los, ein harter Schlag traf mich unter dem rechten Knie, ich stolperte, empfand keinen Schmerz in der Aufregung und sah, wie sich der Hund dem Überläufer am Zaun erneut in den Weg stellte. Keiner von beiden ließ sich vom andern den Schneid abkaufen. Wütend nahm die Sau den Hund an. Bevor sie jedoch zuschlagen konnte, griff dieser über den Wurf hinweg nach ihrem Teller und hielt sie abermals fest. Und diesmal klappte es. Mit voller Kraft stieß ich der Sau die Klinge bis ans Heft ins Herz, ein kurzes Schlegeln, und schon war sie verendet. Warm lief mir der Schweiß über die Hand. Mein Atem hetzte, die Knie zitterten, das Herz jagte in der Brust. Mißtrauisch schielte ich nach dem riesigen Köter, in ihm hätte ich einen weit stärkeren Gegner gehabt.

Offensichtlich witterte die Bestie in mir keinen Konkurrenten, hetzte sie doch bereits einen nächsten Überläufer auf das Feld hinaus. Johlend, ihre Knüppel und Forken schwingend, stürzten die Männer der Sau nach. Ich rief ihnen zu, es genug sein zu lassen, doch sie kümmerten sich in ihrer Wut auf das ihnen verhaßte Schwarzwild nicht um mein Geschrei. Blut hatten sie geleckt, Urinstinkte waren in ihnen wach geworden, wilde Leidenschaft hatte ihnen den Verstand geraubt. Fluchend hetzte ich hinter ihnen drein. Am Feld angekommen, sah ich den Überläufer, vom Hund und von den Männern verfolgt, am Zaun entlang zum Lärchenberg flüchten. Mühelos überholte der Hund in gewaltigen Sätzen die Sau, stellte sich ihr wiederum in den Weg, erwartete fast gelassen ihren Angriff und drückte auch ihr mit eisernem Griff im kniehohen Gemenge den Wurf auf den Boden. Indem warf sich, es war ein Bild für barbarische Götter, der Pächter in seiner Wut von hinten auf den Überläufer, umklammerte ihn mit beiden Armen und wälzte sich mit ihm und dem Hund im taunassen Getreide, von der in ihrer Angst sich lösenden und nässenden Sau zusätzlich eingeweicht.

„Mann, stehen Sie endlich auf und heben Sie die Sau aus!" rief ich ihm zu, als ich sah, daß sein Schwager ihm mit der Mistgabel zu Hilfe kommen wollte. Doch was wußten die beiden schon vom Ausheben einer Sau?! Wissen doch die wenigsten Jäger, daß man Schwarzwild in der Stärke von Überläufern an den Hinterläufen anheben kann, um sie gefahrlos von einem Waidgenossen abfangen zu lassen. Eine Mistgabel aber war die am wenigsten geeignete Waffe dafür, und da ich in dieser verrückten Situation wiederum keinen Gebrauch von meiner Büchse machen konnte, ohne den Pächter und seinen Hund zu gefährden, fing ich auch diesen Überläufer mit der blanken Waffe ab.

Ungeachtet seiner verdreckten Kleidung forderte mich der Pächter auf, nunmehr noch den übrigen in der Dickung befindlichen Sauen nachzustellen. Doch jetzte reichte es mir. Gewiß, auch mich hatte der Rausch männlichen Erlebens gepackt, und ich hatte mich, den nackten Stahl in der Faust, in eine Zeit zurückversetzt gefühlt, in der man noch mit Mann und Meute und mit schweißgeröteter Klinge vor dem wehrhaften Wild stand und der eigenen Wunden nicht achtete. Doch als das Herz nicht mehr pochend in der Brust hämmerte, fiel der wilde Rausch von mir ab, und meine Augen sahen ein anderes Bild. Sie sahen die irrlichternde Angst des Wildes und die Qual, die es unter dem brutalen Schreien und Toben der Menschen und des Hundes litt. Und ich fragte mich, ob die Jagd mit der blanken Waffe, mit dem Weidblatt oder mit der Saufeder, noch heute ihre Berechtigung hat.

Ich habe diese Frage vielen Jägern gestellt. Einige wollten mir weismachen – sie hatten in ihrer Jugend selbst noch mit der Saufeder gejagt –, daß die von Hunden eingedeckten und vom Jäger bedrohten Sauen während dės turbulenten Kampfgeschehens keinerlei Angst empfinden. Andere sahen selbst im Angriff einer vermeintlich schneidigen Sau nur den Ausdruck panischer Furcht. Wie dem auch sei – es wird uns nie gelingen, in die Psyche der in freier Wildbahn lebenden Geschöpfe einzudringen. Eines aber ist für mich gewiß: Die unmittelbare Nähe des Menschen bereitet dem Wild ungleich größere Angst als ein unerwarteter Büchsenschuß. Im übrigen gehört die Jagd mit der Meute und der Saufeder einer längst vergangenen Zeit an. Wollten wir sie aus romantischen Reflexionen wieder heraufbeschwören, wir würden gegen das Gesetz der Humanität verstoßen.

Auch Nicker und Weidblatt zählen zu den blanken Waffen, die den Jäger in unmittelbare Berührung mit dem zumeist kranken Wild bringen und es in panische Angst versetzen. Zwar sollten wir sie mit absoluter Sicherheit zu handhaben verstehen, ihrer Anwendung jedoch, wo immer es möglich ist, den schnellen und schmerzlosen Fangschuß vorziehen. Bei einer Strecke von etwa siebenhundert Stück Schalenwild sah ich mich allenfalls zehnmal Situationen ausgesetzt, in denen ich zum Nicker greifen mußte.

Vor fünfhundert Jahren wäre der Hund des Pächters als unvergleichlicher Saupacker von fürstlichen Jägern wohl mit Gold aufgewogen worden, in unserer humaneren Zeit aber konnte man ihn nur als Bestie übelster Sorte betrachten. Nicht allein, daß er lautlos und voller Argwohn den Jägern gegenüber das Wild in den Wäldern hetzte, vor seiner Blutgier waren selbst die Rinder seines eigenen Herrn nicht sicher. Voller Entsetzen sah ich eines Morgens auf der Weide vier von ihnen mit blutüberströmten Keulen und teils abgebissenen, teils noch an wenigen Sehnen baumelnden Schwänzen. Im Glauben, ein schizophrener Sadist sei hier tätig gewesen, teilte ich meine Beobachtung dem Pächter mit. Seine Reaktion war beschämend, kein Wort des Mitleids kam über seine Lippen. Zwei Jahre später verendete dieser blutrünstige Hund im Schrothagel meiner Flinte. Und das auf eigenen Wunsch seines Besitzers. Ein tollwütiger Fuchs hatte den am Stall angeketteten Hund angefallen und war von diesem im Handumdrehen ins Jenseits befördert worden. Allein die Furcht, der Hund könnte sich infiziert haben, hatte den Pächter veranlaßt, sich von diesem Scheusal zu trennen. Der erbärmliche Anblick der geschundenen Kühe hatte ihn nicht dazu veranlassen können.

Wenn es auch zu meinen Aufgaben gehörte, ein gutnachbarliches Verhältnis zu den Pächtern zu pflegen, machte es mir dieser Mann oft schwer, Verständnis für ihn aufzubringen. Häufige Mißernten lastete er nicht der unzulänglichen Bewirtschaftung seiner Ländereien, sondern ausschließlich den durch Rot- und Schwarzwild verursachten Schäden an. Mangelnde Instandhaltung der Weidezäune ließ alle naselang sein Vieh ausbrechen und sich im Revier umhertreiben.

Als im Frühjahr die Sauen auf den Drelleweiden nach den vier Zentimeter langen Larven der großen Wiesenschnake brachen und dabei die Grasnarbe übel zurichteten, setzte ich mich des öfteren an der Drelleniederung an. Eines Morgens, es war bereits heller Tag geworden, hörte ich hinter mir in der Dickung Sauen. Da sie zu dieser Tageszeit gewiß nicht mehr auf die Weide ziehen würden, entschloß ich mich, sie zwischen den Pflanzreihen in der Dickung anzugehen. Teils gebückt, teils auf allen vieren kriechend, gelang es mir, mich ihnen auf weniger als dreißig Meter zu nähern. Eine schmale Blöße bot sich als Schußfeld an. Ein starker weißgescheckter Überläufer tauchte auf, das Auge brachte Korn und Kimme zusammen, der Finger schmiegte sich an den Abzug, doch dann kam mir die Sau in ihrem Umriß, in ihrer kurzhaarigen, fast nackten Schwarte so merkwürdig vor, daß ich die Büchse wieder absetzte – kein Zweifel, ich hatte eines der Borstentiere aus dem Stall des Pächters vor mir.

Ärgerlich, daß dieser beim Ausmisten des Stalls seine Schweine wieder sich selbst überlassen hatte, war ich versucht, die zahme Sau zu schießen. Ich stellte mir vor, wie dumm er wohl aus der Wäsche schauen würde, wenn ich ihn bat, die Sau zum Forsthaus zu schaffen und er in ihr eines seiner eigenen Borstenviecher erkennen mußte. Vorher würde ich das Stück natürlich aufbrechen und mir nach altem Jägerrecht Herz, Leber und Lunge aneignen. Verdient hatte er es. Doch schon hörte ich das Gelächter meiner Kollegen und sah ihr schadenfrohes Grinsen, mit dem sie mein Waidmannsheil quittierten. Als ich ihnen dann von der Begegnung mit der zahmen Sau erzählte, waren sie von meinem Verzicht auf deren Abschuß enttäuscht, wäre es doch eine Mordsgaudi gewesen, den Pächter seine eigene Sau heimfahren zu sehen. Man kann es halt niemandem recht machen!

Zwei Wochen später hatte ich in derselben Dickung eine ungewöhnliche Begegnung. Mit einem Waldarbeiter numerierte ich Grubenholz, als in der Nähe ein undefinierbares Klagen laut wurde. Ich unterbrach meine Arbeit und stieß in der Dickung auf einen am Boden liegenden, etwa dreijährigen Bock, dem ein Teckel an der Drossel saß. Es war der Hund eines Kollegen. „Du Mistvieh!" beschimpfte ich die kleine Kröte mehr überrascht als ärgerlich. „Willst du den Bock wohl auslassen!" Doch Racker dachte nicht daran, freiwillig von seiner Beute abzulassen. Erst als ich ihn energisch beiseitegeschubst hatte, konnte ich den Bock näher betrachten.

Heftig atmend, die Lichter verdrehend, lag er auf der Seite und machte keinerlei Anstalten, sich wieder aufzunehmen. Da ihm keine Verletzungen anzusehen waren, stellte ich ihn kurzerhand auf die Läufe, was er sich widerstandslos gefallen ließ. Wie gelähmt verharrte er in dieser Stellung. Schließlich gab ich ihm einen Klaps auf den Hintern, pardon: auf die Keulen, und verwirrt zog er davon. Jahre noch sah ich ihn völlig gesund in seinem Einstand stehen. Erklären konnte ich mir dieses ungewöhnliche Verhalten nur damit, daß er sich, vom Teckel im Schlaf überrascht, nach erster Panik in einem schockartigen Zustand befand.

Überhaupt schien mein neuer Dienstbezirk für Überraschungen sicher zu sein. Am 22. März befand ich mich am späten Nachmittag mit meiner dreijährigen Teckelhündin Bilda auf dem Weg zum alten Wildacker. Ich hatte die Rauhhaarhündin von einem Kollegen geschenkt bekommen, als ich mich anläßlich meiner Versetzung nach Schelploh von ihm verabschiedete. Die Hündin, die er selbst erst wenige Tage zuvor von einem in die Kolonien abkommandierten britischen Offizier erhalten hatte, gefiel mir auf den ersten Blick. Ich kannte zwar weder ihre jagdlichen Qualitäten noch den Zwinger, aus dem sie stammte – und gewann mit ihr einen der besten Hunde, die ich je geführt hatte.

Bis dahin hatte Bilda kaum Gelegenheit gehabt, mir ihr Können zu beweisen. Auch an diesem Tag konnte ich keinen positiven Eindruck von ihr gewinnen. Im Gegenteil – mir vorauslaufend, verhoffte sie plötzlich kurz vor dem Wildacker mit gesträubten Haaren und in offensichtlicher Angst, um im nächsten Augenblick, soweit es die Leine zuließ, an mir vorbei zurückzuflüchten. Eine Kreuzotter, dachte ich, vor der sich die sonst so schneidige Hündin vielleicht fürchtet. Doch nirgends war etwas Verdächtiges zu sehen, und ich wußte mir keinen Vers auf ihr merkwürdiges Verhalten zu machen. Als sie mir weder auf freundlichen Zuspruch noch auf energischen Anpfiff folgen wollte, zog ich sie kurzerhand an der Leine mit mir. Zwei, drei Meter widersetzte sie sich dem Zwang, dann prellte sie plötzlich nach vorn, so daß ich den Eindruck gewann, sie wolle sich nunmehr in entgegengesetzter Richtung einem mir rätselhaften, nur wenige Meter breiten Gefahrenbezirk entziehen. Sollte die Hündin auf die Spur eines Wolfes gestoßen sein? Seit Wochen kursierten Gerüchte, daß ein solcher in der Südheide gesichtet worden sei.

Wenn das der Fall war, so überlegte ich, ließe sich das am besten beweisen, indem ich mit ihr in größerem Abstand einen Kreis um den ihr gefährlich erscheinenden Platz schlug. Handelte es sich wirklich um einen Wolf, mußte sie dabei zweimal dessen Spur kreuzen und zweimal in gleicher Weise ängstlich reagieren. Und genau das trat ein.

Um meine Vermutung bestätigt zu sehen, vor allem aber, um einen Zeugen für meine Beobachtung zu haben, veranlaßte ich die Frau eines benachbarten Kollegen, mich am nächsten Morgen mit zwei Teckeln aus ihrer Zucht zu der ominösen Spur zu begleiten und ihre Hunde wiederholen zu lassen, was ich mit meiner Hündin exerziert hatte. Beide Teckel sprachen in gleicher Weise, wenn auch nicht mehr so heftig, auf die uns unsichtbare Spur an.

Daß einen Tag später in weniger als sieben Kilometer Entfernung ein Wolf erlegt wurde, erfuhr die Öffentlichkeit, und auch ich selbst, erst nach mehreren Wochen.

Am Nachmittag des 23. März 1952 befand sich der seinerzeit in Unterlüß wohnhafte Revierförster König in Begleitung eines Bekannten auf einem Reviergang. Nahe der Grenze zum Schießplatz Rheinmetall-Borsig AG tauchte unverhofft am Dickungsrand ein ungewöhnlich starker Hund auf. Der Begleiter des Revierförsters erinnerte sich später, daß der Hund sich in einem „typischen, raumgreifenden Wolfstrab" bewegte und sofort umschlug, als er die beiden gewahrte. Bevor er jedoch in die Dickung eintauchen konnte, gelang es dem Revierförster, ihm auf 112 Meter die Kugel anzutragen; mit gutem Blattschuß brach er zusammen.

Seinerzeit munkelte man, der Revierförster habe sich über den Vorfall ausgeschwiegen, weil er befürchtete, der Hund könne einer in der Nähe stationierten britischen Einheit gehören. Sein Begleiter erzählte mir später, sie seien beide nicht auf den Gedanken gekommen, es könne sich bei dem erlegten Tier um einen Wolf handeln. Sie hätten den vermeintlichen Hund einfach in der Dickung liegen lassen in der Hoffnung, daß sich die Sauen und Füchse seiner annehmen würden. Doch war es für sie wohl nicht der rechte Fraß.

Etliche Zeit danach – das Tier war inzwischen leicht verludert – fand ein ehemals ostpreußischer Forstmann den vermeintlichen Hund und sprach ihn sogleich richtig als Wolf an. Seine Schulterhöhe betrug 86 cm, auch sein Gewicht von 47 kg konnte noch festgestellt werden. Kopf und Läufe wurden in einem Blechbehälter dem Jagdinstitut in Hann. Münden übersandt; das Institut bestätigte, daß es sich einwandfrei um einen Wolf handelte. Später erfuhr ich auch, daß der Wolf offenbar aus der Richtung meines Reviers gekommen war. Damit bestätigte sich mir mit an Sicherheit grenzender Wahrscheinlichkeit, daß mein Tekkel mir in meinem Revier die Spur eines Wolfes verwiesen hatte.

Bedauerlich bleibt, daß der Wolf, ebenso wie der berühmte „Würger vom Lichtenmoor“, nicht als Ganzes präpariert werden konnte. Hier wie dort hatte man zu spät erkannt, was man eigentlich geschossen hatte. Während sich der bei Unterlüß erlegte Wolf kaum als Wildgeißel bemerkbar gemacht hatte, wurden dem etliche Jahre zuvor im Lichtenmoor bei Nienburg geschossenen Wolf mehr als hundert gerissene Rinder angekreidet. Zwar hatte dieser wesentlich länger im Umkreis vom Lichtenmoor sein Unwesen getrieben, wie viele der ihm angelasteten Rinder aber in jenem Nachkriegsjahr in Wirklichkeit schwarzgeschlachtet wurden, weiß niemand.

Intermezzo

Hatte ich mich bis dahin bereits voller Dankbarkeit im Besitz eines eigenen Reviers gewähnt, überraschte mich im Frühsommer die Nachricht, daß die Einrichtung einer Revierförsterei in Schelploh nun doch in Frage gestellt sei. Es standen Tauschverhandlungen zwischen Klosterkammer und Staatsforstverwaltung über verschiedene Reviere bevor. Um für die bevorstehenden Verhandlungen entsprechende Grundlagen zu gewinnen, wurde ein Forstmeister beauftragt, für meinen Dienstbezirk eine entsprechende Waldwertrechnung zu erstellen, ich sollte ihn bei dieser Tätigkeit unterstützen. So lehrreich diese Arbeit für mich auch war, leitete sie doch zu meinem Kummer meinen Abschied von dem mir bereits so vertraut gewordenen Revier ein.

Eines Nachmittags, zur Kaffeezeit, erschien in einem offenen, mit Silberbronze angestrichenen Wagen ein in seiner Größe imponierender Forstmann, der sich meiner Frau und mir als der mit der waldbaulichen Bewertung meines Dienstbezirks beauftragte Forstmeister vorstellte. Wie es bei ersten Begegnungen mitunter der Fall ist, registrierte keiner von uns bei der gegenseitigen Vorstellung den Namen des anderen.

Während der Forstmeister mir sein Anliegen erläuterte, hörte ich ihm nur mit halbem Ohr zu. Irgendwie kam er mir bekannt vor, und ich überlegte angestrengt, wo ich diesem Mann schon einmal begegnet sei. Leicht angegraut, schien er mir nicht wesentlich älter als ich zu sein. Ich war mir dessen nicht sicher, aber. . .

„Entschuldigen Sie, Herr Forstmeister: Sie sind etwa dreiundvierzig Jahre alt?“ unterbrach ich ihn, und war mir im gleichen Augenblick der Ungehörigkeit meiner Frage bewußt. Keineswegs gekränkt, bestätigte er mir lachend sein Alter.

„Dann habe ich bereits vor zwanzig Jahren als Revierjäger – Sie waren seinerzeit noch Forstbeflissener – mein Brot mit Ihnen geteilt. Sie mußten damals bei mäßiger Verpflegung für eine primitive Unterkunft viel Geld bezahlen.“

„Revierjäger?! Diese Dienstbezeichnung gab es für Hilfsförster nur in Mecklenburg-Strelitz. Mann Gottes, dann sind Sie der Goede Gendrich, mit dem zusammen ich ein halbes Jahr meiner Ausbildung in einem Strelitzer Forstamt verbrachte!“

„Genau, Herr Forstmeister Hauck!“

Die Freude war auf beiden Seiten groß, das Schwelgen in Erinnerungen nahm kein Ende, der Nachmittag ging in den Abend über, und als wir uns verabschiedeten, hatten wir vereinbart, daß er während seiner Tätigkeit in meinem Revier bei uns wohnen sollte. Fast zehn Monate blieb er uns ein lieber, ebenso impulsiver wie fröhlicher Gast.

Gemeinsam legten wir im Forstort Lohe die Fluchtlinien für die einzelnen Jagen fest, errechneten die Größe der Wirtschaftsflächen und nahmen den Holzvorrat der einzelnen Bestände auf. Die Arbeit machte mir Freude, doch bei dem Gedanken, dieses herrliche Revier wieder aufgeben zu müssen, wurde mir weh ums Herz. Dennoch – weder meine Frau noch ich wollten daran glauben. Wenn auch durch nichts zu begründen, stand für uns immer noch fest: hier sind wir und hier bleiben wir. Forstmeister Hauck tröstete uns mit dem Hinweis, daß die Verhandlungen nicht unbedingt zu einem positiven Ergebnis führen müßten. Und selbst als die Regierung meine Versetzung an das staatliche Forstamt Hannover zum 1. November verfügte, gab ich die Hoffnung nicht auf, Schelploh doch noch als Revierförsterei übertragen zu bekommen.

Bevor ich die Südheide verließ, schoß ich auf Pürsch und Ansitz noch einige Sauen, darunter einen laufkranken Überläufer. Während der Blattzeit erlegte ich auf einer der weiten Heideflächen meinen ersten Bock nach dem Zusammenbruch, einen vierjährigen, gut geperlten Spießer mit ungewöhnlich langen Stangen und starken Rosen. Die Kugel saß auf dem Blatt, dennoch konnte mich das schwere Geschoß der Haenel-Büchse nicht begeistern, seine Wirkung war für Rehwild zu brutal. Leider konnte ich mich auch nicht auf die vom Bürgermeister bezogene Munition verlassen. Als ich eines Abends mit einem Engländer – er war kein Jäger – im Urwald auf der Kanzel saß, kam uns unter den Eichen ein einzelner Überläufer. Bestens, dachte ich, nun kannst du dem Engländer einmal zeigen, wie man einem Stück Schwarzwild eine waidgerechte Kugel anträgt. Ihm kam das Stück wie ein kleiner Bär vor. Zweimal brachte ich Korn und Kimme gut zusammen, doch beide Male hatte ich einen Versager. Für den Briten, der dem Schuß entgegenfieberte, tat es mir leid. Wenig später gab ich die Büchse an den Kreis-Residenz-Offizier zurück und trat meinen Dienst im Forstamt Hannover an.

Während meine Frau weiterhin im Forsthaus Schelploh wohnte, nahm ich, nunmehr mit einem Motorrad ausgerüstet, meinen Dienst im Forstamt Hannover, in einer zur Zeit verwaisten Revierförsterei, auf. Waldbaulich zwar reizvoll durch die unterschiedlichsten Holzarten und Bestände, hatte mir noch nie ein Revier so wenig zugesagt wie dieses. Vom Mittellandkanal, der Autobahn, einer Bundesstraße und der Bundesbahn durchschnitten, wurde es obendrein durch den Badebetrieb an einem See und einem daneben gelegenen Golfplatz derartig beunruhigt, daß hier jeden noch von letzter Romantik träumenden Forstmann das Grausen packen mußte. Sooft es mir der Dienst erlaubte, flüchtete ich am Wochenende auf meinem Krad, die gute Bilda vor mir auf dem Tank bis zum Hals in einem Rücksack verstaut, in die friedliche Südheide.

Im Frühjahr 1953 entschloß sich die Forstverwaltung mit Billigung der Besatzungsmacht, den Forstbeamten einen Zuschuß für den Ankauf einer Jagdwaffe zu gewähren. Ich entschied mich für den Kauf einer Repetierbüchse – der Zuschuß betrug 300 Mark – und erstand einen schnittigen, vollgeschäfteten Brünner Stutzen im Kaliber 6.5 × 57. Ich wählte dieses Kaliber, dessen Geschoß eine Anfangsgeschwindigkeit von 1010 m/s erreicht, auf Grund der guten Erfahrungen, die ich in mecklenburgischen Hochwildrevieren mit dem seinerzeit von Collath-Teschner entwickelten Tesco-Kupfermantelgeschoß im Kaliber 6.6 × 58 ½ gemacht hatte. Ich habe diese Wahl in nunmehr bald dreißig Jahren Praxis nie bereut. Zwar lieferte das nur sechs Gramm schwere Geschoß bei stärkerem Rot- und Schwarzwild nur selten einen Ausschuß, es ließ aber, seine enorme Energie restlos im Wildkörper verzehrend, das Wild zumeist schlagartig verenden. Und darauf kam es mir unter dem Aspekt waidgerechten Jagens allein an.

Ein Fehler freilich, den ich beim Kauf nicht bemerkt hatte, haftete dem in der Tschechoslowakei nachgearbeiteten Brünner Stutzen an: Das Schloß ließ sich nicht mit dem Sicherungsflügel verriegeln, was bei Nachsuchen in engen Dickungen mehrmals dazu führte, daß es sich öffnete und die im Patronenlager befindliche Patrone verlorenging.

Das einzige Stück Schalenwild, das ich mit dieser Waffe in meiner neuen Dienststelle schoß, war ein Bock, dessen

Erlegung mir viel Freude bereitete. Das Rehwild war hier besonders stark, der Leiter des Forstamtes erlegte in diesem Jahr einen Bock mit einem Gehörngewicht von etwa 400 Gramm. Ein junger Beamter, dem ein IIb-Bock freigegeben worden war, schoß einen kurzen knuffigen Gabler und mußte, mit dem Rehwild des Forstamtes noch zu wenig vertraut, bestürzt feststellen, daß er einen Jährling auf die Decke gelegt hatte. Eine besonders reizvolle Note verlieh der Jagd das im Forstamt vertretene schwarze Rehwild.

Ende Mai tauchte vor meinem Hochsitz im hellen Grün der Himbeeren tiefschwarz das Gesicht eines Sechsers auf, in dem kein graues Haar, kein noch so schemenhaft angedeuteter Muffelfleck auf sein Alter hinwiesen. Zwar ließen mich die starken Rosen unter halbwegs gut geperlten Stangen einen älteren Bock vermuten, doch erst als er zögernd aus den Himbeeren trat und ich sah, daß er noch nicht verfärbt hatte, glaubte ich, mir dessen sicher zu sein. Sein silbergraues Winterhaar, durch das nur in den Dünnungen die ebenholzfarbene Sommerdecke schimmerte, leuchtete im letzten Sonnenlicht auf und stand in wunderlichem Kontrast zu dem schwarzen Haupt.

In zwei Wochen würde er kohlrabenschwarz vor den hellgrünen Himbeeren stehen, und sein Bild würde sich mir noch unauslöschlicher als das eines schwarzgeharnischten Ritters einprägen. Doch würde ich ihn in seinem dichten Einstand je wieder in Anblick bekommen? Indem zog er mit schwerem Träger auf eine Blöße, die ihn mir gänzlich freigab und mich die Bedachtsamkeit des alten Bockes, nur das Bekömmlichste und Beste für den Pansen zu pflücken, erkennen ließ. Im Knall des Brünner Stutzens riß es ihn von den Läufen. Einmal noch hob er das Haupt im Licht des erlöschenden Abends, dann fiel es schwer auf die noch sonnenwarme Erde zurück. Sechs Jahre zählte der Schwarze vom Rettmer Berg.

Da ich inzwischen einer der ältesten außerplanmäßigen Revierförster Niedersachsens geworden war, wurde ich bei jeder Gelegenheit gefragt, wann ich mich endlich um eine Planstelle bewerben wolle. Die jetzt von mir betreute Revierförsterei zum Beispiel sei vakant, ich würde sie sicher übertragen bekommen. Alles, nur das nicht, dachte ich und bewarb mich um zwei Stellen, von denen ich mit Sicherheit wußte, daß man sie mir als kinderlos verheiratetem Beamten im Hinblick auf ihre günstige Lage zum nächsten Schulort bestimmt nicht geben würde. Immer noch träumte ich davon, wieder in die Südheide zurückkehren zu können.

Ende Mai drohte der Landforstmeister mir, mich in den Innendienst zu versetzen, für den ich angeblich besonders gut geeignet sei. Der Zufall wollte es, daß mich eine Stunde zuvor ein Telegramm meiner Frau erreicht hatte des Inhalts: „Verhandlungen gestern nachmittag gescheitert. Es ist beabsichtigt, Dich zurückzurufen." Natürlich konnte ich dem Landforstmeister nichts von dieser vertraulichen Mitteilung erzählen. Aus meiner Hoffnung, Schelploh doch noch übertragen zu bekommen, machte ich jedoch kein Hehl.

„Ich begreife Sie nicht", meinte der Landforstmeister, „Sie wissen, daß die Tauschverhandlungen in Kürze abgeschlossen sind. Ich weiß nicht, was Sie in dieser Situation noch zu irgendwelchen Hoffnungen berechtigt. Die Verhandlungen sind bereits zu weit gediehen."

Wenn du wüßtest, dachte ich und verabschiedete mich mit der betont skeptischen Bemerkung: „Vorstellen könnte ich mir das selbst jetzt noch, Herr Landforstmeister." Gewiß hat er sich nachträglich über meine zutreffende Prognose gewundert.

Zurück im alten Revier

Bereits nach wenigen Tagen, am 5. Juni, war ich wieder in meinem alten Dienstbezirk. Noch am selben Abend setzte ich mich mit meiner Frau an der Drelleniederung an. Nicht das Begehren, unbedingt ein Stück Wild zu schießen, hatte uns ins Revier getrieben; in seiner Stille wollten wir den beglückenden Tag in uns ausklingen lassen. Ein Rudel Rotwild zog geruhsam über die Niederung. Lange Zeit stand neben uns eine Ricke mit ihrem erst wenige Tage alten Kitz. Als die Dämmerung hereinbrach, sprang sie schreckend ab, und das Kitz drückte sich ins Heidekraut.

„Paß auf, jetzt kommen Sauen“, flüsterte ich meiner Frau zu. Und schon tauchte eine Rotte schwarzer Gesellen am gegenüberliegenden Dickungsrand auf. Zwei Bachen, ein Dutzend Frischlinge und sieben Überläufer waren es.

„Rühr dich nicht und paß auf die Bilda auf!“

„Ich hab sie bereits von der Halsung gelassen, weil wir doch gleich gehen wollten; sie sitzt brav neben mir“.

Doch als ich einem der Überläufer auf hundert Gänge die Kugel antrug, ging die Passion mit der Hündin durch; aufjauchzend hetzte sie durch das knöcheltiefe Wasser der Niederung den Sauen in die Dickung nach. Was blieb mir anderes übrig, als ihr sofort zu folgen. Am Anschuß fand ich reichlich Lungenschweiß, doch in der Dickung war es bereits dunkel geworden – und vom Hund weit und breit nichts zu hören. Bis ich dann doch ein knurrendes, zergelndes Geräusch hörte und in der Dickung auf die längst verendete Sau stieß, an deren Schwarte Bilda in verbissener Wut hing. Totverbeller war sie also nicht, aber die wohl achtzig Meter lange Wundfährte hatte sie sauber gehalten. Der Brünner Stutzen hatte ganze Arbeit geleistet; Herz und Lunge waren stark zerstört, und da das Geschoß keine Rippe gefaßt hatte, war sogar ein guter Ausschuß vorhanden.

Drei Tage später trug ich am alten Wildacker einem weiteren Überläufer etwas spitz von vorn die Kugel an. Da ich am Anschuß im Heidekraut weder Schweiß noch Schnitthaar fand, wartete ich eine Stunde, bevor ich die Hündin ansetzte. Und wieder brachte sie mich in sauberer Arbeit an das verendete Stück. Die Kugel hatte diagonal die Kammer durchschlagen und das Herz zerrissen. Ein Ausschuß war nicht vorhanden. Mit 45 Kilogramm war der Überläufer gut im Wildbret.

Außer zwei weiteren geringen Sauen schoß ich in diesem Sommer drei Böcke. Einen vierjährigen schwach vereckten Sechser am Abend in der Drelleniederung, einen neunjährigen Spießer auf freier Heidefläche und einen dreijährigen Gabler am frühen Morgen auf dem Siedler-Neuland. Keiner der drei Böcke wies einen Ausschuß größer als ein Fünfmarkstück auf, und nur einer war, mit einem Herzschuß, nicht am Fleck geblieben.

Gelegentlich litt das Rehwild an Rachenbremsen und in den feuchten Niederungen unter Lungenwürmern. Im Gewicht lag es in den zusammenhängenden, relativ vegetationsarmen Forsten, in denen ihm obendrein das Rotwild zum Nahrungskonkurrenten wurde, wesentlich niedriger als in benachbarten Wald-Feld-Revieren. Beträchtlich höhere Werte als bei mir in der freien Wildbahn wies auch das Rehwild eines benachbarten Gatterreviers auf, aus dem das Rotwild aus waldbaulichen Gründen verbannt war. Wobei jedoch offenblieb, ob hier das höhere Gewicht des Rehwildes auf eine intensive Kalkung der Waldböden oder auf die fehlende Konkurrenz durch das Rotwild zurückzuführen war. Gewiß wird sich beides ausgewirkt haben, wenngleich man wohl in der intensiven Kalkung der Bestände den wesentlicheren Faktor zu suchen hat.

Ende der fünfziger Jahre stellte ich dem Jagdwissenschaftler Rolf Hennig für sein Buch „Das Rehwildproblem in neuer Sicht" eine Statistik über das Gewicht von 60 im Verlauf von sechs Jahren im Forstamt erlegten Böcken zur Verfügung. Das Durchschnittsgewicht dieser Böcke lag bei 11,7 Kilogramm. Hennig bemerkt hierzu, daß sich das Durchschnittsgewicht dieser Böcke auf 12,5 Kilogramm erhöht haben würde, wenn das schwächste Viertel dieser Böcke zuvor durch eine natürliche Auslese ausgemerzt worden wäre. Ein reines Rechenexempel, an dem nichts auszusetzen ist.

Das Rehwild erfährt seit Jahrhunderten keine Auslese mehr durch Wolf, Luchs und Bär. Uns bleiben als natürlicher Auslesefaktor einzig strenge Winter, wie wir sie zum Beispiel in den Jahren 1968/69 und 1978/79 in der Heide zu verzeichnen hatten. Doch messen wir strengen Wintern in unseren heimischen, mehr oder minder mit Fütterungen beschickten Revieren nicht eine zu große Bedeutung hinsichtlich einer natürlichen Auslese bei? Wird nicht manches schwache Stück, das seinen Einstand in der Nähe einer Fütterung hat, die Notzeit überleben, während stärkere Stücke, denen kein Schneepflug den Weg zur Futterstelle freilegte, ihr zum Opfer fallen? Eine umfassende natürliche Auslese durch strenge Winter kann meines Erachtens nur in Revieren erfolgen, in denen man in der Notzeit auf jede Fütterung verzichtet. Das aber würde dem humanen Auftrag, den wir als Heger in unserer weithin zivilisationskranken, vom Publikumsverkehr überschwemmten Landschaft erteilt bekommen haben, widersprechen.

Daß sich die Wilddichte, und das nicht nur beim Rehwild, nach den Revierverhältnissen zu richten hat, ist eine Binsenweisheit. Über die Qualität des Wildes entscheidet, neben den Erbfaktoren, das Äsungsangebot, das selbst innerhalb der einzelnen Reviere sehr unterschiedlich sein kann. Am Siedler-Neuland und im Bereich der Teiche mit ihrer üppigen Flora an den Ufern und auf den Dämmen wuchsen stets stärkere Böcke als auf den ärmeren, mit Kiefern und Fichten bestockten Heidestandorten. Auf die gesamte Revierfläche bezogen, war die Rehwilddichte in meiner Dienststelle gering und mußte es auch bleiben, solange man – und das war selbstverständlich – dem Rotwild den Vorzug gab.

Ende Oktober schoß ich als erstes Stück Rotwild auf sechzig Schritt ein Wildkalb. Ein- und Ausschuß lagen unmittelbar hinter dem Blatt. Das Stück verendete im Feuer. Im Januar stieß ich morgens gegen zehn Uhr auf einem beiderseits von Dickungen begrenzten Gestell auf ein friedlich äsendes Rudel Rotwild. Näher heranzukommen war nicht möglich. Eine Weile freute ich mich des guten Anblicks. Doch schon ritt mich der Teufel, und ich trug einem Schmaltier auf zweihundert Gänge die Kugel an. Mit gutem Blattschuß brach es im Feuer zusammen; die ganze Energie des sechs Gramm schweren Geschosses hatte sich, ohne einen Ausschuß zu hinterlassen, schockartig auf das Stück ausgewirkt.

Beide Stücke lagen mit 34 beziehungsweise mit 49 Kilogramm unter dem Gewicht, wie ich es vom Rotwild meiner mecklenburgischen Heimat her kannte. Zwar waren sie nicht unbedingt repräsentativ für die Stärke des in der Heide beheimateten Rotwildes, weil ich sie als schwächste Stücke aus dem Rudel geklaubt hatte, insgesamt gesehen aber war das Rotwild in Mecklenburg wesentlich stärker.

Auch hinsichtlich der Trophäenstärke und Endenfreudigkeit der Heidehirsche war ich enttäuscht; nur selten bekam ich in den fünfziger Jahren einen Hirsch in Anblick, der wenigstens einseitig eine Krone zeigte. Dabei war die Wilddichte im Verhältnis zu späteren Jahren als durchaus gering zu betrachten; sie lag seinerzeit allenfalls bei etwa 1,5 Stück je 100 Hektar.

Immer noch den Verhältnissen in Mecklenburg verhaftet, wo es bei wesentlich stärkerer Wilddichte bereits Ende der dreißiger Jahre gelungen war, innerhalb kurzer Zeit aus einem augenscheinlich qualitativ gleichfalls minderen Bestand einen großen Anteil doppelseitiger Kronenhirsche mit Spitzentrophäen von 7,5 bis 10 Kilogramm heranzuhegen, erschien es mir rätselhaft, warum das nicht auch in der Heide gelungen war. Die einzige Erklärung hierfür sah ich in einer dem Heidebiotop angepaßten arteigenen Veranlagung des Rotwildes, die offensichtlich eine weitere Aufartung nicht zuließ.

1955 hielt der als Rotwildexperte bekannte Hauptschriftleiter der Deutschen Jäger-Zeitung, Dr. Walter Hetschold, einen Vortrag über das Ansprechen und Bejagen des Rotwildes. Nachdem er mehrmals in meinem Revier zu Gast gewesen war, glaubte auch er nicht, den Heidehirschen hinsichtlich Masse und Endenfreudigkeit eine bessere Zukunft voraussagen zu können. Wenn wir beide uns auch, wie sich in der Zukunft erweisen sollte, gründlich geirrt hatten, blieb es für mich doch noch jahrelang ein Rätsel, warum es in der Heide bislang nicht gelungen war, das Rotwild in seiner Qualität anzuheben.

Wie zumeist in reinen Hochwildrevieren, war auch hier das Niederwild nur schwach vertreten. Der Hase galt ob seiner Seltenheit als „König des Waldes"; ich hätte mich jederzeit verpflichtet, innerhalb einer bestimmten Zeit ein Stück

Rot- oder Schwarzwild zu strecken, es mir aber nicht auferlegen lassen, termingebunden einen Hasen für die Küche zu liefern. Kaninchen kamen an den wenigen Feldrändern häufiger vor, sofern nicht Myxomatose den Bestand dezimiert hatte. An den Teichen bot sich immer Gelegenheit, auf Enten anzusitzen. Den Fuchs galt es scharf zu bejagen, um der ständigen Tollwutgefahr zu begegnen; allein in unmittelbarer Nähe des Forsthauses schoß ich in den ersten Jahren drei tollwütige Füchse. Auch der Dachs war noch – wenngleich nicht zahlreich – vertreten. Obwohl ich ihm grundsätzlich nicht nachstellte, bekam ich zwanzig Jahre später keinen mehr in Anblick; zweifellos war der Dachs ein Opfer der Tollwut geworden.

Immerhin war soviel Niederwild vorhanden, daß ich nicht länger auf eine Flinte verzichten wollte. Da wir als Flüchtlinge noch recht primitiv mit allem, was zu einem Haushalt gehört, ausgestattet waren, mußte ich mich auf den Kauf einer möglichst billigen Flinte beschränken. Für etwa einhundert Mark konnte ich mir bei einem Büchsenmacher aus einem Posten von sechs einläufigen Flinten mit Ejektor und freiliegendem Hahn ein Exemplar aussuchen.

„Nehmen Sie eine, bei der das Korn mitten auf der Laufmündung sitzt“, empfahl er mir. Ich hielt das in Anbetracht der namhaften Herstellerfirma für Frotzelei, doch als ich die Flinten näher betrachtete, fand ich unter ihnen tatsächlich mehrere, bei denen das Korn seitlich verrutscht war!

Mit einiger Skepsis zog ich mit meiner neuen Flinte heim. Doch bereits nach einer Woche, in der ich neben einem halben Dutzend Kaninchen vier Enten schoß, war ich von der Waffe begeistert; sie hielt gut zusammen, ließ sich, da mit Ejektor ausgestattet, schnell laden und schoß hervorragend. Ich habe sie viele Jahre geführt und mit ihr selbst auf den Hasenjagden gute Strecken erzielt. Als ich mir später einen Drilling zugelegt hatte, verschenkte ich die Flinte an einen befreundeten Jagdaufseher, der sie noch heute mit bestem Erfolg führt.

Das Jagdjahr 1953/54 endete für mich am letzten Januar in weißer Winterlandschaft bei herrlichem Sonnenschein mit einem Schuß auf einen Fuchs. Den halben Hasen, den er mit sich trug, hielt er auch im Tod noch fest im Fang, so schnell hatte ihn die Kugel ins Jenseits befördert.

Im Spätsommer 1953 begann, nach mehr als zwanzig Jahren, die planmäßige waldbauliche Bewirtschaftung des Forstortes Lohe. Völlig unbürokratisch stellte mir hierfür Oberforstmeister Andrae einen Betrag in Höhe von 20 000 DM zur Verfügung. „Sehen Sie zu, wie weit Sie damit kommen! Dreißig Hektar Neukulturen müßten damit zu begründen sein, einschließlich Bodenbearbeitung und Pflanzung." Als erstes waren die im Süden des Reviers zwischen den Teichen und der Bundesbahn gelegenen Heideflächen für eine Neuaufforstung vorgesehen. Die Flächen wurden im Herbst voll umgebrochen und im nächsten Frühjahr von etwa fünfzig Frauen und Männern bepflanzt. Insgesamt schaffte ich mit dem mir eingeräumten Kredit zweiunddreißig Hektar.

Natürlich hatte ich, waldbaulich nicht weniger als jagdlich passioniert, meine eigenen Vorstellungen hinsichtlich der Wahl der Holzarten. Daß der Kiefer auf den durchweg minderen Standorten als Hauptholzart der Vorzug zu geben war, ließ sich nicht vermeiden. „Die Kiefer ist der Brotbaum der Heide", hieß es. Ich hätte sie gerne mit einem Anteil von zehn Prozent Fichten gemischt. Dem aber stand die Befürchtung des Forstmeisters entgegen, die Heide könne „verfichten". Auf Anweisung des Forstamtes brachte ich dann 5 Prozent Stroben in die Kiefernkulturen ein, eine Holzart, die zwar jahrzehntelang den Druck der sie schnell überflügelnden Kiefern erträgt, an sich aber keinen wesentlichen Wert besitzt.

Meinem Wunsch, die Landschaft durch die Wahl der Holzarten abwechslungsreich zu gestalten, kam indessen die Forstverwaltung mit viel Verständnis entgegen. Sie genehmigte mir, 4,5 Hektar Heidefläche mit Japanlärchen aufzuforsten und die Ränder der umfangreichen Kulturen mit Traubenkirschen zu bepflanzen.

Für die Pflanzung der Lärchen wurde ein überraschend enger Pflanzenverband von 0,8 × 1,3 Meter vorgeschlagen, das ergab rund 10 000 Lärchen je Hektar. Die Größe der Fläche ließ erwarten, daß keine wesentlichen Verbißschäden durch Rotwild auftreten würden; der enge Verband sollte der Aufzucht möglichst astreinen Holzes dienen. Hier, wie auch in später begründeten Lärchenbeständen, bestätigten sich diese Erwartungen im Verlauf von zwanzig Jahren vollauf. Die ersten Läuterungen, bei denen die dem Bestand entnommenen Lärchen zwischen jeweils zwei Pflanzreihen zu Wällen aufgetürmt liegen blieben, erwiesen sich für das Rotwild als natürliche Hindernisse, die ihm die gefährdeten Bestände als Einstand verleideten. Natürlich waren die Läuterungen mit entsprechend hohen Kosten verbunden, und einer der späteren Forstamtsleiter wies mich auf ein benachbartes Revier hin, in dem von einer Firma die Lärchen als Faschinenholz kostenlos geläutert worden waren. Ich habe mir diese sauber geläuterten Bestände angesehen; sie waren von dem durch keinerlei Läuterungsrückstände behinderten Rotwild fast restlos geschält worden.

Spätere Kiefernkulturen begründete ich nicht nur mit einem zehnprozentigen Anteil Fichten, ich faßte sie auch an den Rändern mit vier oder fünf Reihen Fichten ein. Der dichte Fichtengürtel bewirkt bereits nach etwa fünfzehn

Jahren hinsichtlich Wärme, Luftruhe und Luftfeuchtigkeit bessere klimatische Verhältnisse in den betreffenden Beständen; die Kulturen werden an den Rändern von angrenzenden älteren Kiefernbeständen aus weniger vom Schüttepilz befallen, gegen den die Fichten immun sind; von Fichten eingefaßte Kieferndickungen und Kiefernstangenhölzer bieten dem Wild ungestörtere Einstände; landschaftlich gesehen, bieten von Fichten begrenzte Wege und Gestelle, zumindest im Winter bei Schnee, ein schöneres Bild als monotone Kiefernbestände.

In die Kiefernkulturen selbst ließ ich aus jagdlichen Erwägungen sporadisch kleine Fichtenhorste, etwa fünfzig Quadratmeter groß, einbringen; in sie schieben sich gerne die Sauen ein, was ihre Bejagung im Rahmen kleinerer Drückjagden wesentlich erleichtert. Hat man bei Neuschnee in den entsprechenden Kieferndickungen Sauen fest, kann man mit einiger Sicherheit annehmen, daß sie sich in den Fichtenhorsten gesteckt haben. Insbesondere suchen kranke Stücke, wo immer sie auch in der Nähe angebleit wurden, diese Horste auf.

Abgesehen von der verjüngungsfreudigen Birke, die leider vielfach die jungen Kulturen verdämmt, eignet sich für die armen Heidestandorte als Laubholz einzig die Traubenkirsche. Als Holz hat sie praktisch keinerlei Wert, als dienende Holzart aber erfüllt sie auf den armen Böden zahlreiche Aufgaben: An den Kulturrändern eingebracht, wirkt sie als natürliche Barriere bei Waldbränden; als Weichholz dient sie dem Wild als Äsung; bereits mit zehn bis fünfzehn Jahren fruktifizierend, werden ihre schwarzvioletten Früchte mit Vorliebe von Drosseln und anderen Waldvögeln aufgenommen; in den durch Läuterungen und Durchforstungen aufgelichteten Beständen verjüngt sie sich, über den Verdauungstrakt der Vögel verbreitet, hervorragend und reichert den Boden mit Laubhumus an; mit ihr können wir, die Landschaft gestaltend, den reinen Nadelholzbeständen der Heide die Eintönigkeit nehmen.

Leider hatte ich in den ersten Jahren wenig Erfolg mit ihrem Anbau; Rot- und Rehwild ließen sie nicht hochkommen. Oberforstmeister Andrae drohte mir bereits, keine weiteren Beträge mehr für ihren Anbau zu verschwenden. Doch als ich ihn bat, nicht mehr zu kleckern, sondern zu klotzen und statt bisher 2 000 im nächsten Jahr 10 000 Traubenkirschen anzupflanzen, stimmte er dem großmütig zu. Mit dieser Menge war der Grundstock gelegt, und es bedurfte in der Folge nur noch einer begrenzten Anzahl von Traubenkirschen, um sie ohne wesentliche Gefährdung durch das Wild in ihrem Bestand zu erhalten.

Es wird in diesem Zusammenhang den Jäger wie den Forstmann interessieren, daß die Traubenkirsche eine „feuerfeste" Holzart ist. Vom Waldbrand erfaßt, wird zwar ihr oberirdischer Teil vernichtet, aus ihren Wurzeln aber schießen nach wenigen Wochen neue kräftige Triebe.

Waldbaulich wie jagdlich ebenso interessant ist eine andere Holzart: die heute längst in Vergessenheit geratene Bankskiefer. Ich entdeckte sie in einzelnen Exemplaren auf den mein Revier begrenzenden Feuerschutzstreifen der Bundesbahn. Ihre mindere Holzqualität ist den Forstleuten allgemein bekannt. Hier fiel mir auf, daß sie weithin von den Hirschen als einzige Holzart stark gefegt wurde und trotz starken Rindenverlustes mit unglaublicher Lebenskraft weiter vegetierte. Auch vom Schwarzwild wurde sie als Malbaum bevorzugt. Das veranlaßte mich seinerzeit, meinen Vorgesetzten vorzuschlagen, sie mit etwa zwanzig Exemplaren – einem Pflanzenverband von 20 × 25 Metern entsprechend – je Hektar in alle Kulturen als „Blitzableiter" für fegende Hirsche einzubringen. Leider ging meine vorgesetzte Dienststelle nicht auf meine Anregung ein.

Gewiß hätten die ob ihres speziellen Harzduftes von den Hirschen bevorzugten Bankskiefern Fegeschäden an wertvolleren Holzarten, wie Fichten, Douglasien und Laubhölzern, verhindert.

Mit der fortschreitenden Aufforstung der weiten Heideflächen veränderte sich der Biotop von Jahr zu Jahr mehr. Wo noch zu Beginn meiner Dienstzeit im Frühjahr die Birkhähne gebalzt, aus altersgrauen Immenzäunen Hunderte von Bienenvölkern in der Mittagssonne ihr einlullendes Lied über die blühende Heide getragen und im Sommer die Ziegenmelker mit ihrem melodischen Schnarren die zauberhafte Stimmung des vergehenden Tages unterstrichen hatten, wuchsen alsbald streng geordnete Kulturen zu Einständen für das Rot- und Schwarzwild heran. Dem Jäger und Forstmann mochte das als Gewinn erscheinen, der Charakter einer einmalig schönen, sich seit Jahrzehnten selbst überlassenen Landschaft aber wurde damit zerstört.

Um sie in einem letzten Relikt zu erhalten, gelang es mir, am Osthang der Drelle eine beträchtliche, mit Wacholdern bestandene Heidefläche der waldbaulichen Nutzung zu entziehen. Anders als in meiner mecklenburgischen Heimat, wo der Wacholder üppig unter dem Schirm von Altholzkiefern gedieh, drohte er hier unter dem Anflug von Kiefern zu ersticken, und ich war von Zeit zu Zeit gezwungen, die Kiefern entfernen zu lassen. Noch heute zählt der Wacholderhang oberhalb der Drelle zu den zauberhaftesten Winkeln des Reviers, und er wird es auch bleiben, wenn meine Nachfolger ihm weiterhin Pflege und Aufmerksamkeit schenken.

Dennoch – wäre das Wunschbild des Forstmeisters Funk wahr geworden, Lohe hätte, von der Hand des Forstmanns unberührt, zu einem Land Avalon, zu einer Insel der Seligen inmitten eines Meeres der Hektik werden können.

Bilda

Sommer und Herbst 1954 hatten mir manches Waidmannsheil gebracht. Einer angebleiten, abgekommenen Bache konnte ich die erlösende Kugel antragen; der Bauer Hellberg vom benachbarten Hof Lohe hatte sie zufällig mit heraushängendem Gescheide in die Grenzdickung ziehen sehen. Auf fünf Schritte ließ sie mich herankommen, dann bahnte sich das kleine Geschoß des Brünner Stutzens den Weg durchs Astwerk mitten in ihr Leben. Als ich am nächsten Tag, dreihundert Meter entfernt, an der Grenze zwei verendete Frischlinge fand, fluchte ich einmal mehr auf einen Nachbarn, der als Metzger, nicht aber als sauberer Jäger sein Handwerk betrieb. Im Urwald setzte ich einem geringen Überläufer vom Hochsitz aus unter den Eichen die Kugel aufs Blatt; sie ließ ihn im Knall verenden. Zwei Böcke und ein Schmaltier wurden mir mit guten Schüssen zur Beute. Doch dann, am 18. November, geschah es:

Gegen sechzehn Uhr war es, als ich einen geringen Sechser, mit einem Geweih so weiß wie in der Sonne gebleichtes Gerippe, über das Heidegestell oberhalb der Drelleniederung von einer Dickung in die andere ziehen sah. Den Stutzen im Anschlag zog ich mit, das Korn stand ihm auf dem Blatt, doch als der Schuß fiel, war ich zu weit mitgegangen, und mit pendelndem Vorderlauf quittierte er die am Dickungsrand von einem Zweig abgelenkte Kugel. Was half es, daß ich wie ein Fuhrmann fluchte, dem das Handpferd über die Stränge schlug – ungeschehen konnte ich den leichtfertigen Schuß nicht mehr machen.

Am nächsten Morgen sah der „Erotische Block“ ein halbes Dutzend Grünröcke um sich versammelt, darunter mein allzeit hilfsbereiter Nachbar Müller mit seinem Hannoverschen Schweißhund Solo. Nach kurzem Palaver beschlossen wir, den Dickungskomplex, in den der Hirsch am Abend zuvor gezogen war, mit vier Schützen abzustellen, während Müller und ich gemeinsam mit unseren Hunden der roten Fährte folgen sollten.

Das Wetter war prächtig; in der Nacht hatte es leicht gefroren, dichter Reif lag auf Wiesen und Wegen. Auf der Wundfährte ergänzten sich die beiden Hunde bestens; die Passion des ungemein kräftigen Schweißhundes ließ seinem Führer kaum Zeit, den Schweiß in der Fährte wahrzunehmen, während Bilda bedächtiger folgte, mir den Schweiß verwies und ich dem Kollegen durch Zuruf bestätigen konnte, daß wir immer noch auf der gerechten Fährte waren.

Nach dreihundert Metern führte uns die Suche über die Grenze. Damit war der Hirsch für uns noch nicht verloren; eine sehr vernünftige Verordnung der Forstverwaltung schrieb nämlich vor, daß innerhalb der Verwaltungsjagden grundsätzlich der Anschuß als Erlegungsort zu betrachten ist, gleich in welchem Revier das Wild zur Strecke kommt. Unerwartet hatte mir der Hirsch jedoch den Gefallen getan, nach etwa zweihundert Gängen mit halbem Wind wieder über die Grenze zurückzuziehen.

Wieder in meinem Revier, gelangten wir in einen nahezu zweihundert Hektar großen, nur von wenigen Wegen aufgeschlossenen Dickungskomplex, in dem Rot- und Schwarzwild ihren Einstand hatten. Auf einer Fläche von knapp einem halben Hektar stießen die Hunde auf ein wahres Labyrinth von Fährten, durch das sich fast unentwirrbar die Fährte des kranken Hirsches zog. Über eine

Stunde dauerte es, bevor es Bilda und dann auch Solo gelang, den Ausweg aus diesem Fährtenwirrwarr zu finden. Ungeduld trieb mich, und wäre ich zehn Jahre jünger gewesen, ich hätte dieses vermaledeite Stück Dickung längst hinter mich gebracht. Bilda dachte nicht daran, das Rätsel ungelöst hinter sich zu lassen. Sie irrte sich dreimal, fünfmal, zehnmal, doch immer wieder griff sie zurück und zerrte mit ihrer sturen Gründlichkeit an meinen Nerven, bis mir das Hemd am Leib klebte, die Augen von peitschenden Ästen tränten und die Suche endlich in eine angrenzende Fichtendickung führte.

Wieder ließ ich Solo und seinem Führer den Vortritt. Doch während der Schweißhund tiefer in die Fichten zog, bog Bilda, etwa vierzig Gänge hinter ihm, plötzlich scharf nach links ab. Keinen Augenblick zögerte ich, ihr zu folgen; mochte Solo auch eine andere Richtung einschlagen, mich führte mein Hund, und ihm allein hatte ich zu gehorchen, wenn ich mir sein Vertrauen erhalten wollte. Und ich hatte recht daran getan, denn zwei Minuten später wurde vor uns in den dichten Fichten ein Stück Wild flüchtig. Sehen konnte ich in dem engen Zeug nichts, doch hören konnte ich: Das Stück setzte auf dem gefrorenen Boden deutlich vernehmbar nur drei Läufe auf, davon den gesunden Vorderlauf schwer, fast stampfend. Kein Zweifel – ich hatte den kranken Hirsch aufgemüdet.

Sofort schnallte ich meine gute Dicke und rief Willi Müller zu, auch Solo freizugeben. Da ihm die Situation jedoch zu unklar erschien – er argwöhnte, Bilda könnte an einem Stück Rehwild hetzen –, verzichtete er darauf, Solo von der Halsung zu werfen. Als erfahrener Führer eines noch unerfahrenen Schweißhundes handelte er gewiß richtig. Wie aber sollte meine Teckelhündin nun allein mit dem kranken Hirsch fertig werden?! Der Hatz nachlauschend, mußte ich obendrein erkennen, daß der Hirsch nach Norden in die der Bundesbahn vorgelagerten Dickungen flüchtete, und ausgerechnet dort stand kein Schütze. In weiter Ferne verklang der Hetzlaut des Teckels.

Am Dickungsrand stieß ich auf einen der Schützen. Ich bat ihn, mit den anderen am „Erotischen Block“ auf mich zu warten, bis ich mich vor der Bundesbahn, über die der Hirsch bestimmt nicht geflüchtet sei, nach meinem Hund umgesehen hätte. Doch wo ich dort auch verhielt, von meiner Bilda war nirgends etwas zu hören. Als ich zu den Schützen zurückkehrte, verrieten mir ihre gelangweilten Mienen, wie wenig Hoffnung sie noch in die Nachsuche setzten. Während die Herren sich noch angeregt unterhielten, hörte ich fern im Süden einen Hund anhaltend Laut geben; ich machte sie darauf aufmerksam.

„Das kommt aus der Ortschaft Lohe“, meinte der Forstmeister, „der Köter bellt dort schon eine ganze Weile.“

„Köter sagen Sie? Wenn mich nicht alles täuscht, ist das der Hals meiner Hündin.“

„Glauben Sie das wirklich? Dann müßte der Teckel den Hirsch zwei Kilometer und mehr gehetzt haben.“

„Aber hören Sie doch selbst! Wenn das kein Standlaut ist . . .“ Ohne mich länger um die von Skepsis geplagten Schützen zu kümmern, hastete ich quer durch Dickungen, Stangenhölzer und immer wieder Dickungen. Immer näher kam ich dem Standlaut, immer deutlicher hörte ich den Hals meines Hundes. Bis ich atemlos und erschöpft auf zwanzig Gänge vor ihm stand – und in den dichten Fichten weder vom Hund noch vom Hirsch etwas erkennen konnte. Einen Schritt noch wagte ich, und schon brach prasselnd der Hirsch vor mir fort, ging giftend der Standlaut der Hündin in hellen Hetzlaut über, nun in Richtung Osten. Bis abermals ihr Hals dunkler wurde und der Hirsch sich ihr erneut stellte. Vier-, fünfmal wiederholte sich die gleiche Situation, hetzte ich hinter dem Hirsch drein, ohne ihm die Kugel antragen zu können. Und abermals ein kurzer Anblick: Mit gesenktem Haupt wehrte der Hirsch den Hund ab, gleißend lag das Licht der Sonne auf winziger Blöße vor dem dunklen, satten Grün der Fichten, rotbraun der Hirsch davor, ein kurzes Aufwerfen, eine jähe Flucht, eine nächste winzige Blöße, vierzig Gänge vor mir, für den Bruchteil einer Sekunde stand das silberne Korn des Stutzens im Ziel, der Schuß lärmte auf, bedrückend die Stille danach.

Am Anschuß fand ich Schweiß, reinen Wildbretschweiß, der von der gestrigen Kugel herrührte. Sonst nichts. Verstört folgte ich der Rotfährte auf einem moosbewachsenen Wechsel, tastete ich mich zögernd in der Dickung weiter – und stand plötzlich vor dem verendeten Hirsch, neben dem erschöpft, mit fliegenden Flanken, doch unsäglich glücklich meine gute Bilda lag. Das Unwahrscheinliche, einen laufkranken Hirsch nach mehr als vier Kilometer Hetze mit einem Teckel zur Strecke zu bringen, war geschehen. Lange Zeit hockte ich neben der völlig ausgepumpten Hündin im Moos, ging wieder und wieder meine Hand über ihren schönen Kopf, war ich wie sie zutiefst befriedigt, den üblen Folgen einer Schandkugel ein waidgerechtes Ende bereitet zu haben. Nichts wußte ich über ihre Herkunft, nach dieser Arbeit aber sah ich mit Recht in ihr einen der besten Hunde, die ich je geführt hatte.

Hatte sie mir bereits vorher ihre gute Veranlagung gezeigt, so gab sie mir in der Folge noch manches Beispiel meisterhafter Arbeit auf der Wundfährte und am Raubzeug. Ungemein wasserfreudig, wurde sie mir auch an den Teichen beim abendlichen Entenstrich zum unentbehrlichen Begleiter.

Als eines Tages einer der in meinem Revier gelegenen Teiche vom Pächter mit zweisömmerigen Karpfen besetzt wurde – der Pächter warf die Karpfen, um sie zu zählen, Stück für Stück ins Wasser –, tauchte Bilda jedem ihr aus Jux vor die Nase geworfenen Fisch nach – und fing unter Wasser nacheinander drei Karpfen, die sie unverletzt ans Ufer zurückbrachte. Als ich später selbst einige der Teiche gepachtet hatte, war sie alljährlich im Herbst beim Abfischen mit größter Passion dabei. Bis zu den Schultern im Schlamm watend, packte sie die Karpfen mit behutsamem Griff übers Kreuz und trug sie unbeschädigt ans Ufer. Kehrten wir dann nach dem Abfischen völlig verdreckt nach Hause zurück, blieb es natürlich nicht aus, daß sie von meiner Frau als „übles Mistvieh“ beschimpft wurde. Dabei liebten beide einander über alles.

Ihr Können hatte sich bald unter meinen Kollegen herumgesprochen und führte mich zu mancher Nachsuche in die benachbarten Reviere. Im Revier Dalle lieferte sie eine gute Arbeit bei der Nachsuche eines Alttieres, das mein Kollege bei schlechtem Licht und auf weite Entfernung beschossen hatte; das Stück hatte auf ihn einen sehr kranken Eindruck gemacht. Seiner Kugel nicht sicher, bat er mich, es am nächsten Morgen nachzusuchen. Nach zweihundert Gängen standen wir in enger Dickung vor dem mit Weidwundschuß verendeten Alttier, erschüttert vom Anblick der gepeinigten Kreatur. Das Stück hatte sich vor langer Zeit in einer Schlinge gefangen, den noch immer um den Träger und einen gebrochenen Vorderlauf geschlungenen Draht gesprengt und sich nur mühsam fortbewegen können. Die Schalen der Hinterläufe waren über das Zweieinhalbfache ihrer normalen Länge zu „Schnabelschuhen“ ausgewachsen, der noch gesunde Vorderlauf wies statt der Schalen nur noch einen abgegriffenen Stumpf auf. Gottlob blieb es das letzte Stück, das in unseren Revieren ein Opfer der verworrenen Nachkriegszeit geworden war. Die Wiederbewaffnung der Forstbeamten und der damit wirkungsvollere Jagdschutz hatten dem Spuk inzwischen ein Ende gemacht.

Im selben Jahr brachte uns Bilda nach sauberer Arbeit an einen zwei Stunden zuvor beschossenen Überläufer. Im Jahr darauf bleite ein junger Forstwart im Nachbarrevier eine Ricke an; kurz unter dem Blatt hatte die Kugel den Lauf zerschlagen. Nach siebenhundert Meter Riemenarbeit stießen wir auf zwei Wundbetten, vierhundert Meter weiter wurde die Ricke vor dem Hund hoch. Geschnallt, hetzte Bilda das Stück. Kaum zwei Minuten später hörte ich die Ricke klagen; der Hund hing ihr an der Drossel; mit einem kurzen Stoß ins Herz fing ich die Ricke ab.

Fast vierzehn Jahre wurde meine gute Dicke alt, elf Jahre davon durfte ich sie führen. Keine Nachsuche ließ ich mit ihr in meinem Revier aus, und führte sie auch nur über zehn oder zwanzig Meter. Viele Suchen gingen meinem Gedächtnis verloren, andere stehen vor meinem geistigen Auge, als hätte ich sie erst gestern hinter mich gebracht. Einmal schoß ich beim Nachspüren stehend freihändig auf ein Schmaltier. In der von zahlreichen Blößen unterbrochenen Dickung spritze das starke Rudel auf den Schuß hin auseinander, und ich hätte gewettet, das Schmaltier sei nach rechts geflüchtet. Doch dort faselte die Hündin und blickte mich vorwurfsvoll an, als ich weiter darauf bestand, hier und nicht nach links hin nachzuarbeiten. Schließlich gab ich ihrem Willen nach, nicht aus endlicher Einsicht, sondern weil es mir zu albern wurde, weiterhin am schlaffen Schweißriemen der pomadigen Hündin nachzuhängen. Als hätte sie nur darauf gewartet, fiel sie links vom Pürschsteig gierig in die Halsung. Nach knapp zweihundert Gängen standen wir am verendeten Stück, dem die Kugel kurz vor dem Blatt die Halsschlagader zerrissen hatte. Als ich die Drossel freilegte, ergoß sich der Schweiß einem Sturzbach gleich über meine Hände.

Im Sommer darauf suchten wir einen vom Nachbarn angebleiten Bock nach, dem die Kugel nur das Brustbein angerissen hatte. Nach halbstündiger Riemenarbeit müdete ich ihn aus dem Wundbett auf und schnallte die Dicke. Während der Nachbar eine Jagenbreite weiter mit gestochener Büchse wartete, lauschte ich der Hetze nach und lief, als sie sich einer breiten Landstraße näherte, dem Keif entgegen. Auch dieser Suche hätte ich mich wohl kaum noch erinnert, wäre mir der Bock nicht breit und hochflüchtig in der vor uns liegenden Dickung gekommen und hätte ich mich nicht dazu hinreißen lassen, dem nur schemenhaft sichtbaren Bock die Kugel anzutragen. So unglaublich es scheint – auf vierzig oder fünfzig Gänge stellte ich ihn, durch puren Zufall eine winzige Lücke fassend, mit gutem Blattschuß auf den Kopf. Die Freude über die hervorragende Arbeit meiner Hündin, dazu der brillante, wenn auch nur als Zufallstreffer zu wertende Schuß ließen mir den strahlenden Sommermorgen noch heller erscheinen.

Kein Wild weckte die unbändige Passion der Hündin stärker als das Schwarzwild. Bereits bei den ersten winterlichen Drückjagden, die wir mit eigenen Waffen bestreiten durften, zeigte sie erstaunliche Fähigkeiten, eine Rotte Schwarzwild in der verschneiten Dickung zu sprengen und die Sauen den Schützen einzeln vor die Büchse zu bringen. Hohes Lob spendete ihr der benachbarte Forstamtsleiter, der in einem Treiben sauber zwei Überläufer schoß, die sie ihm nacheinander zugetrieben hatte.

Auf einer Drückjagd in einem ihr noch fremden Revier steckte im ersten Treiben eine Rotte Sauen. Da es den Treibern nicht gelang, die Sauen locker zu machen, bat mich Forstmeister Funk, Bilda zu schnallen. Zögernd, weil es mir widerstrebte, den Hund in dem ihm unbekannten Revier von der Halsung zu lassen, kam ich seiner Bitte nach. Fünf Minuten später war sie mit einem weiteren Teckel am Ball. Nach abermals fünf Minuten brachte sie Forstmeister Funk einen zwei- bis dreijährigen Keiler vor die Büchse. Den Schuß auf enger Schneise quittierte das Stück ohne zu zeichnen, doch verrieten einige Tropfen Wildbretschweiß, daß die Kugel gefaßt hatte; in weiter Ferne verklang der Hetzlaut der anhaltend am Stück jagenden Hündin.

Da hatte ich nun die von mir befürchtete Bescherung. Hartnäckig und ausdauernd wie die Hündin war, wußte ich, daß sie von dem angeschweißten Keiler nicht ablassen würde, und das zehn Kilometer vom heimatlichen Revier entfernt. Ihr nachzulaufen, war sinnlos, auch konnte ich mich – Jagd ist Dienst für einen Forstbeamten – nicht ohne weiteres davonstehlen. Gegen neun Uhr hatte Bilda die Fährte des Keilers aufgenommen, und je weiter der Tag fortschritt, desto besorgter wartete ich auf ihre Rückkehr, bangend, ob sie überhaupt zu mir zurückfinden würde. Gegen Mittag schoß ich einen Frischling. Gleichgültig versorgte ich ihn nach dem Treiben, das weit von der alten Poststraße entfernt lag, an der wir am Morgen die Jagd begonnen hatten.

Als wir am späten Nachmittag mit dem letzten Treiben an ihren Ausgangspunkt zurückkehrten, bat ich Forstmeister Funk, mir, wie schon beim ersten Treiben, einen Stand an der breiten Poststraße anzuweisen; sollte die Hündin doch noch zurückkehren, würde sie mich hier am ehesten finden. Am Nachmittag war starker Wind aufgekommen, begleitet von Schnee- und Regenschauern; ein Sauwetter, das nicht dazu angetan war, meine ohnehin verdrossene

Stimmung zu heben. Mißmutig und fröstelnd stand ich an der von Dickungen begrenzten Landstraße und wartete auf das Ende der Jagd, als noch weit entfernt auf der breiten Landstraße eine Bewegung meinen Blick auf sich zog. Im Glas erkannte ich meine Bilda. Völlig erschöpft kehrte sie nach sieben Stunden zu mir zurück. Das Herz schlug mir bis in den Hals ob der Freude, sie wiederzuhaben, und beglückt legte ich mein Gesicht an ihren nassen Kopf.

Am nächsten Tag erfuhr ich, daß Bilda dem Keiler bis weit ins Nachbarforstamt gefolgt war und dort in eine zur gleichen Zeit angesetzte Drückjagd geraten war. Einer der Kollegen hatte den Keiler gestreckt, was Bilda dann wohl veranlaßt hatte, sich dort bis zum späten Nachmittag an der Jagd zu beteiligen. Nur zwei Kilometer von zu Hause entfernt, hatte sie es doch vorgezogen, zu mir in das weitab gelegene Revier zurückzukehren.

Die Erinnerung stellt mir eine ähnliche, von der Hündin verblüffend gemeisterte Situation vor Augen. Am Morgen war ich gegen vier Uhr mit einem Bekannten ins Revier gefahren. Nahe der Siedenholzbahn sahen wir eine Rotte Sauen auf der Weide nach Tipulalarven brechen. Ich bat meinen Begleiter, im Wagen zu bleiben, während ich die Sauen anpürschen wollte. Fast wäre mir das geglückt, doch im letzten Augenblick wurden die Sauen flüchtig, und ich schoß einen der Schwarzkittel vorbei. Auf den Schuß hin verließ mein Bekannter das Auto. Bevor er es verhindern konnte, war auch Bilda aus dem Wagen gesprungen, um sofort der flüchtigen Rotte zu folgen; in weiter Ferne verklang ihr Hetzlaut. Der Morgen, der eigentlich der Pürsch auf einen dem Gast zugedachten Bock gelten sollte, war damit verpatzt. Nachdem wir eine Stunde vergeblich auf die Hündin gewartet hatten, ließen wir den Wagen stehen und beschlossen, im Revier nach dem Hund zu suchen; vielleicht würde uns dabei doch noch ein Bock vor die Büchse kommen. Beides blieb ein ergebnisloses Unterfangen; außer einem Rudel Rotwild bekamen wir nichts in Anblick, und von der Hündin war nirgends etwas zu hören; ihre unbändige Passion ließ sie gerade an Sauen bis zum Umfallen hetzen.

Inzwischen war es neun Uhr geworden, und wir wußten nicht, was wir nun noch tun könnten. Nur eines war mir klar: Ohne die Hündin würde ich nicht nach Hause zurückkehren. Sich selbst überlassen, würde ich sie der Gefahr aussetzen, auf dem Heimweg die stark befahrene Bundesstraße überqueren zu müssen. Plötzlich hörten wir in einiger Entfernung ein Hornsignal.

„Was bedeutet das?“ fragte mich der Gast, dem das Signal offensichtlich nicht bekannt war.

„Das ist der Jägerruf. ‚Wo bist du denn‘ heißt es in etwa.“

„Aber wen meint der Bläser?“

„Wahrscheinlich uns. Da – hören Sie, es klingt schon bedeutend näher. Ich werde ihm antworten.“

„Aber Sie haben kein Horn bei sich.“

„Nicht nötig, der alte Waldläuferruf tut es auch.“

„Und wie lautet dieser Ruf?“

„In meiner mecklenburgischen Heimat verständigten sich Jäger, Förster und Waldarbeiter mit dem Ruf ‚woohl‘, hier rufen sie ‚hoopp‘; beides klingt in den Wäldern sehr weit, und jeder mit dem Ruf vertraute Waldläufer weiß, daß ihn ein Zunftbruder sucht.“

Wenig später kam uns auf der Siedenholzbahn ein junger Forstanwärter entgegen, der beim Nachbarn Müller in der Lehre stand.

„Suchen Sie mich?“ fragte ich ihn.

„Ja! Ich soll Ihnen ausrichten, daß Ihr Hund sich heute früh bei uns im Forsthaus Dalle eingefunden hat. Die Müllerin – Verzeihung, Frau Müller – hat sogleich bei Ihnen angerufen, und Ihre Gattin meinte, Sie würden bestimmt nicht nach Hause zurückkehren, bevor Sie nicht den Hund gefunden hätten. Frau Müller bat mich dann, Sie in Ihrem Revier aufzusuchen und mich Ihnen mit dem Horn verständlich zu machen."

„Waidmannsdank, mein Lieber! Alle Achtung, da hat Frau Müller großartig reagiert."

Beglückt, die gute Dicke in Sicherheit zu wissen, fragte ich mich, was sie wohl veranlaßt hatte, das Forsthaus Dalle statt mich aufzusuchen. Offensichtlich hatte die Hetze sie in den Südteil des Reviers geführt, und von dort aus waren wir schon oft nach der Frühpirsch bei Müllers eingekehrt. Gewiß hatte sie sich heute früh gesagt, auch Herrchen wird sich bald im Forsthaus Dalle einfinden. Eine abwegige Vermutung? Eine zu große Einschätzung ihrer Intelligenz? Ich glaube es nicht.

Bevor ich mir einen Wagen leisten konnte, begleitete Bilda mich auf dem Motorrad ins Revier. Ein auf dem Tank befestigter Rucksack gab ihr festen Halt; bei längeren Fahrten trug sie eine ihrem Kopf angepaßte Autobrille. Auf den wurzelschwelligen, im Winter oft glatten Waldwegen blieb es nicht aus, daß wir gelegentlich stürzten. Doch kaum hatte ich das Motorrad wieder aufgerichtet, sprang sie auch schon an der Maschine hoch, um mit mir die Fahrt fortzusetzen.

Nicht jeder Verkehrspolizist war mit dieser Art der Beförderung meines Hundes einverstanden. Mehrmals wurde mir bei Verkehrskontrollen vorgeworfen, der Hund beeinträchtige mich in der sicheren Führung des Krads. Wies ich dann auf mir bekannte Gerichtsurteile hin, die im Mitführen eines kleineren Jagdhundes auf dem Motorrad keinen Verstoß gegen die Verkehrssicherheit sahen, sofern der Tank mit einer rauhen Abdeckung versehen sei, wurden die Polizeibeamten unsicher und ließen mich unbeanstandet weiterfahren.

Eines Morgens, es war Winter und ungewöhnlich kalt, fuhren wir mit dem Motorrad ins Revier zu den Waldarbeitern. Dort angekommen, stellte ich das Motorrad ab und schlug mir, um mich zu erwärmen, mit aller Kraft die Hände um die Schultern. Ausgerechnet in diesem Augenblick sprang mich Bilda in ausgelassener Freude von der Seite an. Ein harter Schlag mit der Handkante traf sie im Genick, aufjaulend brach sie zusammen. Als sie dann torkelnd wieder auf die Läufe kam, vermochte sie sich nur noch im Kreis zu bewegen; offensichtlich hatte eine Gehirnerschütterung einen sonst unerklärlichen Rechtsdrall in ihr ausgelöst. Bestürzt, sie könnte durch mich einen bleibenden Schaden erlitten und ihr Vertrauen zu mir verloren haben, brachte ich sie unverzüglich nach Hause. Doch erholte sie sich noch am selben Tag, der Schlag blieb ohne Folgen. Nur die Hände durfte ich in ihrer Nähe nie wieder um die Schultern schlagen, wollte ich sie nicht erneut in Angst versetzen.

Im Alter von acht Jahren verletzte sie sich beim Stöbern beide Augen. Trotz intensiver Behandlung erkrankte sie an einer beiderseitigen, hartnäckigen Keratitis (Hornhautentzündung). Der behandelnde Tierarzt empfahl mir, sie in der Tierärztlichen Hochschule Hannover dem Leiter der Klinik für kleine Haustiere vorzustellen. Die Untersuchung ergab einen deprimierenden Befund; der Hündin drohte Erblindung. Neben der Verabreichung verschiedener Medikamente wurde mir aufgegeben, sie vier bis sechs Wochen völlig im Dunkeln zu halten, und das ausgerechnet im Sommer mit seinen langen Tagen!

Nach fünf Wochen, in denen wir nur nachts eine Stunde mit ihr laufen konnten, war die Verletzung der Hornhaut zwar ausgeheilt, beide Augen aber blieben milchigweiß getrübt. Nunmehr wurde sie mit einem kurz zuvor von der Firma Schering entwickelten Präparat, Scheroson F ophtalmicum, behandelt, und das bei wiederum zwei bis drei Wochen Dunkelhaft. Scheroson F besitzt eine starke Tiefenwirkung. Da dieses Präparat die Hornhaut aufweicht, kann es erst angewandt werden, wenn die Verletzung der Hornhaut völlig ausgeheilt ist. Während der Behandlung ist auf jede anomale Veränderung der Augen, wie Bildung von Dellen, Rissen und starke Absonderung von Flüssigkeit, zu achten.

Die Wirkung des Medikaments war gut; die Hündin, die bis dahin noch gegen Tisch- und Stuhlbeine gelaufen war, konnte ihre Umgebung im verdunkelten Zimmer von Tag zu Tag deutlicher erkennen. Schließlich kam es darauf an, sie behutsam wieder ans Tageslicht zu gewöhnen. Nachdem ich sie anfangs täglich nur für einige Minuten und dann für eine Viertelstunde aus der Dunkelhaft entlassen hatte, riskierte ich es, sie eine volle Stunde dem Tageslicht auszusetzen – und schon trat der befürchtete Rückschlag ein; die Augen wurden wieder trübe, die Sehkraft reduzierte sich fast völlig. Die über zwei Monate andauernde Behandlung schien erfolglos geblieben zu sein.

Dennoch gaben wir nicht auf. Auf Weisung der Tierärztlichen Hochschule verabreichten wir der Hündin nunmehr statt einen täglich zwei Tropfen Scheroson, natürlich bei wiederum völliger Dunkelhaft. Damit wurden endlich, wenn auch noch immer von Rückschlägen begleitet, die Abstände zwischen der Eintrübung der Augen und ihrer endlichen Aufhellung von Mal zu Mal kürzer, bis die Hündin schließlich auf Dauer ihre Sehkraft soweit zurückgewann, daß sie mich im Revier auch auf größere Entfernungen erkennen konnte. Gänzlich aber konnten wir auf die Behandlung mit Scheroson auch in den nächsten Jahren nicht verzichten. Die Tierärzte schien es zu überraschen, daß eine über Jahre anhaltende Behandlung mit Scheroson überhaupt möglich war.

Mit der Erkrankung ihrer Augen bereitete uns die gute Dicke leider nicht die einzige Sorge. Als sie im zwölften Feld stand, erkrankte sie an Diabetes. Bis dahin hatte ich noch nie davon gehört, daß auch Hunde zuckerkrank werden können. Die Behandlung des Diabetes mellitus ist beim Hund wesentlich schwieriger als beim Menschen. Ein Hund kann sich nicht über sein Befinden äußern und dementsprechend rechtzeitig auf die jeweils erforderlichen Insulineinheiten eingestellt werden.

Die Spritzen nahm die Hündin mit stoischer Gelassenheit hin. Monatelang fühlte sie sich durchaus wohl. Bis plötzlich die Zuckerwerte jäh absanken und die bis dahin angemessene Insulinmenge einen Schock auslöste. Die Hündin verfiel in heftige Krämpfe, die nur durch sofortiges Einflößen einer für diesen Zweck stets bereitstehenden Zuckerlösung zu beheben waren. Andererseits konnten ansteigende Zuckerwerte von einem Tag zum anderen höhere Insulingaben erforderlich machen. In jedem Fall mußte sie dann in der Tierärztlichen Hochschule erneut auf die erforderliche Insulinmenge eingestellt werden.

Solange die gute Dicke sich, wenn auch mit zeitweiligen Unterbrechungen, über fast zwei Jahre hin durchaus wohl fühlte, sahen wir trotz aller Beschwerlichkeit, die ihre Krankheit für uns mit sich brachte, keinen Anlaß, sie einschläfern zu lassen. Immer noch begleitete sie mich täglich ins Revier und bereitete mir nach wie vor mit guten Suchen Freude. Noch kurz vor ihrem Ende bewahrte sie ein Stück Rotwild, von dem niemand wußte, daß es überhaupt eine Kugel bekommen hatte, vor dem Verludern.

Ein Jagdnachbar hatte morgens auf ein Schmaltier geschossen, das nach hoher Flucht zusammen mit dem Rudel in eine angrenzende Dickung eingetaucht war. Für die Dicke war es eine leichte Arbeit, uns an das verendete Stück zu bringen. Ich hatte dem Nachbarn bereits Waidmannsheil gewünscht, als Bilda mich am Schweißriemen von dem Schmaltier fortzog. Anfangs schenkte ich dem keine Aufmerksamkeit, doch als sie härter in der Halsung lag, gab ich ihrem Willen nach. Zwanzig Gänge weiter verwies sie mir Schweiß, nach sechzig Gängen standen wir vor einem verendeten Kalb. Dem Nachbarn, einem durchaus zuverlässigen Schützen, verschlug es die Sprache. Das breit stehende Schmaltier hatte er mit gutem Blattschuß gestreckt; daß hinter diesem verdeckt ein Kalb gestanden hatte, war ihm entgangen. Um so mehr freute er sich nun über die immer noch bestechende Zuverlässigkeit Bildas. Es war ihre letzte Arbeit auf der roten Fährte.

Als ihr wenig später die Krankheit zur Qual wurde – in der Hochschule sagte man mir, eine starke Dosis Insulin könnte die Hündin vielleicht noch über zwei oder drei Monate retten – waren wir uns einig, für immer von ihr Abschied zu nehmen. Im Garten am Forsthaus liegt ihr Grab, ein Stein mit ihrem Namen in Runenschrift schmückt es. Bei Tage dringt der Ruf der Kolkraben, in den Herbstnächten das Röhren der Hirsche an das Tor, durch das sie Eingang in die ewigen Jagdgefilde fand.

Arbeit und Einbuße

Bis 1955 dauerte es, bevor mir mein geliebtes Revier in der Südheide, nunmehr Planstelle, endgültig als Revierförsterei übertragen wurde. Nach vier Jahren der Ungewißheit ging ich nun mit um so größerer Passion den vielfältigen Aufgaben nach, die sich mir als Forstmann und Jäger stellten. War dieses auch mit 750 Hektar relativ klein, erforderte es doch über viele Jahre ein gerütteltes Maß an Arbeit. Schneisen mußten ausgefluchtet, auf 6 Meter Breite aufgehauen, für die Holzabfuhr planiert und in ihren Schnittpunkten mit Jagensteinen versehen werden, um die einzelnen Wirtschaftsabteilungen zu kennzeichnen. Zehn Jahre nahm die Aufforstung der Heideflächen und alter, längst von Birken überwucherter Blößen in Anspruch. Umfangreiche Dickungen aus den zwanziger und dreißiger Jahren bedurften dringend der ersten Läuterung. Ältere Bestände hatten seit 1930 keine Axt mehr gesehen und wollten ausgezeichnet und durchforstet werden. Eine Arbeit, die wohl zu den dankbarsten Aufgaben eines Forstmannes zählt, der damit persönlich gestaltend das Bild eines Bestandes prägt, das immer dort am schönsten ist, wo die Belange einer produktiven Forstwirtschaft mit denen der Landschaftsgestaltung und der Erhaltung gesunder Biotope aufeinander abgestimmt sind. Wer sich als Forstmann diese Aufgabe, sei es durch die neuerdings kreierten Forstwirtschaftsmeister oder durch sonstige Hilfskräfte, nehmen läßt, begibt sich des Kriteriums, das ihn als gestaltenden Waldbauer auszeichnet.

Wildäcker und Äsungsflächen mußten, über das Revier verteilt, angelegt werden, um die von Rot- und Schwarzwild verursachten Schäden auf ein Mindestmaß zu reduzieren. Pürschsteige, die sich im Lauf der Jahre auf eine Länge von 6 bis 7 Kilometer ausdehnten, wurden für eine intensive Bejagung des Schalenwildes erforderlich, desgleichen Hochsitze, die ich endlich nach eigenen Vorstellungen bauen konnte. Dabei kam es mir im Hinblick auf den zumeist stundenlangen Ansitz neben anderen Vorzügen auf Bequemlichkeit an; schräge statt steile Rückenlehnen und der Beinlänge angepaßte Fußrasten trugen dazu bei. Als handwerklich geschickter Helfer erwies sich dabei ein tüchtiger Haumeister. Er war es auch, der auf den Gedanken verfiel, kurz über dem Boden der Hochsitze eine handbreite Lücke auszusparen, damit auch mein Teckel ringsum guten Ausblick hatte.

Der erste, nach diesem „Gesichtspunkt" gebaute Hochsitz – wir errichteten ihn an der Drelleniederung und der sie kreuzenden Hochspannungsleitung (dem einzigen Schandfleck im ganzen Revier) – erhielt den Namen „Hundeblick". Drelleaufwärts stand die obere, drelleabwärts die untere „Drellekanzel". Ein östlich der Siedenholzbahn im Schnittpunkt von fünf Gestellen errichteter Hochsitz bekam den Namen „Sternkanzel". Im Rungeloh, dem nördlichsten Teil des Forstortes, stand die „Rungelohkanzel", am Siedler-Neuland die „Neue Kanzel", die ihren Namen auch dann noch behielt, als weitere Hochsitze, so die „Grenzkanzel" nahe dem Daller Revier, die „Lutterkanzel" hinter dem Forsthaus, die „Urwaldkanzel" jenseits der Bundesstraße, hinzukamen. Sie alle waren ausnahmslos über das weit verzweigte Netz der Pürschsteige zu erreichen.

Die Gepflogenheit, Hochsitzen Namen zu geben, ist wohl allen Jägern eigen; sie führt zu einer schnellen Verständigung, wenn es gilt, Gästen diesen oder jenen Hochsitz anzuweisen, einen Treffpunkt zu vereinbaren oder von jagdlichen Erlebnissen zu berichten. Benennt man sie, wie zum Beispiel die „Rungelohkanzel“, nach alten Flurnamen, trägt man dazu bei, daß diese in Jägerkreisen, und damit auch in der örtlichen Bevölkerung, lebendig bleiben. Wie überhaupt Flurnamen lebendiger und einprägsamer sind als tote Abteilungsnummern, von denen man nie weiß, ob sie nicht gelegentlich einer Neugliederung der Reviere wieder geändert werden.

Noch vor vierzig Jahren war es gang und gäbe, auf den Holzabfuhrscheinen neben den Abteilungsnummern die entsprechenden, der Bevölkerung vertrauten Flurnamen zu vermerken. Seitdem man sich auch auf den Dörfern auf Öl- und Gasheizung umgestellt hat und kaum noch Brennholz aus den Forsten bezieht, sind die Flurnamen, mit denen sich nicht selten historische Vorgänge verknüpfen, weithin in Vergessenheit geraten; allenfalls erinnert sich an sie nur noch die ältere Generation. Daß Flurnamen auch heute noch eine gewichtige Rolle spielen können, erfuhr ich, als eines Tages an der Grenze meines Reviers die Leiche einer Frau gefunden wurde und das Standesamt unserer Gemeinde von mir wissen wollte, wo die Frau verstorben sei. Meine Antwort, die Frau sei in der Abteilung 201 gefunden worden, befriedigte den Standesbeamten nicht. Abteilungsnummern seien, wie die Erfahrung schon oft gezeigt habe, Veränderungen unterworfen, ich möge doch den Flurnamen, wie er auch auf dem Katasteramt verzeichnet sei, angeben. Die Frau war im „Immenbusch“ verstorben; ihr Sterbeort wurde unter dieser Flurbezeichnung im Register des Standesamtes festgehalten.

Mitte der fünfziger Jahre ließ Forstmeister Funk in dem für ihn nur auf Umwegen erreichbaren Forstort Lohe eine Jagdhütte bauen. Als Blockhaus errichtet, paßte sie sich recht idyllisch einem verträumten Waldwinkel an und diente uns in der Folge nach den Jagden etliche Jahre in zech- und liederfrohen Stunden als romantische Unterkunft. Als der Forstmeister pensioniert wurde, erlosch das Interesse an der Hütte; immerhin bot sie noch den Waldarbeitern bei schlechtem Wetter einen willkommenen Unterschlupf.

Im Gegensatz zu vielen Jägern – ich gestehe es offen – hielt ich selbst wenig vom oft beschworenen Hüttenzauber. Übernachtet habe ich in der Hütte nur einmal und dabei erbärmblich gefroren. Sobald der Kamin erlosch, breitete sich feuchte Kälte aus und raubte mir den Schlaf. Da hatte ich es zu Hause, kaum 15 Minuten Fahrt mit dem Auto von der Jagdhütte entfernt, gemütlicher. Am Ende wurde die Hütte für mich zu einer ständigen Belastung, mußte sie doch laufend gelüftet und instandgehalten werden. Auch für die Waldarbeiter verlor sie an Bedeutung, als diese eine fahrbare Schutzhütte erhielten. Obendrein war sie wiederholt das Ziel von Einbrechern. Daß es ihnen in vielen Jahren nicht gelang, in die einzudringen, verhinderte – neben sorgfältig eingelassenen Fensterläden, die sich nicht ausheben ließen und im Fensterkreuz mit Eisenbolzen verriegelt waren – ein an der Tür zusätzlich zum Kastenschloß angebrachter Geheimverschluß, wie er bereits vor Jahrhunderten den Bauern in vielfach abgewandelter Form zur Sicherung ihrer Gebäude gedient hatte. Die nachstehende Skizze macht die Funktion eines solchen, an der Innenseite der Tür angebrachten Geheimverschlusses, deutlich:

Der auf dem Diagonalriegel (d) mit einem starken Eisenbolzen (e) angebrachte schwenkbare Verschlußbalken zeigt einen kurzen und einen langen Schenkel (a1 und a2). Durch das ungleich verteilte Gewicht des Balkens fällt der längere Schenkel beziehungsweise hebt sich der kürzere in

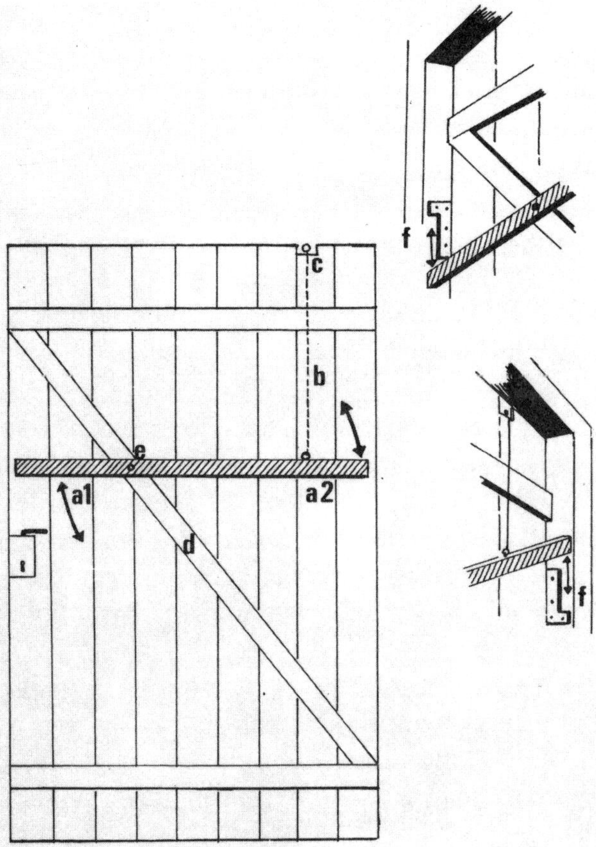

die an den Türpfosten angebrachten Verriegelungsstücke (f). Die Verriegelungsstücke bestehen aus L-förmig zugeschnittenen, im Durchmesser etwa 6 × 6 cm starken Holzwinkeln, die an den Pfosten mit starken Schrauben befestigt sind. Um die von innen verriegelte Tür von außen öffnen zu können, ist am längeren Schenkel (a2) eine Zugvorrichtung aus elastischem Draht (b) mit einem Griffstück in Form eines kleinen Metallringes angebracht. Das Griffstück liegt, von außen erreichbar, versteckt in einer am oberen Rand der Tür ausgesparten Fuge (c), über die man zur Tarnung an die äußere Türseite in voller Breite ein Brett nagelt, das mit der oberen Türkante abschließt. Ein von innen über die Fuge genagelter stärkerer Draht verhindert, daß das Griffstück aus der Fuge rutscht und die Tür von außen nicht mehr zu öffnen ist. Soll der Verschluß beziehungsweise die Tür offenbleiben, arretiert man den als Griffstück dienenden Ring mit Hilfe eines Nagels, der etwa eine Handbreite unterhalb der Fuge von außen zur Hälfte in die Tür geschlagen wird. Einige weitere wahllos in die Tür geschlagene Nägel tarnen den Zweck des für die Arretierung bestimmten Nagels.

Jagdlich belastete mich in diesen Jahren am stärksten der andauernde Wildschaden auf den Äckern und Weiden. Das vor Jahrzehnten errichtete Feldgatter wurde seiner Aufgabe nicht mehr gerecht, Draht und Pfosten waren an vielen Stellen brüchig geworden. Zwar waren die Klagen über den Wildschaden, mit denen die Verwaltung laufend bombardiert wurde, stark übertrieben, gänzlich in Abrede stellen ließ sich der Schaden jedoch nicht. Dem als Landwirt höchst ungeeigneten Pächter ging es dabei vor allem um eine Minderung, zuletzt gar um eine völlige Aussetzung des Pachtzinses. Auf eine Abgeltung des Wildschadens selbst hatte er bei dem ohnehin niedrigen Pachtpreis keinen Anspruch.

In zwei Jahren schoß ich allein auf seinen Feldern fünf Sauen, darunter einen weißbunten Frischling und einen gleichfalls gescheckten Überläufer. Vom Aufgang der Bockjagd bis zur Hirschbrunft war ich wöchentlich zumeist zwei- bis dreimal, während der Brunft selbst fast täglich in der Frühdämmerung draußen. Eines Morgens, wir hatten mit einem befreundeten Ehepaar die Nacht durchzecht, animierte ich unsere Gäste, meine Frau und mich ins Revier zu begleiten. Kaum waren wir im Frühdämmer mit meinem VW-Käfer in der Feldmark angelangt, entlud sich über uns mit starken Regengüssen ein schweres Gewitter. Angeheitert, wie wir beiden Männer waren, konnte uns selbstverständlich ein lächerliches Gewitter nicht imponieren, insbesondere nicht in Gegenwart unserer ängstlichen Ehehälften, die es vorzogen, im Wagen zu bleiben. Nach wenigen Minuten waren wir bis auf die Haut durchnäßt. Doch Sankt Hubertus hatte offensichtlich Verständnis für seinen übermütigen Jünger: Kaum zweihundert Gänge vom Wagen entfernt, wurde neben mir im brusthohen Roggen eine Rotte Sauen flüchtig. Im Laufschritt erreichte ich ein angrenzendes Kartoffelfeld, das die Sauen fast hinter sich gebracht hatten, als ich unter Blitz und Donner die erste Kugel in den Dreck setzte. Mit der zweiten aber ließ ich, wie sich hernach herausstellte, eine zweijährige Geltbache unmittelbar vor der Wand eines hüfthohen Haferschlags zusammenbrechen. Während ich das Stück versorgte, brach die Sonne durch das schwere Gewölk und zauberte fern über den Wäldern einen doppelten Regenbogen an den fahlen, noch von Blitzen durchzuckten Himmel. Immer noch in der übermütigen Stimmung, in die der Alkohol uns versetzt hatte, fuhren wir mit unserer auf der hinteren Rammstange des Käfers befestigten Beute heim.

Stellte ich auch sonst dem Schwarzwild nur bei Tageslicht nach, zwang mich doch der starke Wildschaden im Felde, gelegentlich auch nachts bei Mondschein auf Sauen anzusitzen. Im Januar hatte es drei Tage geschneit, und der Mond hatte fast seine volle Größe erreicht, als ich etwa zweihundert Meter von mir entfernt auf dem Feld eine starke Rotte Sauen bemerkte. Im Schlagschatten des Waldrandes gelang es mir, sie auf knapp einhundert Meter anzupürschen. An einem der alten Gatterpfähle anstreichend, trug ich einem Frischling die Kugel an. Das Mündungsfeuer des Stutzens ließ mich nicht erkennen, ob sie gefaßt hatte; ich sah nur die Rotte auseinanderstieben und

über die im freien Feld verlaufende Grenze ins benachbarte Revier flüchten. Dort aber war der Metzgermeister zu Hause, dem ich ob seiner windigen Auffassung von gutnachbarlichen Beziehungen und waidgerechtem Jagen nicht ausgesprochen wohlgesinnt war. Erst kürzlich hatte ich ihn gezwungen, ein komfortables Ansitzloch zu beseitigen, das er sich 10 Meter von der Grenze entfernt am Waldrand, unter Fichten verborgen, in meinem Revier gebaut hatte; von dem häufig angebleiten Wild gar nicht zu reden, das aus seinem Pachtbezirk zu mir über die Grenze gezogen war.
Unter dem Schnee war der Acker nicht gefroren, und die flüchtigen Sauen hatten die schwarze Erde auf die weiße Fläche geworfen. Im diffusen Mondlicht konnte ich nicht erkennen, ob Schweiß oder Ackererde auf dem Schnee lag. Schon fürchtete ich, nun selbst dem ominösen Nachbarn ein krankes Stück Wild geliefert zu haben, als ich unmittelbar an der Grenze, einer als solche kaum erkennbaren Pflugfurche, auf den verendeten Frischling stieß. Mit dem Haupt lag er bereits im feindlichen Revier, doch konnte ich ihn aufbrechen, ohne einen Schritt über die Grenze zu tun. Und so, wie er zusammengebrochen war, ließ ich ihn auch liegen. Am Morgen suchte ich den Landwirt auf, von dem der Metzger die Jagd gepachtet hatte, und bat ihn, sich den Frischling anzusehen, damit mir niemand den Vorwurf machen könne, ich hätte ihn mir widerrechtlich angeeignet; noch sei im Schnee deutlich zu sehen, daß ich keinen Fuß über die Grenze gesetzt hatte. Doch Ernst Hellberg lachte nur über meine Besorgnis und gab mir den Frischling ohne weitere Umstände frei; im übrigen, so meinte er, sei er froh, einen Kujel weniger auf der Welt zu wissen.

Das Feldgatter war fast dreieinhalb Kilometer lang. Seit vielen Jahren war es nur notdürftig ausgebessert worden, die Einnahmen aus der Verpachtung der Ländereien waren gering, und die Verwaltung tat sich deshalb schwer, ausreichende Mittel für eine gründliche Instandsetzung des Gatters zur Verfügung zu stellen. Zwar konnte ich einige hundert Meter Gatter völlig erneuern lassen, im übrigen aber blieb es bei der alten Methode des behelfsmäßigen Ausflickens; ein Zustand, der nur beschränkt dazu beitrug, den Wildschaden einzudämmen. Immerhin wurde mir zugestanden, das Gatter mit Aussprüngen zu versehen, die es dem Wild ermöglichten, ungehindert vom Feld zu den im Wald gelegenen Einständen zurückzukehren, ihm aber nicht erlaubten, den Weg vom Wald ins Feld zu finden. Ein Gatter von der hier gegebenen Größenordnung bleibt, selbst wenn es laufend instandgehalten wird, nicht völlig wilddicht; Tore werden gelegentlich offengelassen, Bachen drängen den durch kleinste Lücken schlüpfenden Frischlingen nach, und selbst ein zwei Meter hoher Zaun wird hier und da vom Rotwild überfallen. Den Bau von Aussprüngen rechtfertigt allein schon die Gefahr, daß sich Sauen bis zur Ernte hin in den Getreideschlägen stecken oder ein bei Tagesanbruch in den Wald zurückdrängendes Stück Rotwild im Draht hängen bleibt.

In den wildreichen mecklenburgischen Revieren hatte ich des öfteren Aussprünge gebaut, hier in der Südheide schienen sie weithin unbekannt zu sein. Man gestatte mir deshalb, des näheren auf ihre Konstruktion einzugehen.

Aussprünge sind grundsätzlich in die Zaunecken, in die das Wild von beiden Zaunlängen geleitet wird, zu legen; in die Zaunlängen eingebaute Aussprünge werden von dem am Gatter entlangziehenden oder flüchtenden Wild nicht wahrgenommen. Übrigens sollten auch für Kulturgatter erforderliche Tore möglichst in die Zaunwinkel gelegt werden, da sich durch sie das ins Gatter eingedrungene Wild am leichtesten vertreiben läßt (Skizze I).

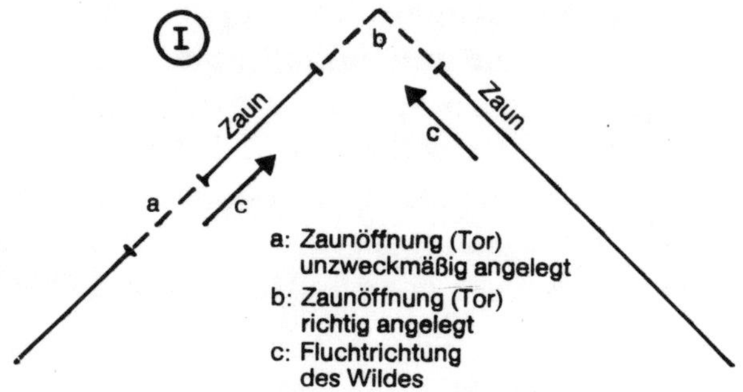
I
b
Zaun
Zaun
c
a
c
a: Zaunöffnung (Tor) unzweckmäßig angelegt
b: Zaunöffnung (Tor) richtig angelegt
c: Fluchtrichtung des Wildes

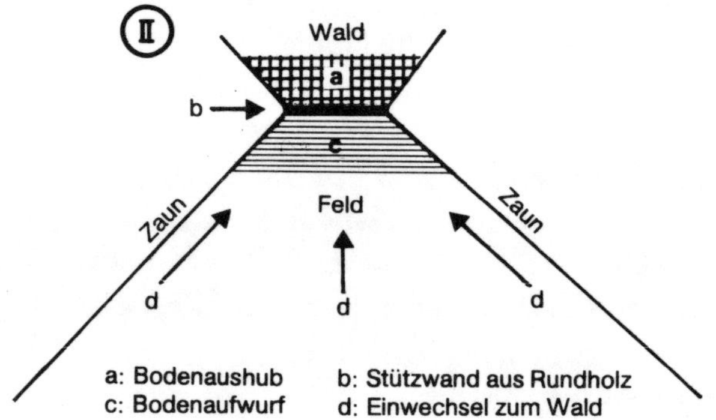
II
Wald
a
b
c
Feld
Zaun
Zaun
d
d
d
a: Bodenaushub
c: Bodenaufwurf
b: Stützwand aus Rundholz
d: Einwechsel zum Wald

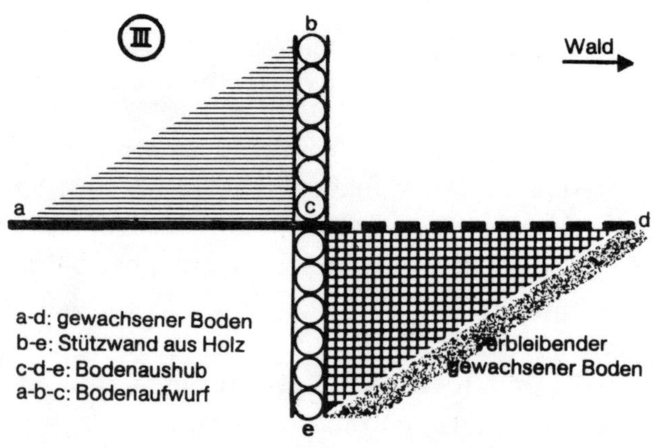
III
b
Wald
a
c
d
e
a-d: gewachsener Boden
b-e: Stützwand aus Holz
c-d-e: Bodenaushub
a-b-c: Bodenaufwurf
Verbleibender gewachsener Boden

Die Skizzen II und III erläutern die Konstruktion eines Wildaussprungs, den man unter gegenteiligem Gesichtspunkt auch als Wildeinsprung bezeichnen könnte. Skizze III macht deutlich, daß der Bodenaushub (c–d–e) als Bodenaufwurf (a–b–c), sozusagen als Rampe vor dem Aussprung, verwendet wird. Die Höhe der aus Rundhölzern bestehenden Stützwand (b–e) soll etwa zwei Meter betragen, ihr Scheitelpunkt (b) vom Punkt d mindestens 2,50 Meter entfernt sein. Der Winkel zwischen den Schenkeln e–c und e–d muß bei 40° liegen, um der Fläche d–e eine solche Neigung zu geben, daß das vom Scheitelpunkt der Stützwand (b) zum Wald einspringende Wild auf ihr bequem aufsetzen kann. Der eigentliche Zweck dieser Neigung liegt jedoch darin, ein Auswechseln des Wildes vom Wald zum Feld zu verhindern. Die Entfernung vom Punkt d zu dem höher gelegenen Punkt b vermag es nicht zu überbrücken; zieht es näher an die senkrechte Stützwand heran, steht es mit den Vorderläufen zwangsläufig so tief auf der schrägen Fläche d–e, daß es die Stützwand nicht zu überfliehen vermag.

Aussprünge werden vorwiegend für Rot-, Dam- und Rehwild angelegt, doch scheuen sich auch stärkere Sauen nicht, sie anzunehmen. Für geringeres Schwarzwild, das den Sprung von der hohen Stützwand in die Tiefe nicht wagt, installiert man unmittelbar neben dem Aussprung im Zaun zusätzlich eine Sauklappe. Ihre Konstruktion ist einfach:

Eine an Gelenkbändern (Draht oder kräftiges Leder) hängende, etwa einen Meter hohe und bis an den Boden reichende Klappe aus hölzernen Knüppeln wird mit einem breiteren Querholz versehen, das gegen zwei beiderseits der Klappe in den Boden gerammte Pfosten schlägt und somit deren Anheben in Richtung zum Feld verhindert. Die Sauklappe muß zwar stabil, darf aber nicht so schwer sein, daß sie dem Schwarzwild Verletzungen zufügt; zumeist drängt eine ganze Rotte durch die Klappe, ein Stück hebt sie mit dem Wurf an, schlüpft durch – und der nächstfolgenden Sau knallt sie vor den Schädel.

Erfahrungsgemäß werden Sauklappen und Aussprünge nicht sofort vom Wild angenommen. In meinem Revier, wo sie dem Wild bis dahin unbekannt waren, dauerte es mehrere Monate, bis sie als Rückwechsel vom Feld zu den im Wald gelegenen Einständen benutzt wurden.

Zweifellos trugen die Aussprünge zu einer Verminderung des Wildschadens auf den Feldern bei. Wenn dennoch der Schaden anhielt, war das zu einem wesentlichen Teil dem Pächter anzukreiden. Er kam nicht einmal der ihm zumutbaren Aufgabe nach, abends die unweit seines Gehöftes gelegenen Tore zu schließen, die teils von Passanten auf einem öffentlichen Weg, teils von ihm selbst beim alltäglichen Viehaustrieb offengelassen wurden. Als er obendrein durch seine Mißwirtschaft immer stärker in Schulden geriet, bat er die Klosterkammer, natürlich wieder unter Hinweis auf den angeblich unerträglichen Wildschaden, ihm abermals den Pachtzins zu erlassen – und brachte die Kammer damit auf den Gedanken, die Jagd im gesamten Forstort Lohe zu verpachten. Da Ei des Kolumbus feierte Urständ: Nicht der Klosterhofpächter, sondern der Jagdpächter würde den Wildschaden tragen und obendrein das Feldgatter instandhalten müssen.

Ich selbst erfuhr von diesem Plan erst anläßlich einer Besprechung, an der auch der Präsident der Klosterkammer, Staatsrat Dr. Bojunga, teilnahm. Die Besprechung führte zu einer so heftigen Auseinandersetzung zwischen mir und dem Klosterhofpächter, daß Dr. Bojunga sich zu der Bemerkung veranlaßt sah, ich möge mich in meinen Äußerungen mäßigen.

„Wenn Sie, Herr Präsident“, entgegnete ich ihm, „wüßten, wie sehr sich bereits seit Jahren die Bevölkerung über die Zustände auf diesem Hof mokiert, und wüßten, wie tief der Pächter bei den hiesigen Kaufleuten und Handwerkern in der Kreide steht, würden Sie meine Erregung verstehen. Als Forstmann bin ich auch Jäger, und wenn Sie die Jagd im gesamten Forstort Lohe verpachten wollen, werde ich mich um eine andere Revierförsterei bewerben müssen. Warum wollen Sie dem Pächter abermals für ein Jahr den Pachtzins erlassen, wenn doch feststeht – und dafür garantiere ich Ihnen –, daß er binnen zwei Jahren mit dem weißen Stock vom Hof geht? Und das nicht, weil ihn der Wildschaden, sondern sein eigenes Unvermögen als Landwirt dazu zwingt. Ein tüchtigerer Nachfolger des derzeitigen Pächters wird Ihnen beweisen, daß dieser Hof seinen Mann ernährt, und das trotz gelegentlichen Wildschadens, der bereits jetzt durch den niedrigen Pachtzins weitgehend kompensiert wird.“

„Haben Sie, Herr Gendrich, nicht seit Jahren und erst kürzlich wieder um beträchtliche Mittel für die restlose Erneuerung des Gatters gebeten? Ich konnte sie Ihnen nicht in dem von Ihnen gewünschten Umfang geben und werde das auch künftig nicht können. Solange die Jagd im Forstort Lohe nicht verpachtet ist, wird hier jeder Pächter unter Wildschaden zu leiden haben. Es bleibt dabei: Die Jagd wird verpachtet, und der Klosterhofpächter wird, um ihm eine letzte Chance einzuräumen, für ein weiteres Jahr vom Pachtzins befreit.“

„Gestatten Sie mir noch eine Frage: Warum wollen Sie eigentlich den gesamten Forstort Lohe verpachten? Es würde doch genügen, die Klosterländereien mit einem Teil der angrenzenden Forst, insgesamt etwa 250 bis 300 Hektar, zu einer Pachtjagd zusammenzufassen.“

„Für eine so kleine Fläche würden Sie wohl kaum einen Pächter finden."

Die Antwort verriet mir, daß Dr. Bojunga kein Jäger war. Würde er nicht, gerade weil ihm die Jagd ein Buch mit sieben Siegeln war, um so hartnäckiger auf seinem einmal gefaßten Entschluß beharren? Und warum nahmen die anderen Herren diese doch so offensichtlich laienhafte Äußerung nicht zum Anlaß, mich in meiner Bitte zu unterstützen? Ich wußte es nicht und war zutiefst enttäuscht, als sich die Herren verabschiedeten.

Im Begriff, mich zu Fuß auf den Heimweg zu machen – mein Wagen war zur Reparatur in der Werkstatt –, wurde ich von Dr. Bojunga aufgefordert, in seinem Wagen Platz zu nehmen: „Ich fahre Sie nach Hause. Steigen Sie bitte ein!"

„Vielen Dank, aber für Sie ist das ein Umweg."

„Macht nichts; auf zehn Minuten kommt es mir nicht an."

Unterwegs fielen mir die Worte meiner Mutter ein, als ich ihr gegenüber den Namen des Präsidenten erwähnt hatte: „Ein Dr. Bojunga war während des letzten Krieges im Kultusministerium in Prag der Vorgesetzte von Onkel Ernst und mehrmals bei uns zu Gast. Es wäre doch möglich, daß der Präsident der Klosterkammer dieser Dr. Bojunga ist." Wenn dem tatsächlich so wäre, konnte das für mich nur . . .

„Gestatten Sie mir eine Frage, Herr Präsident: Waren Sie während des Krieges nicht Staatsrat am Prager Kultusministerium?"

„Woher wissen denn Sie das?" fragte mich Dr. Bojunga verblüfft.

„Weil Sie des öfteren in Prag Gast meines Onkels waren."

„Ihres Onkels?“

„Ja, des Regierungsrats Fielitz. In seiner Wohnung lernten Sie auch meine Mutter kennen.“

„Mein Gott, Ernst Fielitz! Aber ja, Herr Gendrich! Auch an Ihre Frau Mutter erinnere ich mich.“ Ein Wort gab das andere, und am Ende sprachen wir nochmals über die Verpachtung der Loher Jagd.

„Und Sie glauben wirklich, daß sich eine Jagdfläche von nur 300 Hektar verpachten läßt?“

„Auf jeden Fall! Im übrigen kommt es doch vor allem darauf an, einen Pächter zu finden, der den Wildschaden erstattet.“

„Das ist richtig! Also gut, dann reichen Sie bitte einen entsprechenden Antrag ein, am besten gleich mit einer Blankettkarte, auf der die Grenzen des zu verpachtenden Jagdbezirks verzeichnet sind.“

Zufall oder Schicksal? Wie immer man es auch nennen wollte – die Bekanntschaft des Präsidenten mit meinem längst verstorbenen Onkel hatte zumindest zu einer Auflockerung der Atmosphäre geführt und Verständnis für mein Anliegen geweckt. Natürlich hätte ich es lieber gesehen, wenn eine wesentlich kleinere Fläche verpachtet worden wäre, doch mußte ich unter den gegebenen Verhältnissen froh sein, nicht den gesamten Forstort als Jagd zu verlieren.

Wenige Monate später wurde der südliche Teil des Forstortes in der von mir vorgeschlagenen Größe von 301 Hektar zur Verpachtung ausgeschrieben. Mit der Ausschreibung wurde den Interessenten empfohlen, sich zur Besichtigung des Reviers an mich zu wenden. Zwar schrieb die Regierung vor, einem der drei Höchstbietenden den Zuschlag zu erteilen, doch hatte die Forstverwaltung vorsorglich die

Genehmigung erwirkt, die Auswahl unter den fünf Höchstgeboten zu treffen. Damit hatten wir einen wesentlich größeren Spielraum. Die Gebote sollten dem Forstamt bis Ende nächsten Monats im verschlossenen Umschlag eingereicht werden.

Fast fünf Wochen spielte ich den Bärenführer für die unterschiedlichsten Typen von Jägern und Auchjägern. Tagaus und tagein führte ich bald arrogante, bald indifferente, zumeist aber bescheidene und liebenswerte Waidgesellen durchs Revier, um sie am Abend vor meinem geistigen Auge Revue passieren zu lassen und sie mit Plus- oder Minuspunkten zu versehen. Viele von ihnen fragten mich, ob wohl dieser oder jener Betrag ausreiche, um in den Besitz der Jagd zu gelangen. Einer war darunter, der im Auftrag eines in Venezuela lebenden deutschen Ölmagnaten auftrat. Sein Angebot war nicht nur für die Klosterkammer bestechend, unterbreitete er mir doch lapidar, daß sein Auftraggeber „500 DM über Höchstgebot" bieten würde, und da dieser jährlich nur vier Wochen Zeit habe, die Jagd in Deutschland auszuüben, das Revier in der übrigen Zeit voll und ganz mir überlassen bliebe. Da mir dieses Angebot von einem Kollegen übermittelt wurde, der selbst in Niedersachsen ein Niederwildrevier für den Venezolaner betreute, machte ich am Abend einen dicken Pluspunkt hinter dessen Namen. In der Nacht aber kamen mir Bedenken: Ich kannte den Mann aus Venezuela nicht; außerdem fürchtete ich, es könne einen fragwürdigen Eindruck machen, wenn ich inmitten der Verwaltungsjagd praktisch einen eigenen Jagdbezirk nutzte – also setzte ich hinter den Pluspunkt einen noch dickeren Minuspunkt.

Ein anderer Jäger verständigte mich vertraulich, daß sich auch der Ministerpräsident für die Jagd interessiere und er den Auftrag habe, ihm aus seiner Kenntnis des Reviers einen angemessenen Pachtpreis vorzuschlagen.

„Oder legen Sie keinen Wert darauf, den Ministerpräsidenten als Pächter in Ihrem Revier zu haben?“ fragte er mich mit offensichtlichem Verständnis für die dubiose Lage, in die ich damit geraten würde.

„Nicht den geringsten!“ antwortete ich ihm. „Lohe als Hofjagdrevier – nee, da ziehe ich jeden anderen Pächter vor, dem ich als Beamter nicht unterstellt bin.“

„Konnte ich es mir doch denken“, lachte mein Gesprächspartner. „Ich selbst möchte auch keinen der hohen Herren unmittelbar vor der Nase haben. Ein Gebot wird der Ministerpräsident aber auf jeden Fall abgeben. Es fragt sich nur, ob es auch für den Zuschlag ausreichen wird.“

Ich nannte ihm den Preis von etwa 3 000 Mark, der mehrfach genannt war, zuzüglich Wildschaden.

Als einer der letzten Bewerber suchte mich ein mir unbekannter Jäger auf. Dr. Boettger, Direktor einer Zuckerfabrik, gefiel mir auf den ersten Blick, das Gespräch mit ihm vertiefte diesen Eindruck. Kein Zweifel, – er entsprach den Vorstellungen von einem Jäger, wie ich ihn mir als Pächter wünschte: freundlich zurückhaltend, fachkundig und – dem glaubte ich sicher zu sein – vor allem waidgerecht. Als auch er erwähnte, daß sich sein Gebot allenfalls auf 3 000 Mark belaufen würde, gab ich ihm den Rat, zehn Mark draufzulegen:

Als wir dann am Stichtag die in verschlossenen Umschlägen vorliegenden Offerten öffneten, zeigte es sich, daß ein halbes Dutzend davon auf 3 000 Mark lautete und das Angebot Dr. Boettgers mit 3 010 Mark gerade ausreichte, ihn in die engere Wahl zu bringen. Um es kurz zu machen: Das bestechende Angebot des Venezolaners wurde nicht aufgegriffen, weil der Mann unbekannt war; das Gebot des Ministerpräsidenten lag unter dem der höchstbietenden fünf Bewerber und entfiel damit ebenfalls; den Zuschlag erhielt Dr. Boettger, und entscheidend war wohl auch der gute Eindruck, den ich von ihm als waidgerechten Jäger gewonnen hatte und den ich meiner Dienststelle schilderte.

In den neun Jahren, in denen Dr. Boettger die Jagd in meinem Revier ausübte, habe ich es in keiner Stunde bereut, ihn als Pächter vorgeschlagen zu haben. Einen Schönheitsfehler allerdings, den ich mir obendrein selbst zuzuschreiben hatte, enthielt der Pachtvertrag: Die Jagd auf den Dr. Boettgers und mein Revier trennenden Grenzwegen und Grenzgestellen wurde auf meinen Vorschlag von beiden Parteien ausgeübt. Das mußte zwangsläufig zur gelegentlichen Störung des einen oder anderen Jagdinhabers führen. Zwar verzichtete ich bald gänzlich darauf, mich an der Grenze anzusetzen, konnte es jedoch nicht in jedem Fall vermeiden, in den frühen Morgenstunden oder auch abends die Grenzwege zu benutzen, um gegen Wind in mein Revier zu gelangen. Stieß ich dabei auf den Pächter oder einen seiner Gäste, war die Begegnung für beide Teile peinlich. Als später ein anderer Pächter die Jagd übernahm, bat ich die Verwaltung, den entsprechenden Passus im neuen Pachtvertrag dahingehend zu ändern, daß beiden Parteien die Jagdausübung auf den Grenzwegen und Grenzgestellen untersagt wurde. Eine Maßnahme, die sich dann auch grundsätzlich bewährte.

So bitter für mich als Jäger auch der Verlust eines wesentlichen Revierteils war, die Verpachtung befreite mich von den andauernden Wildschadenquerelen mit dem Pächter. Als dieser wenig später wie vorausgesehen den Hof verlassen mußte, verging zwar auch danach kein Jahr, in dem das Wild nicht auf den Äckern und Weiden zu Schaden ging, doch wurde die Verwaltung davon nicht mehr berührt – der Jagdpächter hatte ja nunmehr den Schaden zu ersetzen.

Da Dr. Boettger verständlicherweise daran interessiert war, den Wildschaden so gering wie möglich zu halten, gestattete er mir großzügig, während seiner Abwesenheit auch in seinem Revier den Sauen nachzustellen. Wenngleich ich mich scheute, seine Großherzigkeit auszunutzen, hatte ich doch keine Skrupel, auf dem Feld oder in der Nähe der Weiden den einen oder anderen Schwarzkittel zu strecken.

Eines Tages, bald nachdem er das Revier gepachtet hatte, wurde ich dort sogar zum Wilderer; ich hatte völlig vergessen, daß mir die Jagd in diesem Revierteil nicht mehr gehörte. Vom Auto aus sah ich vor mir am Rand einer mitten im Wald gelegenen Weide ein Volk Rebhühner, das eifrig an einem alten Komposthaufen scharrte. Noch nie hatte ich hier Rebhühner gesehen, auch war es mindestens fünfzehn Jahre her, seit ich das letzte Huhn schoß. Und schon hatte ich den Wagen quer gestellt, das Seitenfenster heruntergedreht und Korn und Kimme der zufällig mitgeführten Kleinkaliberbüchse zusammengebracht. Erst als der Hahn, der oben auf dem Komposthaufen stand, mit ausgebreiteten Flügeln sein Leben aushauchte, fiel der Groschen bei mir; doch ins Leben konnte ich ihn nicht wieder zurückrufen. Fünfzehn Jahre hatte ich kein Rebhuhn mehr geschossen – und fünfzehn Jahre keines mehr gegessen! Sollte ich mir diesen Braten nun entgehen lassen? Ich tat es nicht, und erst nachdem ich ihn verzehrt hatte – auch gewildert schmeckte er vorzüglich –, gestand ich Dr. Boettger mein Vergehen ein. Die freundliche Absolution ließ nicht lange auf sich warten.

Bis zum letzten Tag der Pachtperiode hatten wir ein gutes, mehr noch ein vertrauensvolles Verhältnis. Immer wieder hatte ich Gelegenheit, Dr. Boettger ob seiner hervorragenden Kenntnis des Rotwildes zu bewundern. Hirsche, die er einmal in der Feistzeit gesehen hatte, blieben seinem Gedächtnis so fest verhaftet, daß er sie noch im Januar nachts bei Mondschein mit beeindruckender Sicherheit ansprechen und erlegen konnte. Eine Begabung, die ihm des öfteren zugute kam, wenn es ihm vor der vom September bis fast zum Jahresende anhaltenden, ihn voll und ganz fordernden Zuckerrübenkampagne nicht gelungen war, einem Hirsch die Kugel anzutragen.

Wann immer wir einander begegneten, auf gemeinsamen Drückjagden, anläßlich von Nachsuchen mit meiner Bilda und später mit meinem Raudel oder zum gemütlichen Plausch in der Jagdhütte, die durch ihn nun doch noch eine Verwendung gefunden hatte, stets fühlte ich mich durch sein fundiertes Wissen als Jäger nicht weniger bereichert als durch seine menschlichen Qualitäten.

An den Teichen

Mit der Verpachtung der Jagd hatte ich, wenn auch nicht als Revierbeamter so doch als Jäger, den schönsten Teil meines Reviers, die in seinem Südteil gelegenen Fischteiche, eingebüßt. Doch traf mich ihr Verlust nicht allzu hart; es blieb mir immer noch die Jagd an den hinter dem Forsthaus gelegenen Teichen mit einer Fläche von etwa vier Hektar.

In meiner Heimat, im Bereich der mecklenburgischen Seenplatte, hatte es kaum einen staatlichen Forstbeamten gegeben, der sich nicht neben der Jagd auch der Fischerei widmete. Dort hatte auch ich mit großer Passion auf einem von mir gepachteten See die Wildfischerei ausgeübt. Auch hier hätte ich gern einen oder gar mehrere Teiche selbst bewirtschaftet. Leider aber waren sie ausnahmslos einem benachbarten Landwirt verpachtet. Immerhin überließ er mir ein Jahr später unter der Hand einen der Teiche; zwei weitere konnte ich später pachten, als sein Pachtvertrag abgelaufen war. Dennoch waren, kaum daß ich die Revierförsterei übernommen hatte, Karpfen meine erste Beute an den Teichen.

Wir erwarteten im August Besuch, und ich bat den Landwirt, mir einige Karpfen zu liefern.

Nee“, meinte er, „das geht nicht. Zum Angeln habe ich jetzt keine Zeit; außerdem schmecken die Karpfen im Sommer nicht.“

„Wer spricht denn vom Angeln? Die Karpfen schieße ich mit der Kleinkaliberbüchse, und schmecken werden sie jetzt ebenso gut wie zu Weihnachten.“

„Ich weiß nicht; wir fischen im November, frühestens Ende Oktober ab. Im Sommer haben wir noch nie Karpfen gegessen."

Schließlich ließ er sich überreden, am nächsten Tag mit mir die Teiche aufzusuchen. Das Wetter war günstig, gleißend lag das Licht der Sonne auf dem Wasser, durch dessen Spiegel zwei- bis dreipfündige Karpfen blinkende Keile zogen. Behutsam auf den Dämmen gegen die Sonne pürschend, achtete ich darauf, daß mein Schatten nicht aufs Wasser fiel. Nach einer Stunde hatte ich für uns beide über zwölf Pfund Karpfen geschossen. Die Kugel setzte ich ihnen, die Lichtbrechung im Wasser berücksichtigend, nahe dem Ufer hinter dem Kopf auf die Kiemen. Im Knall drehten sie den hellen Bauch nach oben, und schon hatten wir sie im Kescher. Wohlweislich hütete ich mich, auf Fische zu schießen, die tiefer als zwei Fingerbreit unter der Wasseroberfläche standen. Der Teichpächter war begeistert:

„Das haben Sie wohl schon öfter gemacht?"

„Ja, früher als Junge schoß ich in Mecklenburg Hechte während der Laichzeit mit dem Tesching."

„Ist das nicht verboten?"

„Heute schon, aber damals? – Vielleicht ist es auch verboten, Karpfen zu schießen."

„Wieso? Die gehören doch mir, und wenn ich es Ihnen erlaube . . ."

„Nun ja, aber ich denke, wir lassen es hiermit genug sein."

Petrijünger werden ob dieser Methode der Fischwaid die Nase rümpfen. Sie mögen beruhigt sein; ich schoß in der Folge nur gelegentlich noch an den von mir selbst gepachteten Teichen einen Karpfen, um sein Gewicht festzustellen; im Wasser unterschätzt man zumeist die Stärke der Fische. Eigenartig war die Reaktion der Karpfen auf den Schuß; sobald die Kugel im Wasser einschlug – ich probierte es mehrmals, ohne auf einen Fisch zu schießen –, eilten die in der Nähe befindlichen Karpfen herbei, keineswegs aufgeregt und wohl mehr aus Neugier. Im übrigen gab es an den Teichen genug andere Beute, die das Jägerherz höher schlagen ließ. Da waren im Sommer und Herbst die Enten, und es war ungemein reizvoll, an stimmungsvollen Abenden anzusitzen oder frühmorgens im goldenen Glast der aufgehenden Sonne über die von Birken, Aspen und Weiden gesäumten Dämme zu pürschen. Manch braven Bock bekam ich auf den heimlichen Dämmen in Anblick, doch zu Schuß zu kommen, war schier unmöglich; bevor ich den einen oder anderen Bock in der üppigen Deckung ansprechen konnte, verdrückte er sich heimlich vor mir oder setzte laut schreckend und mit hoher Flucht ins aufspritzende Wasser.

Als Fischer und Jäger reizten mich besonders die Bisamratten. Es war nicht allein der Schaden an den Dämmen, der mich trieb, sie mit allen Mittel zu verfolgen – mehr noch forderte mich ihre den Bibern fast ebenbürtige Intelligenz heraus, mein Reaktionsvermögen und meine Treffsicherheit an ihnen zu messen. Immer von neuem lockte es mich, mit einem Kleinkaliberschuß auf den Kopf der tief durchs Wasser rinnenden Nager mein Können unter Beweis zu stellen. Selbst mit meinem Smith & Wesson-Revolver im Kaliber 22 konnte ich sie mehrmals aus guter Deckung heraus auf nächste Entfernung erlegen.

Der Zugang zu ihren Bauen in den Dämmen lag unter dem Wasserspiegel; belüftet wurden die Baue durch im Gras verborgene Luftschächte. Bilda, ohne die ich keinen Fuß ins Revier setzte, begeisterte sich bald ebenso wie ich an der Jagd auf Bisamratten. Die Nase tief in die Luftschächte bohrend, verwies sie mir an jedem Bau, ob seine Bewohner zu Hause waren. Doch dann war guter Rat teuer; auch wenn es mir gelang, sie mit Hilfe eines Stockes aus dem Bau ins Wasser zu zwingen, konnte ihnen, sobald sie mehr als zwanzig Zentimeter Wasser über sich hatten, weder eine Schrotgarbe noch ein Büchsenschuß etwas anhaben. Erst als ich mir Bisamfallen besorgt hatte, brachte mir die Jagd mit dem Hund gute Erfolge. Als Bilda sich wieder einmal eine der gefangenen Ratten angeeignet hatte, trug sie ihre Beute über einen Kilometer weit zum Forsthaus. Dort bekamen wir jedoch Ärger mit unserem Frauchen, hatte Bilda doch, von mir feixend geduldet, die häßliche Ratte ausgerechnet im Eßzimmer auf dem Teppich deponiert.

Im Herbst stellten sich die Bisamratten mit erstaunlichem Instinkt auf den Winter ein. Aus Erfahrung wußten sie, daß Anfang November die Teiche kurz vor dem Abfischen trockengelegt wurden. Um das Abfließen des Wassers zu verhindern, verstopften sie mit zäher Beharrlichkeit die aus einem senkrechten und einem waagerechten Holzschacht bestehenden, als Mönche bezeichneten Abflußvorrichtungen derartig fest mit Schilf, daß ich oft Mühe hatte, sie mittels eines eisernen Hakens wieder zu öffnen.

Staute ich nach dem Abfischen gelegentlich einen Teich wieder an, um darin Schleie und zweisömmrige Karpfen zu überwintern, trugen sie in ihm alsbald Schilf zu einem Kegel zusammen, der ihnen, bis zu einem Meter aus dem Wasser ragend, im Winter als Nahrungsdepot diente. Fror der Teich in strengen Wintern zu, liefen unter dem Eis strahlenförmig von den ringsum in den Dämmen befindlichen Bauen Blasenbahnen dorthin. Das brachte mich auf den Gedanken, den hohlen und durch Fäulnisprozeß recht warmen Kegel abzudecken, um das darin eisfreie Wasser gefrieren zu lassen und den Bisamratten die Nahrungsaufnahme unmöglich zu machen. Von den Bauen bis zum Kegel mußten sie etwa dreißig Meter unter dem Eis zurücklegen, bevor sie dort wieder Atem schöpfen konnten. In der Annahme, ihnen diese Möglichkeit genommen zu haben, hoffte ich, sie gänzlich von den Teichen vertreiben zu können. Doch sie brachten es fertig, unbeschadet den Weg zum Kegel und zurück zum Bau hinter sich zu bringen. Fraglich blieb, ob sie sich unter diesen Umständen dort noch mit Nahrung versorgen konnten. Die Hoffnung, sie würden die Teiche verlassen, erfüllte sich jedenfalls nicht. Wahrscheinlich waren sie nicht ausschließlich auf den Nahrungsvorrat in ihrer Schilfburg angewiesen.

Die Teiche befanden sich, als ich selbst endlich drei von ihnen pachten konnte, in denkbar schlechtem Zustand. Fast sämtliche Mönche mußten erneuert und die beiden größeren Teiche mit einer Planierraupe ausgeschoben werden, weil sie zu verlanden drohten. Um den Ausschub über möglichst geringe Entfernung zu bewegen und somit die Kosten möglichst niedrig zu halten, ließ ich inmitten des größten Teiches das Erdreich zu einer Insel zusammenschieben. Mit Lärchen, Fichten und Eichen bepflanzt, sollte sie gleichzeitig einen ungestörten Brutplatz für Enten abgeben. Doch nach wie vor brüteten die Enten, obgleich ich auf der Insel Brutkörbe aufgestellt hatte, bevorzugt auf den Dämmen, wo sie zwangsläufig beim Ausbringen des Fischfutters gestört wurden.

Eines Tages stieß ich auf einem der Dämme auf ein gut getarntes Nest einer Stockente; elf Eier enthielt es. Eine Woche hielt die Ente die mit der Fütterung verbundene Störung aus, dann war das Gelege plötzlich verschwunden. Da nichts auf seine Zerstörung hindeutete, suchte ich die nähere Umgebung ab – und fand, knapp drei Meter vom alten Gelege entfernt, unter dichten Himbeersträuchern ein neues mit wiederum elf Eiern. Sollte die Ente ihr Gelege um drei Meter verlegt haben? Ich zweifelte nicht daran. Doch wie sie das im dichten Gras- und Himbeerbewuchs fertigbekommen hatte, blieb mir ein Rätsel.

Verluste an Entengelegen traten fast alljährlich ein; Iltisse und Wasserratten forderten ihren Tribut. Den Ratten nachzustellen war nicht möglich, und im Iltis sah ich einen wertvollen Verbündeten, der mir wie kein anderer half, die Bisamratten kurzzuhalten. Den einzigen Iltis, den ich erbeutete, hatte Bilda in der Nähe der Teiche unter dem Wurzelstock einer vom Sturm geworfenen Kiefer ausgemacht und kurzerhand ins Jenseits befördert. Einmal wurde ich selbst am Tod eines Schofes Jungenten schuldig: Der Inselteich wurde von dem oberhalb gelegenen Teich durch einen Überlaufmönch mit Wasser gespeist. Nach anhaltenden Regenfällen floß das Wasser mit starkem Sog durch den Mönch ab. In diesen Sog gerieten die Jungenten und ertranken in dem senkrechten Schacht des Mönches. Nachdem ich ihn mit Maschendraht abgedeckt hatte, traten hier keine Verluste an Jungenten mehr ein.

Den dritten, gleichfalls stark verschilften Teich beließ ich bewußt in seinem verwilderten Zustand, hatten hier doch – neben verschiedenen Entenarten – Eisvögel, Rohrammern, Teichrohrsänger sowie Bläß- und Teichhühner einen idealen Lebensraum gefunden. An seinem dicht bewachsenen Ufer hielten sich Bach- und Schafstelzen auf. Wie umsichtig sich die Bachstelzen verhielten, machte mir die Wahl ihrer Schlafplätze deutlich: Abend für Abend suchten sie zu Dutzenden das weit übers Wasser ragende, dünnastige Weiden- und Birkengestrüpp auf, in dem sie nachts vor ihren Feinden sicher waren.

Wirtschaftlich war es für mich durchaus nicht von Nachteil, diesen Teich in seinem verwilderten Zustand zu belassen.

Zwar konnte ich in ihm mit Profit keine Speisekarpfen halten, dafür aber mit bestem Erfolg Schleie züchten, die während der Laichzeit auf verschilfte und verkrautete Gewässer angewiesen sind. Der Ertrag aus diesem Teich lag für mich im Verkauf von Schleibrut, die bei benachbarten Teichwirten leicht abzusetzen war. Außerdem benötigte ich selbst für die beiden ausgeschobenen Teiche Schleie als Besatz.

Die Teiche wurden von der Lutter, einem sauberen Bach, in den nirgends Abwässer gelangten, gespeist. War ihr Wasser auch kalt und im Bereich der sie begrenzenden Wälder wenig nährstoffreich, hielten sich in ihr doch Forellen. Im Bach selbst erreichten sie zwar nur ein geringes Gewicht, waren sie aber in die Teiche gelangt, wuchsen sie in kurzer Zeit zu ansehnlichen Portionsfischen heran. Verhältnismäßig günstig hingegen war der Säuregehalt des Lutterwassers; im pH-Bereich von 5,6 bis 6,0 liegend und somit als schwach sauer einzustufen, eignete es sich ohne wesentliche Kalkung vorzüglich für die Aufzucht von Speisekarpfen.

Den Besatz bezog ich im Frühjahr von dem Fischzuchtmeister, der die Loher Teiche bewirtschaftete. Während ich den oberen Teich ausschließlich mit einsömmerigen Karpfen und zweisömmerigen Schleien besetzte – beides sind Friedfische – , hielt ich im größeren Inselteich neben ein Jahr älteren Karpfen und Schleien zeitweise auch Forellen. Gut gefüttert, erreichten die im Herbst zweisömmerigen Karpfen ein Gewicht von einem, die dreisömmerigen ein Gewicht von drei bis vier Pfund.

Neben Sojaschrot fütterte ich vorwiegend Abfälle einer Keksfabrik, zu der ich gute Beziehungen besaß. Die Fische gewöhnten sich schnell an die festen Futterplätze und selbst an die Fütterungszeit. Näherte ich mich den Futterplätzen, kamen sie bereits angeschwommen, offensichtlich erkannten sie mich am Schritt. Es machte mir immer wieder Spaß, ihnen beim Fressen zuzuschauen. Während die Karpfen die auf dem Wasser schwimmenden Keksabfälle schmatzend einschlürften, verleugneten sich die Forellen nicht als Raubfische. Mit gleicher Vehemenz wie auf lebende Beute stürzten sie sich auf die Kekse. Daß sie überhaupt dieses Futter annahmen, war mir neu. Hatte eine Forelle einen Keksbrocken geschnappt, schwamm sie mit offenem Rachen davon, bis das Wasser den Keks aufgelöst und in ihren Schlund gespült hatte; es war ein immer wieder belustigendes Bild.

Die Hauptnahrung der Forellen bestand jedoch aus Insekten, nach denen sie eifrig sprangen, und aus Kaulquappen, die sich, einem schwarzen Teppich gleich, über die auf den Grund gesunkenen Keksreste legten. Unter ihnen räumten die Forellen so stark auf, daß sich im Inselteich bald kein Frosch mehr am melodischen Konzert seiner Sippe beteiligte.

Als gefräßigste Konkurrenten delektierten sich die Enten an den auf den Teichen schwimmenden Butterkeksen. Da diese jedoch nicht für sie bestimmt waren, sah ich mich gezwungen, die Futterstellen mit Maschendraht abzudekken. Doch auch dann noch verstanden sie es, sich tauchend der Leckerbissen zu bemächtigen. Selbst Ringeltauben beteiligten sich an dem delikaten Mahl. In der Regel klaubten sie die von den Futterstellen abgetriebenen Kekse im Flug vom Wasser auf, mehrmals aber sah ich sie zu meiner Überraschung auf dem Wasser einfallen und schwimmend die Kekse aufnehmen. Daß sich auch Wasserratten an den Futterstellen einfanden, ließ sich nicht verhindern. Als ich eine von ihnen dabei überraschte, suchte sie verwirrt auf die vierzig Meter entfernte Insel zu entkommen, was ihr fast zum Verhängnis geworden wäre, denn sie wurde mehrmals von einer Forelle unters Wasser gezogen. Doch war sie der Forelle wohl zu schwer, mit letzter Kraft erreichte sie das rettende Ufer.

Die Verluste an Fischen hielten sich in erträglichen Grenzen. Nach meinen Erfahrungen waren sie mehr auf witterungsbedingte Einflüsse als auf Fischräuber zurückzuführen, obwohl es deren genug gab. Fast täglich beobachtete ich an den Teichen einige Graureiher, und auch der Fischadler stellte sich in den fünfziger und sechziger Jahren noch regelmäßig ein. Bereits in meiner Jugend hatte mich an den ungezählten Seen Mecklenburgs der Anblick jagender Adler fasziniert. Kein Jäger hatte ihnen dort nachgestellt, kein Fischer ihnen ihre Beute geneidet. Hier in der Heide aber sahen die Teichwirte in ihnen arge Nahrungskonkurrenten, denen sie unbarmherzig mit der Flinte und, übler noch, mit mörderischen Pfahleisen nachstellten. Leider gab ihnen damals das Bundesjagdgesetz noch die Möglichkeit dazu.

Seinerzeit erschien in der örtlichen Zeitung ein offenbar von einem Teichwirt verfaßter Bericht über die Adler- und Reiherplage in unserem knapp 300 Quadratkilometer großen Kirchspiel. Mit offensichtlicher Genugtuung wurde in diesem Bericht der Öffentlichkeit unterbreitet, daß hier allein in einem Jahr 40 Adler und 100 Graureiher getötet wurden. Damit seien, so der Verfasser, 150 Zentner (!) Fischfleisch für den menschlichen Verzehr gerettet worden, eine Rechnung, die kein Milchmädchen besser hätte erstellen können.

Der Bericht löste unter den Jägern, Ornithologen und Naturfreunden heftige Entrüstung aus. Ich selbst schrieb in einem halben Dutzend Fach- und Tageszeitungen über den Massenmord an Adlern und Reihern. Auch den Regierungspräsidenten ließ ich wissen, was sich hier zutrug. Der

Landesjagdverband schaltete sich ein, und selbst in den auf dem Land stationierten Polizeibeamten fanden wir willkommene Hilfe. Sie drohten den Teichwirten auf Weisung des Regierungspräsidenten mit Strafanzeigen wegen Tierquälerei, nachdem mehrere noch lebende Adler mit abgeschlagenen Fängen gefunden worden waren. Das Ergebnis all dieser Bemühungen? Das Aufstellen von Pfahleisen wurde verboten, der Abschuß einzelner Adler und Reiher zwar vorerst noch nach Rücksprache mit den örtlich zuständigen Forstämtern von Fall zu Fall genehmigt, endlich aber ganz unterbunden.

Wenngleich heute, nach rund zwanzig Jahren, wesentlich weniger Adler und Reiher die künstlichen Teiche in der Heide heimsuchen, wäre es doch ungerecht, nicht auf die zuweilen noch beträchtlichen Verluste an Fischen und damit auf die berechtigten Interessen der Teichwirte einzugehen. Daß sich Adler und Graureiher nicht ausschließlich von Ratten und Jungenten oder von Mäusen und Schadfischen ernähren, können wir den Teichwirten nicht bestreiten. Auch wenn wir ihnen zumuten müssen, gelegentliche Verluste ebenso hinzunehmen, wie sie durch ungünstige Witterung jeder Landwirt auf sich nehmen muß – gänzlich ohne Risiko ringt man der Natur keine Erträge ab –, sollte doch endlich im Interesse aller ein Weg gefunden werden, ihnen anhaltend stärkere Schäden zu ersetzen. Eine artenreiche Tierwelt bedingt eine ebenso artenreiche Pflanzenwelt. Beide zu erhalten, erfordert Opfer. Wir können von den einzelnen Land-, Forst- und Teichwirten aber nicht erwarten, daß sie allein auf die Dauer diese Opfer zugunsten der Allgemeinheit erbringen.

Niemand, der sich der Natur und ihrem tausendfältigen Leben verbunden fühlt, möchte an unseren Seen und Teichen auf den Anblick eines beuteschlagenden Fischadlers verzichten. Welche Faszination liegt in dem Sturzflug, mit dem er seine Beute schlägt, und in den schweren Flügelschlägen, mit denen er sie davonträgt, um sie auf einer den Bestand überragenden Buche oder Kiefer geruhsam zu verzehren!

Eines Morgens saß ich am Waldrand auf Sauen an. Vor mir lag in der frühen hellen Morgensonne eine im Vorjahr bepflanzte Vollumbruchfläche. Mehrere Wege führten über sie hin, deren Verlauf, um sie beim Pflanzen auszusparen, mit hüfthohen Eichenpfählen markiert worden war. Im Hintergrund lagen Weiden und Äcker, auf denen die Sauen seit Wochen zu Schaden gingen. Als die Sonne die Kiefern über mir in gleißendes Licht tauchte, strich von den Teichen her ein Fischadler auf mich zu. In den Fängen hielt er einen einpfündigen Karpfen; wie stets trug er ihn mit dem Kopf voraus. Geschickt blockte er inmitten der Vollumbruchfläche auf einem der Pfähle auf und atzte, mit einer Hand sich selbst, mit der anderen den Karpfen haltend, mit sichtlichem Behagen die leckere Beute.

Indessen zog vom Feld her eine Bache mit Frischlingen zu Holze. Kaum hatte die Rotte, bis dahin geruhsam ziehend, die Umbruchfläche erreicht, verfiel sie in einen belustigenden Schweinsgalopp, der sie geradewegs zu dem vom Fischadler besetzten Pfahl führte. Ich mußte mich nicht erst fragen, was sie dorthin führte; die Gier, mit der sie sich auf die vom Adler verschmähten Abfälle stürzte, verriet mir, daß sie sich nicht zum erstenmal an der verlockenden Mahlzeit beteiligte.

Der Adler? Unwillig die Schwingen klafternd, stand er drohend über den dreisten Sauen, bis die Bache robust den Pfahl anrempelte und der Fisch zu Boden fiel. Erst dann kehrte er in steilem Anflug zu den Teichen zurück. Bis in den Herbst hinein fand ich rings um den Pfahl frisches

Gebräch, und ich fragte mich, warum der Adler von den vielen Pfählen immer nur diesen einen anflog. Am Ende – daß wir Jäger doch immer wissen wollen, was hinter den Dingen steckt! – begnügte ich mich mit der Vermutung, gerade dieser Pfahl sei für den Adler der vorteilhafteste, weil er ihm den weitesten Überblick über die Kulturfläche bot.

Seltener begegnete ich dem Seeadler in der Südheide. Sein Anblick erschien mir wie ein überraschender Gruß aus meiner Heimat, in der er im Herbst den Jägern auf den weiten Seen folgte, um sich seinen Tribut an krankgeschossenen Enten und Bläßhühnern zu holen. Sehnsucht und Heimweh erweckte sein Anblick in mir, und voller Wehmut erinnerte ich mich des ersten Erpels, den ich als Junge schoß und den er mir vor meinen Augen raubte. So weh mir sein stürmischer Zugriff auch tat – ihm, dem mächtigsten Herrscher im Reich der siebenhundert Seen, habe ich die Beute, die doch eigentlich mir gehörte, von Herzen gegönnt.

Als seltene Gäste suchten gelegentlich auch Kormorane die Teiche auf. Auch sie waren mir aus der Heimat bekannt, wo sie noch heute an der Müritz in einer gut gehegten Kolonie leben. Ihr Anblick begeisterte mich, wenngleich sie mir stets irgendwie exotisch erschienen.

Vertrauter hingegen war mir der Anblick der alljährlich wiederkehrenden Schwarzstörche. Ihren Horst hatten sie nicht allzu fern von den Teichen. Auch sie erinnerten mich an die Heimat, in der sie noch vor dem letzten Weltkrieg verhältnismäßig häufig brüteten. Als Jäger und Forstleute haben wir ihre Horste stets geheimgehalten, um sie vor verantwortungslosen Fotografen und Eiersammlern zu schützen. Als mich eines Jahres, es muß um 1965 gewesen sein, ein bekannter süddeutscher Tierfotograf bat, ihm den in der Nähe meines Reviers gelegenen Horst zu zeigen, damit er „für die Nachwelt einen Film als Dokument für den vom Aussterben bedrohten Vogel drehen könne", lehnte ich es ab, seinem Wunsch nachzukommen. Leider erfuhr er von einem weiteren im gleichen Landkreis gelegenen Horst mit gerade geschlüpften Jungen. Der zuständige Waldbesitzer erlaubte ihm das Fotografieren. Es kam, wie ich es für den mir bekannten Horst befürchtet hatte: Die Alten wurden durch die Dreharbeit gestört, drei Junge büßten durch den Tierfotografen ihr Leben ein. Ich hätte auch jetzt nichts über den Horst an den Teichen verlauten lassen, wenn dieser nicht inzwischen das Opfer einer Sturmkatastrophe geworden wäre. Als ausgesprochenen Fischräuber habe ich den Schwarzstorch nie kennengelernt.

Anders den Fischotter, der in aller Stille den Besatz eines Teiches vernichten kann. Dennoch freute ich mich, als ich eines Tages an den Teichen auf seine mir aus Mecklenburg vertraute Spur stieß. Deutlich zeichneten sich im ersten Schnee die Schwimmhäute zwischen den Zehen und die nachschleifende Rute ab. An den Hälterteichen, in denen ich dreisömmerige Karpfen überwinterte, fand ich seine von Gräten durchsetzte Losung und in unmittelbarer Nähe davon den Einstieg zum Zuflußgraben. Dem Einstieg gegenüber lag in der steil zum Wasser abfallenden Böschung unter einer tiefbeasteten Fichte sein Bau. Eifersüchtig bewahrte ich die Entdeckung des seltenen Fischmarders als kostbares Geheimnis – bis ich nach zwei Jahren den Bau verlassen vorfand und sich nie mehr ein Otter an meinen Teichen einstellte. Gewiß war ihm, dem vielleicht letzten Fischmarder der Südheide, in einer bachabwärts gelegenen Teichwirtschaft von einem selbstsüchtigen Teichwirt der Garaus gemacht worden.

Graureiher und Kormorane, Fischadler und Fischotter, Enten, Eisvögel und Haubentaucher – sie alle sind den Teichwirten als Fischräuber suspekt. Und wenn auch ich ihnen meinen Tribut zu entrichten hatte – die Schäden, die ich durch ungünstige Witterung, sei es durch kühle, verregnete Sommer oder durch anhaltend strenge Winter, zu erleiden hatte, waren allemal größer als die mir von den „verruchten Fischräubern“ zugefügten Verluste. Im Gegensatz zu den professionellen Teichwirten war ich finanziell allerdings nicht vom Erlös aus der Teichwirtschaft abhängig.

Im Herbst, wenn nach der Brunft die Hirsche heimlich geworden waren, wuchs mit jedem Tag die Vorfreude auf das Abfischen der Teiche. Was würden sie in diesem Jahr an Ertrag bringen? Der Sommer war günstig gewesen, die Aussichten waren nicht schlecht. Freunde wurden zum Abfischen eingeladen, die Winterhälter waren vorbereitet, der Hubertustag, für mich seit Jahren mit dem Fest des Abfischens verbunden, stand vor der Tür. Kurzum – die Spannung glich jener, die einem großen Jagdtag vorausgeht.

Zwei Tage vor dem ersehnten Ereignis entfernte ich nach und nach die Staubretter aus den Mönchen, damit das Wasser allmählich so weit absank, daß es am Tag des Abfischens nicht mehr langen Wartens bedurfte, die Fische durch die völlig geöffneten Mönche ins Netz laufen zu lassen oder sie vor den Mönchen mit dem Kescher einzufangen. Der Fang mit dem Kescher erforderte zwar mehr Zeit, bereitete meinen Gästen jedoch stets den größeren Spaß, konnten sie doch, mit kindlicher Begeisterung im Schlamm watend und ihrem Beutetrieb frönend, den Rükken an Rücken im Schlammwasser stehenden Fischen nachstellen.

Gelächter sprang auf, wenn der eine oder andere einen Stiefel im zähen Morast verlor, sich mit dem Hintern zwischen die Fische setzte oder von plötzlich in Panik geratenen Karpfen über und über mit Schlamm bespritzt wurde. Auch Bilda konnte ihre Jagdgier nicht zähmen. Zum Entsetzen meiner Frau watete sie in die schwarze Brühe, packte die Karpfen übers Kreuz und trug sie mit stolz erhobener Rute auf den nächsten Damm. Und wieder erstaunte es uns, wie behutsam sie dabei vorging; keiner der von ihr geschnappten Karpfen trug eine Verletzung davon. Nur an Schleien und Forellen vergriff sie sich nicht, offenbar waren sie ihr zu glatt.

Um die Mittagszeit wurde uns von meiner Frau ein deftiges Essen, zumeist mit kaltem Braten belegte Brote, gereicht. Dazu gab es heißen Tee mit Rum. Wer sich darüber hinaus den Magen wärmen wollte, konnte zu einer der in der Lutter deponierten Flaschen mit Doppelkorn greifen. Naß, dreckig und durchfroren, wie wir oft waren, verfehlte der Schnaps seine weniger anheiternde als medikamentöse Wirkung nicht.

Die härteste Arbeit fiel den Trägern zu, denn die schweren Fischkübel ließen sich nicht auf allen Dämmen mit der Karre zu den etwas abseits gelegenen Winterhältern transportieren. An den Hältern selbst galt es, den Fang nach verkaufsfähigen Speisefischen und dem fürs kommende Jahr benötigten Besatz zu sortieren und zu zählen. Die für den eigenen Verzehr bestimmten Fische kamen in einen im Zuflußgraben verankerten Fischkasten, dessen Vorrat bis zum Frühjahr reichte. Bis dahin konnte uns so leicht kein überraschender Besuch in Verlegenheit bringen, ein Gericht Fische für hungrige Mäuler war schnell aus dem Kasten geholt.

In den ersten Jahren der Pachtung deckten die Einnahmen aus der Fischzucht bei weitem nicht die Kosten, die mir durch die Instandsetzung der Teiche entstanden waren. Mit der Zeit aber machte sich die Pachtung doch bezahlt. Als Beamter nicht auf lukrative Einnahmen aus der Teichwirtschaft angewiesen, genoß ich unbeschwert die Freude am Jagen und Fischen; sie in Mark und Pfennig umzumünzen, wäre mir abwegig erschienen. Neben dem Bestreben, die Teiche ordnungsgemäß zu bewirtschaften, kam es mir vor allem darauf an, sie als wertvollen Lebensraum für die in der Südheide noch vertretene, zum Teil bereits vom Aussterben bedrohte Tier- und Pflanzenwelt zu erhalten und nach Möglichkeit noch weiter auszubauen.

Ob mir das gelungen ist? Um es vorweg zu sagen: Wenn überhaupt, dann nur mit recht geringem Erfolg. Doch darüber mehr im abschließenden Kapitel.

Am Forsthaus

Wenige Häuser nur zählte die mitten im Wald gelegene Ortschaft Schelploh. Das Forsthaus, Ende der fünfziger Jahre von Flüchtlingen geräumt und uns als Dienstwohnung ganz überlassen, lag im Schatten alter Eichen und Hainbuchen am Rand eines wüchsigen, mit Fichten durchsetzten Kiefernaltholzes. Vor dem Haus hatten wir mit beträchtlichen Kosten einen Garten angelegt, den die Verwaltung mit einem Staketenzaun hatte einfriedigen lassen. Hinter dem Haus ging der offene, stark graswüchsige Hof teils in den Wald, teils in eine etwa acht Morgen große Weide über, die mir als Dienstland zugewiesen worden war. Weitere zehn Morgen Dienstland lagen nördlich der durch Schelploh führenden Bundesstraße.

Da ich mich seit eh und je als Forstmann und nicht als Landwirt gesehen hatte, lag mir nur wenig an dem Dienstland, das zu bewirtschaften ich jedoch verpflichtet war. Einerseits war eine Weiterverpachtung des Dienstlandes verboten, andererseits aber durfte man es anteilig gegen Abgabe eines Teils der Ernte bewirtschaften lassen, was im Endeffekt wiederum auf eine verschleierte Verpachtung hinauslief. Zwar setzte die Verwaltung dem die Vorschrift entgegen, über sämtliche Ausgaben und Einnahmen ein Wirtschaftsbuch zu führen, praktiziert wurde diese Vorschrift jedoch von den wenigsten Stelleninhabern.

Zu einer peinlichen Überprüfung der vermeintlich laschen Beachtung der Dienstlandvorschrift kam es, als ein Angestellter unseres Forstamtes aus persönlicher Gehässigkeit ausgerechnet unseren gutmütigen Chef wegen angeblicher Weiterverpachtung seiner Dienstländereien angezeigt hatte. Um nicht allein auf ihn das schwere Geschütz einer offiziellen Untersuchung zu richten, wurden zugleich sämtliche Revierbeamten, darunter natürlich auch ich, hinsichtlich der Bewirtschaftung des Dienstlandes vernommen.

„Wieviel Morgen Land haben Sie?"

„Achtzehn Morgen."

„Und wieviel Vieh haben Sie?"

„Vierundzwanzig Hühner."

„Keine Schweine, keine Kuh?"

„Herr Gendrich will, wie er mir kürzlich sagte, auch Gänse und Schafe halten", warf mein Vorgesetzter ein, um mir zu helfen. Ich selbst wußte von diesem Vorhaben allerdings nichts.

„Was Sie sich anschaffen wollen, interessiert mich weniger. Ich will wissen, was Sie zur Zeit an Vieh haben."

„Wie bereits gesagt: vierundzwanzig Hühner."

„Und wieviel Hühner rechnen Sie auf einen Morgen?"

Was sollte ich darauf antworten?! Etwa: eineindrittel Huhn je Morgen? Doch die Frage wirkte so erheiternd, daß sich keiner von uns des Lachens enthalten konnte.

„Machen Sie dem Ärger mit dem Dienstland ein Ende, Herr Landforstmeister! Ich bin nicht traurig, wenn Sie es mir nehmen. Nur um die hier am Forsthaus gelegene Weide – acht Morgen sind es – würde es mir leid tun."

„Acht Morgen, sagen Sie? Das würde unserem Vorhaben entsprechen, den Revierbeamten an Stelle des Dienstlandes zwei Hektar Pachtland zu überlassen, mit dem sie dann machen können, was sie wollen. Die Weide sollen Sie behalten; über die Verwendung des übrigen Dienstlandes wird später entschieden."

Auf die Weide traten regelmäßig, oft noch bei Tageslicht, Rot- und Rehwild aus. Da ich es mir grundsätzlich versagte, in der Nähe des Forsthauses zu jagen – am Bau raubt der Fuchs nicht –, wurde das Wild bald so vertraut, daß es des Nachts selbst auf dem graswüchsigen Hof äste. Das veranlaßte mich, es hier in den Wintermonaten zu füttern. Um neunzehn, spätestens um zwanzig Uhr konnten wir es, nur zehn Meter vom Haus entfernt, im Lichtkegel der Küchenlampe beobachten. Bald hatten auch die Sauen Wind von der Fütterung, dem leckeren Mais und den saftigen Rüben, bekommen und machten nicht selten nach der Devise „Wer zuerst kommt, mahlt zuerst" dem Rotwild das Futter streitig.

Wir hatten unsere Freude am Anblick des vertrauten Wildes und teilten sie in vielen Jahren mit ungezählten Gästen. Es störte das Wild auch nicht, wenn in dem zum Hof gelegenen Eßzimmer Licht brannte; beobachten konnten wir es von dort jedoch nur, wenn das Zimmer verdunkelt war. Machte meine Frau sich gelegentlich den Spaß, die Hoflampe anzuschalten, verzog sich zwar das Rotwild ins angrenzende Altholz, die Sauen aber, insbesondere die Frischlinge, ließen sich dadurch nur selten vergrämen.

Ob im Frühjahr oder Sommer, im Herbst oder Winter – das Wild fühlte sich zu jeder Jahreszeit am Forsthaus sicher. Das ging so weit, daß es, wie meine Frau sich äußerte: mit unverschämter Frechheit, selbst den Gartenzaun vor dem Haus überfiel und sich am Gemüse delektierte. Als es in einer Nacht von genau hundert in den herrlichsten Farben blühenden Tulpen nur eine einzige übriggelassen hatte, hing der Haussegen verständlicherweise einige Tage schief, und ich selbst fluchte wie ein Fuhrmann, als mir während der Brunft ein Hirsch im Garten eine herrliche Lawson-Zypresse völlig zerfetzte. „Schieß die Biester tot!" meuterte meine Frau. Doch hätte ich es wirklich getan, wäre es ihr gewiß nicht recht gewesen. In den Herbstnächten schrien die Hirsche auf der nahen Weide, keine hundert Meter vom Haus entfernt. Während ihr Röhren Musik für meine Ohren war, raubte es meiner Frau den Schlaf. Nie wieder würde sie einen Förster heiraten, erklärte sie mir dann – und denkt doch heute noch in Dankbarkeit und Wehmut daran zurück.

An die Weide grenzte, vom Forsthaus nur durch eine Landstraße getrennt, der Rosengarten, eine längst verwilderte Anlage, in der unter einem schütteren Schirm von Birken, Robinien und Bergkiefern ein Meer von Heckenrosen blühte, deren im Herbst scharlachrote Früchte einen vorzüglichen Hagebuttenwein abgaben. Eines Abends schrie hier ein starker Hirsch mit grober Stimme. Meine Frau erwiderte übermütig von der Gartenpforte aus auf hohlgefalteten Händen seinen Ruf und hatte, gewiß zu ihrer eigenen Überraschung, den richtigen Ton getroffen. Wütend, mit tiefer Stimme, zog der Hirsch auf den vermeintlichen Rivalen zu. Als er nur noch dreißig Schritt von der Pforte entfernt war, zog sie sich, von der grollenden Stimme überwältigt, ängstlich ins Haus zurück.

Ich weiß nicht, ob die Menschen allgemein in der Nacht feinfühliger und aufnahmefähiger sind als bei Tage. Vielleicht werden nur Jäger von der eindringlichen Stimmung erfaßt, die dem Morgengrauen vorausgeht, von der seltsamen Spannung und dennoch geruhsamen Gelassenheit einer Stunde, in der sie allein im Haus wach sind, besinnlich ihren Tee trinken, sich den Weg in den Morgen zurechtlegen und nur der Hund in stummer Erwartung neben ihnen sitzt. Noch steht vor den Fenstern schwer und schwarz die Dunkelheit, und nur die Sinne ahnen untrüglich die sie bald zerbrechende Lohe ersten Lichtes. Die

Rilkesche Stunde habe ich für mich diese Spanne zwischen Nacht und Tag genannt: „Ich möchte der Einzige sein im Haus, der wüßte: die Nacht war kalt. Und möchte horchen herein und hinaus in dich, in die Welt, in den Wald. Die Uhren rufen sich schlagend an, und man sieht der Zeit auf den Grund . . .“ Den Dingen lauschend und der Zeit hingegeben, fühlte ich mich so aufgetan wie in keiner anderen Stunde zwischen Morgengrauen und Mitternacht.

Tag und Nacht, Licht und Schatten bestimmen den Rhythmus unseres Lebens wie den der Tiere und Pflanzen. Stimmen – bestimmen – stimulieren – in Stimmung versetzen: welch Reichtum unserer Sprache! Hatte uns in der Nacht noch der dunkle Ruf der Eule, das grollende Röhren der Hirsche erschauern lassen, versetzte uns mit dem anbrechenden Tag der hundertfältig aus Wald und Garten schallende Gesang der Vögel in lautere Fröhlichkeit.

Selbst unser Haus teilten sie voller Vertrauen mit uns, brüteten unter den Dachpfannen und auf dem Boden, in den Nistkästen unter dem Dachvorsprung, in der Veranda und selbst in einem der Fremdenzimmer: die schilpenden Spatzen, die tänzerischen, von den Italienern so treffend als Ballerina bianka bezeichneten Bachstelzen, die grauen Fliegenschnäpper, die zierlichen Hausrotschwänzchen, die Jahr für Jahr die Kirschbäume plündernden Stare, die koboldhaften Zaunkönige, die naschhaften Kohlmeisen und die im Frühjahr von uns sehnlichst erwarteten Rauchschwalben.

Den Schwalben hatten wir beizeiten die Fenster zur Waschküche geöffnet, mit ihnen saßen wir an warmen Sommerabenden gemeinsam auf der Veranda und selbst in unserem Wohnzimmer, wo sie sich mit Vorliebe auf den Geweihen der Rothirsche niederließen. Walter Hetschold, der leider längst verstorbene Hauptschriftleiter der alten „Neudammerin“, war ein gern gesehener Gast in unserem Haus. Ihm mußten wir für seinen Sommerurlaub das „Schwalbenzimmer“ reservieren, in dem er des Morgens von fröhlich zwitschernden Schwalben geweckt wurde, die zutraulich auf dem Fußbrett seines Bettes saßen.

Unvergeßlich blieben uns die Abende, die wir im Sommer auf der Veranda verbrachten. Von den Teichen herüber tönte das melodische Konzert der Frösche, eine letzte Drossel sang im verlöschenden Tageslicht, Kerzen brannten auf dem Tisch, golden funkelte der Wein in den Gläsern, vom Licht der Kerzen angelockt, umschwirrten uns die seltsamsten Falter. Eines Abends, es war im Juni, die Sterne standen bereits über dem nachtdunklen Wald, schreckte uns ein undeutbares, unheimliches Brausen auf. Wie der Flug eines Sturzkampfbombers dröhnte es auf uns ein, und wir wußten uns keinen Vers darauf zu machen. Bis ein harter Schlag uns zusammenfahren ließ, Kalk von der getünchten Wand rieselte und wir in dem auf den Boden plumpsenden Geschoß den seltenen, zur Familie der Riesenkäfer zählenden, Nashornkäfer erkannten. Gottlob hatte er sich nicht verletzt, das starke, nach hinten gekrümmte Stirnhorn hatte den vier Zentimeter langen Burschen den Aufprall unbeschadet überstehen lassen. Den Entomologen mag es interessieren, daß diesem Abend – der Nashornkäfer erschien gegen dreiundzwanzig Uhr – ein sehr warmer Tag mit 32 Grad Celsius vorausgegangen war.

In der Nacht lauschten wir dem zauberhaften Gesang der Heidelerche. Wie wenige Menschen wissen doch von ihrem nächtlichen Lied! Auf einem Konvent des Ordens „Der Silberne Bruch“ erzählte ich dem Oberforstmeister Walter Ebert, dem Leiter des im Schwarzwald gelegenen Forstamtes Enzklösterle, von ihr. Für ihn, den begeisterten Ornithologen, war das Anlaß genug, im nächsten Jahr am

„Schelploher Treffen" teilzunehmen, einer besinnlichen Begegnung, die ich alljährlich gemeinsam mit Professor Dr. Müller-Using und Dr. Hans Schulze für die Ordensbrüder vorbereitete und teils auch gestaltete.

„Goede", erklärte er mir, „ich komme nur, um die Heidelerche zu hören. Du würdest mich glücklich machen, wenn mir das gelingt." Und er hatte das Glück, sie in Schelploh zu hören. In der Nacht weckte er einen der Ordensbrüder, damit auch er die Heidelerche singen höre. Doch der verbat sich die Störung und schimpfte, man solle ihn gefälligst mit dem dummen Piepmatz in Ruhe lassen. Am nächsten Morgen wurde ich im Landhaus, dem in Schelploh gelegenen Hotel, Zeuge eines belustigenden Disputs:

„In meinen Augen bist du ein Banause", beschimpfte ihn Walter. „Wie kann man einem Orden zum Schutz von Wald, Wild und Flur angehören, vierhundert Kilometer nach Schelploh fahren und dann zu faul sein, sich das Lied der Heidelerche anzuhören!"

„Kommst du mir schon wieder mit deiner blöden Lerche", entgegnete ihm der vom abendlichen Umtrunk her noch leicht verkaterte Ordensbruder. Eine Viertelstunde hakelten sich die beiden, bis Walter es kopfschüttelnd ob soviel träger Indolenz aufgab.

Gelegentlich einer waldbaulichen Exkursion des Ordens – ich weiß nicht mehr in welchem Revier – wurde die Frage laut, ob hier die Buche als autochthone Holzart zu betrachten sei. Leidenschaftlich verfochten, stand Meinung gegen Meinung. Bis sich einer von uns darauf besann, Walter Ebert zu fragen, was er als versierter Waldbauer davon halte.

„Wenn Ihr endlich einmal die Goschen halten würdet", lächelte Walter, „könntet Ihr die Antwort hören."

Stille. Alles wartete, daß er sich äußere. Doch Walter schwieg.

„Nun sag doch endlich: Ist die Buche hier autochthon oder nicht?"

„Habt Ihr es immer noch nicht gehört?"

„Was sollen wir gehört haben?"

„Mein Gott, den Vogel!"

„Einen Vogel?"

„Ja, den Waldlaubvogel, Phylloscopus sibilatrix! Da – jetzt singt er wieder."

„Und was hat der mit der Buche zu tun?"

„Nur soviel: Wo der Waldlaubvogel zu Hause ist, ist auch die Buche autochthon."

Walter Ebert war noch einer jener Forstleute, denen sich die Natur stärker offenbarte als das in dicken Wälzern zusammengefaßte, oft unzulängliche Wissen theoretisierender Fachleute.

Immer war Leben in und am Forsthaus. Im Winter galt unsere Fürsorge neben dem Wald auch unseren gefiederten Freunden. Wir fütterten sie mit Erdnuß- und Sonnenblumenkernen und verblendeten ihren Futterplatz mit Fichten, um sie vor dem stürmischen Zugriff der Sperber zu schützen. Eines aber vertrug sich nicht mit der Vogelwelt in unserem kleinen Paradies: die Katzenplage. Wann immer Katzen in der Nähe des Forsthauses auftauchten, liefen sie Gefahr, Opfer meiner Flinte oder meiner Kleinkaliberbüchse zu werden. Selbst mit der Repetierbüchse und mit dem Revolver gelang es mir, sie ins Jenseits zu befördern.

Ich weiß nicht, ob es fünf oder sieben Dutzend waren, die ich hier während meiner Dienstzeit schoß. Selbst mitten im

Revier, zwei, gar drei Kilometer von der nächsten Ortschaft entfernt, beförderte ich einige ins Jenseits.
Um ehrlich zu bleiben: Einige Stücke Wild wurden während meiner Dienstzeit doch nahe dem Forsthaus erlegt. Genau waren es zwei Sauen und ein Bock, die beiden Sauen schoß ich selbst.
Abends war der Fischmeister mit seiner Frau bei uns zu Besuch. Als sie sich spät abends am Gartentor von uns verabschieden wollten, wechselte bei hellem Mondschein eine Rotte geringer Überläufer vom Rosengarten auf die Weide, keine fünfzig Meter von uns entfernt. Gemächlich trollten sie den Eichen am Ende der Weide zu, um dort, wie seit Tagen schon, nach Mast zu brechen. Ich hätte ihnen auch in dieser Nacht nichts getan, wäre die Grasnarbe unter den Eichen von ihnen nicht bereits in schwarzes Gebräch verwandelt worden und der Pächter nicht bereits mit Klagen gekommen. Also schnappte ich mir meinen Stutzen und pürschte ihnen, den Besuch am Gartentor zurücklassend, im Schlagschatten des Waldrands nach.
Der Wind stand mir entgegen, und ich konnte mich ihnen bis auf vierzig Schritt nähern. Nichts schien mir leichter, als einem der Überläufer die Kugel anzutragen. Doch als sich meine Augen vom Mündungsfeuer des kurzen Stutzens erholt hatten, war die Bühne leer. Blamabel in Gegenwart der Gäste, aber vor ihnen nach einer Ausrede zu suchen, wäre mir noch beschämender vorgekommen. So ließ ich es denn mit einem Achselzucken und dem Hinweis bewenden, daß Raudel mir morgen früh am Anschuß verweisen würde, ob die Kugel das Stück nicht doch gefaßt hatte. – Am Morgen fand ich den Überläufer dort, wo ich ihm die Kugel angetragen hatte. Er war im Feuer verendet und in einer Bodendelle zusammengebrochen.
Drei Uhr war es, als ich eines Morgens im Sommer das Haus verließ. Wie üblich warf ich vom Gartentor einen

Blick auf die Weide, auf der zu dieser frühen Tageszeit fast immer Wild stand. Heute aber sah ich auf ihr nur die Ponys des Nachbarn, dem ich die Weide für seine Pferde überlassen hatte. Merkwürdig, gestern hatte er noch drei Ponys auf der Weide, jetzt waren es vier, die ich in der Dämmerung ausmachen konnte. Das eine aber – nein, das war kein Pony, eine Sau war es, stark und klobig und mir obendrein am nächsten. Keine dreißig Schritt vom Weidetor unter der breit ausladenden Hainbuche und allenfalls fünfzig von mir entfernt, rupfte das Stück genüßlich die grüne Äsung.

Langsam, viel zu langsam wird es heller. Warten, warten voller Ungeduld und mit pochendem Herzen. Raudel hat die Nase in den Wind gehoben, er zittert, läßt keinen Blick von dem Stück, er giert nach dem Schuß und sitzt doch beherrscht neben mir. Wie lange wird die Sau noch auf der Weide bleiben? Immer deutlicher wird ihr Umriß, immer heller das Licht. Kein Keiler! Aber auch kein Gesäuge! Also eine Geltbache. Ja, aber was für eine! Vier oder fünf oder gar sechs Jahre alt. Nirgends ist ein Frischling zu sehen. Aber warum suche ich noch nach ihnen, sehe ich doch deutlich, daß ich kein führendes Stück vor mir habe. Nein, ich habe meinen Vorsatz nicht vergessen, am Forsthaus den Finger gerade zu lassen. Aber eine Geltbache in diesem Alter, in dieser Stärke!

Schon recken die Kiefern hinter der Weide ihre Wipfel in das Licht der aufgehenden Sonne, schon zieht das Stück tiefer in die Weide – da bellt der Stutzen auf, wirft sich die Bache in jäher Flucht herum, läßt die Weide hinter sich, zerbricht zwei, drei Koppeldrähte und taucht, meinen Blikken entschwindend, in den Erlen unter. Raudel zerrt wild am Riemen. Nichts aber wäre jetzt verkehrter, als der Sau sogleich nachzuhängen. Sechs Gramm nur wiegt das Geschoß, das ich ihr antrug.

Nachdem ich meine Frau verständigt hatte, bummelte ich, die Zeit totzuschlagen, zu den Teichen. Wie immer umfing mich ihr Zauber. Leichter Nebel lag über dem Wasser, Enten pakten satt und arglos, zwei Reiher standen, zu Bildsäulen erstarrt, am Ufer. Frieden, wohin ich blickte. Doch heute konnte dieses Bild die Unruhe in mir nicht verdrängen, zu ungeduldig hingen meine Gedanken der klobigen Bache nach, zu brennend war der Wunsch, endlich ihrer Fährte mit meinem Raudel zu folgen.

Eine Stunde später nahmen wir sie auf. Zügig führte mich der Kleine über die Weide, ließen wir die zersprengten Koppeldrähte hinter uns und bald auch die Erlen, unter denen sich in hüfthohen Nesseln deutlich der Fluchtweg der Bache abzeichnete. Und schon gelangten wir in eine brusthohe, bürstendichte Kiefernschonung, in der zwischen den Pflanzreihen Birken wie Haare auf dem Hund standen. Keinen Meter weit konnte ich sehen und selbst meinen Raudel nicht, der vor mir am langen Schweißriemen arbeitete. Ich gebe es ehrlich zu: Nur selten war mir auf der Wundfährte einer Sau so flau im Magen wie bei dieser Nachsuche. Was wollte ich wohl mit meinem Stutzen anfangen, wenn die Sau noch lebte und mich in der Unsicht dieses Dschungels von Birken und Kiefern annahm?! Ich konnte nur hoffen, daß sie bereits verendet war.

Zwar hatte ich bislang keinen Tropfen Schweiß gefunden – vielleicht war ich auch nicht aufmerksam genug gewesen –, doch wußte ich, die Sau hat die Kugel, und bei ihrer Stärke konnte ich mit einem Ausschuß nicht rechnen. Von Zeit zu Zeit verhielt ich, um zu horchen, um Atem zu schöpfen, um den Schweißriemen freizubekommen, der sich wieder und wieder in den daumendicken Birken verhaspelte. Doch schon lag Raudel wieder hart in der Halsung, voller Ungeduld, voller Eifer, endlich an die Sau zu kommen. Bis plötzlich der Riemen in meiner Hand schlaff wurde und ich mir keinen Vers darauf zu machen wußte. Sollte Raudel sich von der Halsung gelöst haben? Sehen konnte ich ihn nicht, doch als ich am Schweißriemen zerrte, verspürte ich Widerstand. Mit beiden Armen teilte ich das Geäst vor mir, Schritt um Schritt – und stand unversehens vor der Sau, um es genau zu sagen: vor ihrem Pürzel. Denn um sie in voller Länge betrachten zu können, mußte ich noch drei weitere Schritte das Geäst beiseite biegen. Nachdem ich sie mit einiger Schwierigkeit in dem engen Jungwuchs versorgt hatte, hing Raudel ihr immer noch voller Begeisterung bald am Pürzel, bald an den Tellern. Voller Freude schaute ich dem tapferen Kerlchen zu und brachte Diana dankbar mein Rauchopfer dar.

Mit einem Gewicht von aufgebrochen 170 Pfund blieb die Bache das stärkste Stück Schwarzwild, das ich in der Heide erlegte. Das sechs Gramm schwere Geschoß hatte in der Kammer ganze Arbeit geleistet und die Sau am Ende ihrer knapp zweihundert Meter langen Todesflucht schnell verenden lassen.

Hirsche ohne Zukunft?

Nach wie vor erschien mir das Rotwild der Heide im Vergleich zu dem meiner mecklenburgischen Heimat gering. Hätte mir Ende der fünfziger, Anfang der sechziger Jahre jemand prophezeit, daß auch in den Heiderevieren einmal Hirsche zu kapitaler Stärke heranwachsen würden, ich hätte es ihm nicht geglaubt. Während in Mecklenburg bereits Ende der dreißiger Jahre die Grenze zwischen den Hirschen der Klasse I und II bei elf Pfund Geweihgewicht lag, und das ohne Oberkiefer, zählten noch zwanzig Jahre später Heidehirsche mit einem Geweihgewicht von sieben Pfund bereits zur Klasse I. Jahr für Jahr bekam ich einen IIb-Hirsch frei, und wenn ich glaubte, einen solchen nahe der Klasse Ib vor mir zu haben, brachte es sein Geweih hernach auf allenfalls fünf bis sechs Pfund, so porös und leicht waren im allgemeinen die Geweihe. Doch machten letztens nicht sie, sondern das Drum und Dran der Erlegung den Reiz jägerischen Erlebens aus.

Ende September, auf das verblühende Heidekraut, auf die hinsterbenden Gräser hatte sich der Reif einer kalten, sternklaren Nacht gelegt, schrie im Rungeloh ein Hirsch mit anhaltender Stimme noch bei schon hellem Tageslicht. Das Netz der Pürschsteige nutzend, versuchte ich ihn mit meiner Bilda in der von Blößen aufgelockerten Dickung anzugehen. Der Stimme nach war es ein junger Hirsch, der vor mir durch kniehohen Farn und über heidebewachsene Lichtungen zog. Von einem breiten Wacholder verdeckt, konnte ich ihn endlich ansprechen. Ein junger Achter war es, mit dünnen Stangen, die für die Zukunft wenig erwarten ließen. Offensichtlich zog er einem Rudel nach, dessen Platzhirsch ihn in respektvolle Entfernung verwies.

Noch zeigte er sich mir spitz von hinten. Plötzlich aber, ohne jeden ersichtlichen Grund, drehte er bei und zog geradewegs auf mich zu. Der Wacholder entzog mich seinem Blick, immer kleiner wurde ich in meiner Deckung, und als ich nur noch wagte, die Stirn und die Augen über den Machandelbusch zu heben, war er mir bereits auf zehn Gänge nahe gekommen. Lautlos ging ich in die Hocke, bald links, bald rechts am Wacholder vorbei spähend. Keine acht Schritt mehr konnten uns voneinander trennen, doch sehen konnte ich ihn nicht; der Wacholder stand wie eine Wand zwischen uns. Selbst nach oben blickte ich in der mir den Hals schnürenden Erwartung, sein Haupt drohend über mir auftauchen zu sehen. Dick schlug mir der Brunftgeruch entgegen, während ich mit jedem Augenblick fürchtete, ihn in jäher Flucht abspringen zu hören. Waren es Sekunden, waren es Minuten, die wir so nahe einander gegenüberstanden? Endlos jedenfalls erschien mir die Zeit, in der ich neben meinem Hund mit verkrampften Gliedern auf der Erde hockte und auf eine jähe Wendung des spannungsgeladenen Augenblicks wartete.

Ich scheute mich, die Regie in dieser Szene zu übernehmen. Die kleinste Bewegung würde mich am Ende mit leeren Händen dastehen lassen. Aber Bilda sorgte für den weiteren Verlauf des Geschehens. Die Anspannung war für sie zu groß, in ihrer übermäßigen Passion konnte sie ein leises Miefen nicht unterdrücken. Mit hoher Flucht brach der Hirsch nach links weg, der Schuß fiel. Ungestüm sprang die Hündin in die Halsung, meine Hand riß sie zurück, griff versehentlich über den Karabinerhaken – und von der Fessel befreit stürzte sie, mit hohem Hals hetzend, dem Hirsch nach. Hundert Meter weiter verlief die Grenze.

Kaum war ich mir dessen erschreckt bewußt geworden, verstummte der Hals meines Hundes, und ich rätselte, was das nun zu bedeuten habe. Noch aber stand mir die hohe Flucht vor Augen, mit der der Hirsch die Kugel quittiert hatte, und ruhiger geworden folgte ich vom steinwurfnahen Anschuß aus seiner im zerbrochenen Farn deutlich sichtbaren Fährte. Vierzig Gänge weiter stieß ich auf den mit Herzschuß verendeten Hirsch, dem Bilda giftig an der Drossel hing.

Fünf Jahre war der ungerade Achter alt. Knapp vier Pfund wog sein Geweih. Unwägbar aber blieb das erregende Geschehen, das mich näher als je zuvor an einen Brunfthirsch geführt hatte.

Wie so manches im Leben, dublierte das Schicksal auch dieses Geschehen. Wieder war es Herbst, wieder war es ein sonniger Morgen im Rungeloh, als ich einen schreienden Hirsch auf dem Netz der Pürschsteige anzugehen versuchte. Diesmal war es ein mir noch unbekannter Platzhirsch mit acht Tieren, dem von einem Nebenbuhler herausfordernde Antwort wurde. Es kam mir zugute, daß noch immer kein Reißhaken und keine Axt in diesen von Blößen genarbten, allein nach jagdlichen Erwägungen begründeten Bestand dreißigjähriger Kiefern eingegriffen hatten. Zweimal mußte ich dem seinem Einstand zustrebenden Rudel ausweichen, weil der Wind mir einen Strich durch die Rechnung zu machen drohte. Als er mich schließlich in eine Ecke manövriert hatte, die mir keinerlei Deckung bot, sprengte plötzlich der Platzhirsch aus einem geschlossenen Teil des Bestandes den Beihirsch unmittelbar vor meine Füße. Mit hoher Flucht setzte der junge Eissprossenzehner über mich hinweg, während ich zusammengekauert meinen Hund unter mir verborgen hielt.

Fast stockte mir das Herz, als der Hirsch mich in panischem Erschrecken überfloh und das Kahlwild greifbar nahe rechts und links an mir vorbeiflüchtete.

Nur der Platzhirsch bemerkte mich in seiner Wut nicht. Sieben Gänge vor mir verhielt er und schrie mit so grober Stimme dem Rivalen nach, daß ich meinte, seinen Atem im Gesicht zu spüren. Unter dem Schirm meiner Mütze hervorlugend, sah ich über mir sein Geweih, dünnstangig, langendig, mit gewaltigen, in schwungvollem Bogen aus den Stangen abfallenden Augsprossen. Doch aus dem, was darüber an Enden war, wurde ich in der Erregung nicht schlau. Nur eines war mir klar: Vor mir stand ein alter, fraglos abschußnotwendiger Hirsch. Bange Frage: Zählte er noch zur Klasse der IIb-Hirsche oder nicht?

Und wie sollte ich ihn schießen? Nicht den kleinsten Finger konnte ich rühren, wollte ich ihm nicht verraten, kein Stubben, sondern ein Mensch zu sein mit aller Gier nach seinem Leben, mit dem Verlangen nach seiner Trophäe. Nichts durfte ich unternehmen, bevor er mir nicht selbst eine Chance bot. Und hierzu verleitete ihn der Beihirsch.

Irritiert von dem flüchtenden Kahlwild, vielleicht auch verleitet von dem seinen Fluchtweg begrenzenden Bahnkörper, strebte der Beihirsch links von mir in den schütteren Bestand zurück und geriet damit erneut in den Bannkreis des Platzhirsches. Mit wütendem Sprengruf setzte dieser ihm in jäher Wendung nach, querte die Blöße, auf der wir beide uns befanden, und erreichte nun bereits eine nächste Blöße. Das silberne Korn des Stutzens stand für einen winzigen Augenblick auf seinem Blatt, dann fegte der Schuß die eben noch vom Wild beherrschte Bühne leer.

Und leer wurde es auch in mir. Mit dem Schuß verflog die wilde Leidenschaft, Skepsis nistete sich statt ihrer ein und stellte bange Fragen. Hatte die Kugel den Hirsch auf siebzig, achtzig Gänge gerecht erreicht? Was für ein Hirsch war es überhaupt, dem ich in plötzlicher, intuitiver Entscheidung die Kugel angetragen hatte? Und war nicht wiederum die Grenze so nahe, daß er gut und gerne jenseits von ihr verendet sein konnte? Ungezählte Hirsche hatte ich in meinem Leben gerecht angesprochen und diesen oder jenen, kaum daß ich ihn gesehen, allein dem Instinkt gehorchend erlegt. Gewiß hatte es immer wieder Hirsche gegeben, die mich mit dem Schuß hatten zögern lassen, weil ich mir ihres Alters und ihrer Zugehörigkeit zu dieser oder jener Klasse nicht sicher gewesen war. Hier und heute aber . . .?

„Nein, Bilda, auch wenn du noch so ungestüm am Riemen zerrst – diesem Hirsch werden wir nicht allein nachhängen! Zu nah ist mir die Grenze und zu undeutlich blieb mir das Zeichnen des Hirsches hinter dem sperrigen Kieferngeäst am Rand des gelbbraunen Farns. Nur zum Anschuß werden wir gehen, um ihn zu verbrechen, um vielleicht einen Tropfen Schweiß, einige Schnitthaare zu finden. – Hier soll es sein, gute Alte? Hast recht, wie immer! Ein Tropfen Schweiß? Ja, doch rot wie aus der Schnittwunde eines Fingers. Das sieht nicht gut aus, Dicke! Doch will das noch nichts besagen, der Schweiß kann vom Einschuß herrühren, und mit einem Ausschuß können wir bei dem alten Hirsch – laß Sankt Hubertus ihn dennoch einen IIb-Hirsch sein! – nicht rechnen. Sieh an, auch einige Schnitthaare verweist du mir. Nicht schlecht, mein Hund! Und wenn mich nicht alles täuscht, wirst du in einer Stunde am Hirsch stehen. Doch nun laß dich abtragen, geliebter Rauhbautz, wir werden mit Solo und seinem Herrchen zurückkehren."

In Dalle müdete ich Willi Müller vom Schreibtisch auf. Wie stets war er sofort bereit, mit seinem Schweißhund Solo, der nun im fünften Feld stand, die Fährte des Hirsches zu arbeiten. Auf seine Frage, was für ein Hirsch es denn sei, konnte ich ihm nur dürftige Angaben machen. „Alt ist er und dünnstangig, doch was er außer ungewöhnlich langen

Augsprossen sonst noch an Enden aufzuweisen hat, kann ich dir beim besten Willen nicht sagen. Es ging alles so unheimlich schnell. Irgendwie aber wirkte das Geweih skurril."

„Und die Kugel? Bist du dir sicher, daß . . ."

„Wäre ich dann zu dir gekommen?! Die Kugel hat er, das steht fest. Doch die Grenze zu deinem Revier ist nah, und ein deutliches Zeichnen des Hirsches konnte ich nicht beobachten, im Schuß verschwand er hinter sperrigen Kiefern."

„Mach dir keine Sorgen! Du weißt doch mit der Büchse umzugehen."

„Verruf es nicht! Wie oft hat der Teufel seine Hand im Spiel!"

Eine halbe Stunde später folgte ich dem vom Anschuß zügig vorgreifenden Solo mit meiner Bilda. Ich brachte es nicht übers Herz, ihr diese Arbeit gänzlich zu nehmen. Doch wohin führte Solo uns? Der Hirsch – ich sah es noch deutlich vor mir – war nach dem Schuß im Bogen nach links fortgebrochen, Solo aber zog nach rechts, und ich rief es Willi zu.

„Laß nur", antwortete er. „Suchen wir doch erst einmal hier nach." Seine Stimme hätte mich stutzig machen müssen, so frohlockend und sicher klang sie. Den Blick stur auf den Boden gerichtet, hing ich ihm voller Zweifel nach. Bis ich plötzlich vor dem Hirsch stand, keine hundert Gänge vom Anschuß entfernt. Willi hatte ihn längst im verblassenden Heidekraut entdeckt. Also war es doch wohl der Beihirsch gewesen, den ich nach links hatte flüchten sehen.

Mein Kollege freute sich ehrlich, als er mir mit einem herzlichen Waidmannsheil den aus einer Fichte gebrochenen Bruch überreichte. Der Hirsch, wohl vom elften Kopf, hatte eine gerechte Kugel erhalten. Wiederum hatte sich das kleine, rasante Geschoß tödlich in der Kammer ausgewirkt. Als ich ihn versorgt und mit dem Inbesitznahmebruch versehen hatte, ließ Willi mich mit meinem Glück allein, wohl wissend, daß ich es wortlos so wünschte.

Staunend verglich ich die gewaltigen, in schwungvollem Bogen abfallenden Augsprossen mit der Länge der Stangen. Einundvierzig Zentimeter lang, erreichten sie genau die halbe Geweihlänge, eine Relation, wie ich sie noch bei keinem Hirsch beobachtet hatte. Die rechte Stange, ohne Eissprosse und mit sehr hoch angesetzter Mittelsprosse, zeigte nur vier Enden; die linke, mit kurzer Eissprosse, etwas tiefer angesetzter Mittelsprosse und nach innen geknickter kurzendiger Krone, insgesamt sechs Enden. Wie die Augsprossen, verrieten auch die im Vergleich zu den dünnen Stangen auffallend starken Rosen einen alten Hirsch, dessen Geweih trotz einer gewissen Skurrilität irgendwie harmonisch wirkte.

Zutiefst befriedigt saß ich lange Zeit neben ihm, den Hund zu meinen Füßen. Vor jung gestrecktem Wild habe ich mich oft des Gefühls der Wehmut nicht erwehren können; ihm, dem Alten, hatte ich nichts genommen, was zu geben ich nicht selbst bereit sein würde, wenn einmal meine Zeit gekommen. Verstummt war die Frage nach dem Gewicht des Geweihs, nach seiner fragwürdigen Eingrenzung durch Freigabe und Maßregel. Mit dem, was ich getan hatte, konnte ich als Jäger vor mir selbst bestehen. Dem hätte auch ein Pfund mehr an Knochenmasse nichts nehmen können.

Als ich fünf Tage später das Geweih auf die Waage legte, fehlte fast ein Pfund an der kritischen Schwelle, über die niemals gestolpert zu sein sich kaum ein Jäger rühmen kann, es sei denn, er hätte nur wenigen Geweihten die Kugel angetragen. Und wieder glaubte ich, die Heidehirsche vermöchten, so alt sie auch würden, nie etwas Besseres aufzuweisen und wären in nichts mit den Hirschen meiner mecklenburgischen Heimat zu vergleichen.

Ende der fünfziger, Anfang der sechziger Jahre schoß ich ein halbes Dutzend Hirsche: einen ungeraden Achter vom achten Kopf am alten Wildacker, einen sechsjährigen Achter an der Drelle, wiederum am alten Wildacker einen Sechser vom fünften Kopf, einen Gabler und einen ungeraden Sechser am Siedler-Neuland, einen ungeraden Achter vom vierten Kopf im Rungeloh, dessen Minigeweih in wunderlichem Gegensatz zum starken Wildkörper stand. Er brachte mir einen roten Punkt auf der Trophäenschau ein, weil er nach den Abschußrichtlinien ein Jahr zu jung war und die Kommission sich von dem nur wenig mehr als vierzig Zentimeter langen Geweih nicht beeindrucken ließ.

Sie alle konnten den Eindruck, den ich von den Heidehirschen gewonnen hatte, ebensowenig verwischen wie ein Eissprossenzehner vom zehnten Kopf, den ich in der Feistzeit am frühen Morgen nahe der Sternkanzel erlegte. Zusammen mit einem um etliche Jahre jüngeren Achter äste er noch eine halbe Stunde nach Sonnenaufgang auf dem zur Drelle führenden, mit Klee und Gräsern angesäten Gestell. Für eine waidgerechte Kugel stand er mir zu weit. Doch gelang es mir, die Kanzel unbemerkt zu verlassen und ihn in der Dickung auf einem parallel zum Äsungsstreifen verlaufenden Pürschsteig anzugehen. Dabei hatte ich das Pech, auf einem vom Pürschsteig abzweigenden Pfad genau dort ans Gestell zu gelangen, wo die beiden Hirsche standen. Auf zehn Gänge blickte ich, flach an den Boden geschmiegt, in das Gesicht des bereits mißtrauischen Zehners.

Gewiß währte es nur Sekunden, daß wir einander regungslos anstarrten. In dieser kurzen Zeitspanne aber schossen mir ein Dutzend Gedanken durch den Kopf. Wie sollte ich ihm in dieser vertrackten Situation beikommen? Merkwürdig – zum drittenmal stand mir in kurzer Zeit ein Hirsch so nahe gegenüber. Wog sein Geweih nicht doch über sieben Pfund? Alt war er, so griesgrämig wie er mich anäugte. Aber hatte ich in diesem Jahr nicht neben einem geringen Hirsch auch einen Ib-Hirsch frei? Zwar nur als Gruppenhirsch, an dem alle Beamten des Forstamtes beteiligt waren, aber dennoch. Da war der alte Revierförster Kirchhoff! Ihm, so hatten wir intern vereinbart, wollten wir nicht die Chance nehmen, im letzten Herbst vor seiner Pensionierung noch einen guten Hirsch zu schießen. Der Zehner aber – gewiß lag er unter der kritischen Schwelle zum Ib. Nach allen Erfahrungen, die ich bislang in meinem Revier gewonnen hatte, glaubte ich mir dessen sicher zu sein. Außerdem hatte ich seit mehr als fünfzehn Jahren keinen stärkeren Hirsch gestreckt!

Der Entschluß war gefaßt, doch erreicht war damit noch nichts. Bevor ich mich aus meiner Erstarrung lösen konnte, zogen beide Hirsche neben mir in die Dickung, der alte voller Mißtrauen voraus. Aus, dachte ich, aus und vorbei! Wohin sie nun wohl ziehen werden? Natürlich in ihren Tageseinstand, und der, eine enge Fichtendickung, lag oberhalb der Sternkanzel. Der Wind? Aus Nordosten weht er, kaum wahrnehmbar, nur der Rauch meiner Pfeife verrät es mir. Also werden die Hirsche die Sternkanzel im Bogen umschlagen, um auf einem der mir vertrauten Wechsel in die Fichtendickung zu ziehen. Dort aber konnte ich ihnen den Weg abschneiden, wenn es mir glückte, schnell genug unter Wind die Sternkanzel zu erreichen.

Als ich dort ankam, sah ich etwa hundert Schritt entfernt den Achter in Richtung zum Tageseinstand über ein Quergestell ziehen. Offensichtlich hatte der Zehner das Gestell bereits hinter sich gelassen. Kaum war der Achter verschwunden, bog ich in eine Schneise ein, über die zwei etwa achtzig Meter voneinander entfernte Wechsel in die Fichtendickung führten. Ich wußte nicht, auf welchem der beiden Wechsel mir die Hirsche kommen würden. Vierzig Schritt vor dem ersten bot sich mir ein Erdaufwurf als Deckung und gleichzeitig Gewehrauflage an. Bequem rückte ich mich hinter dem Aufwurf zurecht, brachte den Stutzen in Anschlag, blickte durchs Zielfernrohr – und sah rot. Breit, das Glas fast völlig ausfüllend, verhoffte der Zehner auf Steinwurfweite vor mir. Ohne sonderliche Korrektur griff der Zielstachel ins Blatt, peitschend verließ die Kugel den Lauf, und während der Achter verwirrt die Schneise überfiel, flüchtete der Zehner in jäher Wendung zurück.

An diesem Morgen hatte ich Bilda zu Hause gelassen. Meiner Kugel war ich durchaus sicher. Dennoch schaute ich in Dalle kurz beim Kollegen Müller vor und bat ihn, sich an der Nachsuche zu beteiligen. Als Schweißhundführer war ihm jede Riemenarbeit willkommen. Wie vorausgesehen, wurde es eine leichte Arbeit. Wenig mehr als hundert Gänge vom Anschuß entfernt war der Zehner verendet. Das Geschoß hatte die obere Herzhälfte zerrissen, die Lunge war blau verfärbt und einige Splitter hatten selbst den Pansen verletzt. Der pilzförmige, immerhin noch vier Gramm schwere Geschoßrest steckte dem Einschuß gegenüber unter der Decke.

Auch dieser alte Hirsch hatte es nur auf ein Geweihgewicht von knapp sechs Pfund gebracht. Dem Kollegen Kirchhoff hatte ich also nicht die Chance genommen, in diesem Jahr noch einen Ib-Hirsch zu strecken. Auch als Hegeabschuß im Hinblick auf eine vielleicht doch noch mögliche Aufbesserung unseres Rotwildes konnte mich die Erlegung des schwachen Zehners nur befriedigen.

Und noch einen Hirsch muß ich in diesem Zusammenhang erwähnen, so erbärmlich auch die Kugel war, die er von mir erhielt. Für den 27. September 1964, einen Sonntag, war ich anläßlich der Bundestagswahl zum Wahlleiter unserer Gemeinde bestellt worden. Leider siegte die Passion, ich verzichtete auch an diesem Tag nicht auf die Frühpürsch. Warum mußte auch die Wahl mitten in die Brunft fallen?!

Gegen fünf Uhr stieß ich östlich der Siedenholzbahn auf einen älteren ungeraden Kronenzehner mit auffallend weiter Auslage. Als Platzhirsch stand er bei einem Rudel von sechs Stück Kahlwild. Bei gutem Wind und leichtem Bodennebel gelang es mir, mich ihm auf reichlich hundert Meter zu nähern. Von einigen Kusselkiefern gedeckt, trug ich ihm sitzend, die Ellbogen auf die Knie gestützt, die Kugel an. Im Schuß spürte ich meinen Raudel jäh in die Halsung springen. Dennoch glaubte ich, gut abgekommen zu sein, und schoß, als der Hirsch mit dem Kahlwild nach rechts zur Drelle hin flüchtete, stehend freihändig nochmals auf ihn. Auf diesen Schuß hin bäumte er sich auf, folgte dann aber gleichbleibend flüchtig dem Kahlwild in eine schmale Kieferndickung.

Während ich noch mit ungutem Gefühl, doch nicht ohne Hoffnung, die Anschüsse untersuchte, tauchte Dr. Boettger an unserer gemeinsamen Grenze auf. Nichts konnte mir im Augenblick willkommener sein, denn es stellte sich heraus, daß er von der nahen Grenze aus beide Schüsse beobachtet hatte. Beim ersten Schuß glaubte er, guten Kugelschlag gehört zu haben, was sich später leider als Irrtum erwies. Der Hirsch hatte die erste Kugel nicht erhalten.

Auch am zweiten Anschuß suchten wir im verblühenden Heidekraut vergeblich nach irgendwelchen Schußzeichen.

Schließlich setzte ich Raudel an. Er verwies uns hinter der schmalen Kieferndickung in der kniehohen Segge der Drelleniederung endlich den ersten Schweiß, eine undefinierbare, schleimige Masse, die nichts Gutes versprach. Noch vor dem dann folgenden umfangreichen Dickungskomplex brachen wir die Suche ab. Auf dieser Wundfährte konnte sich nur noch ein erfahrener Schweißhundführer mit einem nicht weniger routinierten Schweißhund bewähren.

Beide fand ich in unserem Kreisjägermeister Fredrik von Bothmer und seinem hervorragenden Hannoverschen Schweißhund „Gesellmann von der Waldeben". Bevor sie jedoch die Fährte aufnehmen konnten, war der Vormittag fast vertan. Ein halbes Dutzend Schützen aufzubieten und den mich vertretenden Wahlleiter zu verständigen, hatte mehr Zeit in Anspruch genommen als zunächst vermutet.

Mit der ihm eigenen Gewissenhaftigkeit als Schweißhundführer – fast eine Stunde dauerte es, bevor er seinen Gesellmann ansetzte – untersuchte Fredrik die Anschüsse. Auch er fand weder Schweiß noch Schnitthaar, die uns Auskunft über die Wirkung meiner beiden Schüsse hätten geben können. Als Gesellmann dann, wie bereits zuvor Raudel, den ersten Schweiß in der Drelleniederung verwies, sprach Fredrik aus, was ich selbst bereits befürchtet hatte: Die zweite Kugel mußte dem Hirsch die Drossel zerrissen haben, anders ließen sich der schleimige Schweiß und die steile Levade des Hirsches auf den Schuß hin nicht erklären.

Nachdem ich mich an der Sternkanzel in die um den Dickungskomplex postierte Schützenkette eingereiht hatte, hing Fredrik mit seinem Gesellmann dem kranken Hirsch allein nach. Die Sonne schien warm vom wolkenlosen Himmel, Goldhähnchen turnten neben mir in den Kiefern, eine letzte Schwalbe glitt in behendem Flug über

mich hinweg, fern klang das tiefe Klong-klong eines Kolkraben. Hätten mich nicht die Gedanken an den angebleiten Hirsch gequält, die Stunde würde Pan, dem in der Mittagsstunde friedfertigen Waldgott, gehört haben. So aber horchte ich in die Stille, wartete verzweifelt auf den Hatzlaut des Hundes, auf brechende Zweige unter flüchtigen Läufen, auf den erlösenden, das Gewissen erleichternden Ruf: „Hirsch tooot!“
Doch Stunde um Stunde verging, ohne daß etwas geschah. Nur einmal, und später dann nochmals, sah ich Fredrik hinter seinem Gesellmann fernab ein Gestell überqueren. Ich dachte mit schlechtem Gewissen an die Wahl, der ich als Wahlleiter bislang ferngeblieben war, und mit noch schlechterem Gewissen an den Schweißhundführer, dem die verworrene Wundfährte alles an Geduld, Aufmerksamkeit und Kraft abtrotzte, und der er doch mit dem heißen Herzen eines Jägers folgte, dem es einzig darum geht, dem Leiden einer erbarmungswürdigen Kreatur ein Ende zu bereiten. Zu oft hatte ich selbst auf der Fährte kranken Wildes gelegen, als daß ich nicht diese schwerste und bitterste, aber auch schönste und dankbarste Aufgabe eines Jägers gekannt hätte. Wer niemals in der Glut eines heißen Herbsttages, bei Schnee, Regen oder bitterer Kälte, im Dschungel verschilfter Seen, in der Unsicht enger Fichtendickungen, im Gesperr storrer Kiefern einem kranken Stück Wild über Stunden oder gar Tage nachhing, weiß nichts, aber auch gar nichts um den letzten und höchsten Einsatz eines Jägers und seines nicht minder gerechten Hundes.

Gegen vier Uhr nachmittags mag es gewesen sein, als mich das Geläut des Schweißhundes aufschreckte und Fredrik kurz auf einem Gestell auftauchte. Offenbar hatte er den kranken Hirsch aufgemüdet und Gesellmann geschnallt, um nun dem in der Ferne verklingenden Hetzlaut des

Hundes zu folgen. Was danach geschah, erfuhren wir, als das Horn uns an den gestreckten Hirsch rief.

Im Nachbarforstamt hatte sich der Zehner vor dem Schweißhund gestellt, wohl zwanzig Minuten lang, bis Fredrik heran war und ihm vor dem Hund den Fangschuß geben konnte. Erschöpft, doch froh und erleichtert standen Herr und Hund vor dem Gestreckten inmitten von goldbraunem Farn, von verblassender Heide, von dunklen, sattgrünen Kusselkiefern und weißen Birken, ein Bild, wie es bezaubernder sich im Licht der sinkenden Sonne kein Jäger auszumalen vermag. Erlöst, dankbar, in ungehemmter Freude drückte ich Fredrik von Bothmer ans Herz. Allein ihm und seinem braven Gesellmann gebührte nach dieser hervorragenden Arbeit der mit Schweiß benetzte Bruch; ich hatte ihn mit dem schändlichen Drosselschuß gewiß nicht verdient.

Als Wahlleiter wurde ich, kaum daß ich selbst meine Stimme noch vor achtzehn Uhr abgeben konnte, erst tätig, nachdem das Wahllokal geschlossen war.

Das Geweih auch dieses neun- bis zehnjährigen Hirsches brachte wenig mehr als sechs Pfund auf die Waage. Immerhin zeigte es wenigstens in der linken Stange eine ausgeprägte, wenn auch nur kurzendige Krone. Zu dieser Zeit waren zwar einseitige Kronenhirsche keine ausgesprochene Seltenheit mehr, doppelseitigen hingegen war ich bis dahin kaum begegnet, und wenn, dann waren es fast ausnahmslos jüngere Hirsche.

Als einzigen wirklich kapitalen Hirsch hatte Niedersachsen bis dahin nur den bekannten, 1959 vom Forstmeister Junack in Gartow erlegten ungeraden Achtzehnender (mit 225,9 Internationalen Punkten) aufzuweisen, von dem nicht wenige Jäger glaubten, er sei vom Osten, von Mecklenburg, zugewandert.

Gedanken zur Bejagung des Rotwildes

1951 schätzte ich den Rotwildbestand in meinem Revier auf knapp 1,5 Stück je 100 Hektar. In den sechziger Jahren hatte sich der Bestand in der Südheide so stark vermehrt, daß es eines verstärkten Abschusses bedurfte, um ihn nicht ausufern zu lassen. Die Jagdzeit für Schmaltiere wurde alsbald auf den 1. Juli vorverlegt, Ende der siebziger Jahre für Schmaltiere und Schmalspießer gar auf den 1. Juni. Damit dehnte sich die Bejagung – und zugleich die Beunruhigung – des Rotwildes auf einen Zeitraum von acht Monaten im Jahr aus.

Man sollte sich in diesem Zusammenhang an die Zeit des Reichsjagdgesetzes erinnern, das für die Bejagung des weiblichen Rotwildes, einschließlich der Kälber beiderlei Geschlechts, nur einen Zeitraum von viereinhalb Monaten (16. 9. bis 31. 1.) zuließ. Diese im Reichsjagdgesetz genannte Jagdzeit wurde übrigens erst Ende der dreißiger Jahre eingeführt. Noch 1935 durfte weibliches Rotwild nur vom 16. 10. bis 31. 1. bejagt werden, insgesamt also lediglich dreieinhalb Monate im Jahr. Selbst dem Hirsch gönnte man bis 1935 eine längere Schonzeit; in Preußen durfte er vom 16. 8. bis 31. 12., in meiner wildreichen Heimat Mecklenburg-Strelitz sogar nur vom 16. 8. bis 30. 11. bejagt werden. Stellen wir diese Daten den derzeit gültigen Jagdzeiten gegenüber, wird uns erschreckend deutlich, wie sehr sich die Schonzeiten in den letzten Jahrzehnten zum Nachteil des Rotwildes verändert haben.

Man kann dem entgegenhalten, daß seinerzeit noch ein beträchtlicher Teil des Abschusses auf heute mit Recht verpönten Treibjagden getätigt wurde. Im Interesse des Wildes muß es dennoch möglich sein, den Abschuß zumindest in der Zeit vom 1. August bis 31. Januar voll zu erfüllen. Es gibt genug versierte revierlose Jäger, die glücklich wären, wenn sie auf Pürsch oder Ansitz am Abschuß beteiligt würden. Und wenn auch das nicht ausreicht, ließe sich der Abschuß am Ende des Jagdjahres immer noch im Rahmen von Ansitzjagden erfüllen, auf denen das Wild in Ruhe angesprochen und gestreckt werden kann. Es soll mir niemand erzählen, daß sich eine acht Monate im Jahr anhaltende Bejagung des Rotwildes nicht in vielerlei Hinsicht nachteilig auf seine Entwicklung auswirkt!

Das Argument, im Juni und Juli seien Schmaltiere leichter als im August anzusprechen, weil sie dann zumeist allein stehen und sich augenfälliger von den führenden Alttieren unterscheiden, zieht bei einem erfahrenen Rotwildjäger nicht; er weiß an der Spinne auch im August ein Schmaltier von einem Alttier zu unterscheiden. Gänzlich unverständlich ist die derzeitige Freigabe von Schmalspießern bereits im Juni, haben sie doch erst im September die Spieße gefegt; und wer wollte sich schon eine noch im Bast befindliche Trophäe an die Wand hängen!

Das alles mag unter der Zielsetzung segeln, einen übermäßig stark angewachsenen Rotwildbestand zu reduzieren – einer normalen Bejagung des Wildes entsprechen derartig verkürzte Schonzeiten nicht. Wenn wir wenigstens hoffen könnten, nach einer notwendigen Reduzierung des Bestandes auf ein erträgliches Maß wieder zu den bewährten Schon- beziehungsweise Jagdzeiten zurückzukehren, fiele es leichter, sich mit den derzeitigen Praktiken abzufinden. Ich fürchte jedoch, das einmal erwirkte Zugeständnis verkürzter Schonzeiten wird als dauernde Ermächtigung betrachtet, die nur schwerlich wieder rückgängig zu machen ist. Es soll sich aber niemand wundern, wenn das Rotwild unter diesen Voraussetzungen mehr und mehr zum Nachttier wird und immer schwerer zu bejagen ist.

Wie groß das Vertrauen ist, das der Gesetzgeber in die Jäger setzt, beweist uns die Jagd- beziehungsweise Schonzeitregelung für Alttiere und Kälber; für beide beginnt die Jagdzeit am 1. August. Nichts verbietet also dem Jäger, bereits im August ein Alttier von seinem Kalb wegzuschießen, und keine Strafe würde ihn treffen, wenn er halbausgewachsene Kälber erlegt. Einzig der im § 1 des Bundesjagdgesetzes verankerte Satz: „Bei der Ausübung der Jagd sind die allgemein anerkannten Grundsätze deutscher Waidgerechtigkeit zu beachten“ könnte ihn davon abhalten, vorzeitig ein führendes Alttier oder ein noch in der Entwicklung begriffenes Kalb zu strecken.

Wann aber können wir, unbeschadet für das Kalb, das führende Alttier erlegen? So berechtigt diese Frage auf den ersten Blick hin erscheint, so wenig sollte sie für uns in der Praxis überhaupt zum Tragen kommen. Sie entfällt nämlich dann, wenn wir grundsätzlich kein Alttier schießen, dessen Kalb nicht zuvor gestreckt wurde. Es wäre zu begrüßen, wenn diese Forderung keine theoretische Erwägung bliebe, lehrt uns doch die Erfahrung, daß selbst noch im Januar verwaistes Jungwild in anhaltend harten Wintern kümmern oder gar verenden kann.

Derartige Winter mit entsprechenden Verlusten an Kitzen und Kälbern hatten wir 1968/69 und 1978/79. 1969 lag noch Ende März Schnee. Am 20. 3. fand ich unmittelbar an der Fütterung ein vom Fuchs gerissenes Kitz. Zwei weitere Kitze waren von mir bereits vorher aufgefunden worden. Am 22. März stieß ich in Begleitung eines Jagdaufsehers in unmittelbarer Nähe einer Fütterung auf ein zweifellos verwaistes Hirschkalb. Völlig abgekommen, ließ es uns bis auf drei Schritte herankommen, bevor es sich mühsam auf-

nahm. Ein Revolverschuß auf den Träger erlöste es von seinen Leiden. Da es nicht mehr zu verwerten war, überließ ich es an einer anderen Fütterung den Sauen als Fraß. Drei weitere verwaiste Kälber wurden in der Nähe meines Reviers Opfer des Winters, von den sich kümmernd ins Frühjahr hinüberrettenden gar nicht zu reden.
Auch die Frage, wann man mit dem Abschuß von Kälbern beginnen kann, ist nicht unumstritten. Vom August bis Mitte September sind sie in ihrer Stärke noch recht unterschiedlich. Das muß nicht immer auf eine individuelle Veranlagung zurückzuführen sein. Der Zeitpunkt des Setzens schwankt ganz normal, der Brunftzeit entsprechend, bis zu vier Wochen. Fast ein ganzer Monat aber bedeutet für die Entwicklung eines Kalbes eine beachtliche Zeitspanne. Erst im Laufe des Spätsommers – der Herbst beginnt bekanntlich am 23. September – verliert sich der durch das Alter bedingte Unterschied in der Stärke der einzelnen Kälber. Es wäre deshalb verfehlt, bereits im August jedes geringe Kalb als abschußnotwendig zu betrachten. Wir sollten also, wie es auch im Reichsjagdgesetz vorgesehen war, nicht vor Mitte September mit dem Abschuß der Kälber beginnen. Auch sollten wir den wirtschaftlichen Aspekt nicht gänzlich außer acht lassen; immerhin bringt ein Stück Rotwild – ob Alttier oder Kalb –, das während der Vegetationszeit zwei oder drei Monate länger am Leben bleibt, ein beträchtlich größeres Gewicht auf die Waage als ein sogleich noch Anfang der Jagd gestrecktes Stück.

Ein normales Geschlechterverhältnis von 1:1 bedingt den Abschuß einer gleichen Anzahl von männlichen wie von weiblichen Kälbern. So logisch dies auch ist, zeigen doch die alljährlichen Streckenberichte anläßlich der Kreistrophäenschauen zumeist, daß wesentlich mehr weibliche als männliche Kälber erlegt werden, nicht selten um 30 bis

50 Prozent mehr. Zu erklären ist dieses weitverbreitete Phänomen wohl nur mit dem Widerwillen vieler Rotwildjäger, das Leben eines künftigen Trophäenträgers vorzeitig zu beenden. Ihre diesbezügliche Aversion geht zum Teil so weit, daß sie selbst die von ihnen „versehentlich" erlegten Hirschkälber als Wildkälber deklarieren, um als vermeintlich „hirschgerechte Jäger" bestehen zu können. Daß sie damit das natürliche Geschlechterverhältnis aus dem Gleichgewicht bringen – was wiederum negative Auswirkungen auf die gesamte Population hat –, geht ihnen nicht auf.
Sollte der Abschuß von Kälbern einmal nicht voll erfüllt werden, so ist das auch kein Unglück; im nächsten Jahr stehen sie uns als Schmaltiere und Schmalspießer zum Abschuß zur Verfügung. Natürlich müssen wir dabei auf den Altersaufbau des Bestandes Rücksicht nehmen, ganz abgesehen davon, daß die von den einzelnen Ländern oder von Jagdwissenschaftlern zwar mathematisch errechneten, so doch stets hypothetischen Alterspyramiden in kaum einem Revier den Voraussetzungen entsprechen.

Wie sehr dabei die Vorstellungen der einzelnen Länder und Wissenschaftler divergieren, zeigt uns folgende Gegenüberstellung: In Niedersachsen ist nach den Richtlinien für den Abschuß des Kahlwildes folgende Aufteilung anzustreben: Alttiere 35 Prozent, Schmaltiere 10 Prozent, Kälber beiderlei Geschlechts 55 Prozent; für Hessen lauten die Zahlen 45 Prozent – 20 Prozent – 35 Prozent; ein bekannter Jagdwissenschaftler empfiehlt 28 Prozent – 8 Prozent – 64 Prozent. Setzen wir bei diesen drei Beispielen den Abschuß der Kälber beiderlei Geschlechts in Relation zum Abschuß von Schmaltieren, ergibt sich, daß in Hessen 1,75mal, in Niedersachsen 5,5mal, nach den Empfehlungen des Jagdwissenschaftlers sogar 8mal soviel Kälber mehr als Schmaltiere erlegt werden sollen. Ein verblüffendes Ergebnis, das uns die Fragwürdigkeit der von Experten mit mathematischer Akribie errechneten Alterspyramiden offenbart. Einziger Trost für den Praktiker: Alterspyramiden sind zwar im größeren Rahmen als Grundlage für die Abschußplanung erforderlich, im einzelnen Revier aber muß der Jäger den örtlichen Verhältnissen Rechnung tragen, das heißt, er hat in den einzelnen Altersklassen das jeweils geringste Stück zu schießen. Sobald dann im Bereich des Hege- oder Rotwildrings der Abschuß in einer Altersklasse erfüllt ist, ist für sie der weitere Abschuß zu sperren.

Doch auch dieses Rezept stellt sich als fragwürdig heraus, wenn wir zum Beispiel auf die IIb-Hirsche abzielen. Sie werden für die einzelnen Reviere je nach Größe und Wildbestand zahlenmäßig begrenzt freigegeben, gleich, wie viele IIb-Hirsche über den freigegebenen Abschuß hinaus noch vorhanden sind. Mit der Erlegung dieser Hirsche aber verfolgen wir doch das Ziel, unser Rotwild „aufzuarten". Das aber würde in letzter Konsequenz bedeuten, ausnahmslos jeden „Artverderber" dem Bestand zu entnehmen. Als man Ende der dreißiger Jahre in der mecklenburgischen Staatsforst die Revierbeamten verpflichtete, jeden IIb-Hirsch zu schießen, wurden die Hirsche dieser Klasse innerhalb weniger Jahre zur Seltenheit – und nicht zuletzt dadurch Hirsche „herangezüchtet", wie man sie dort in Stärke und Endenfreudigkeit bis dahin nicht gekannt hatte. Ein Gesichtspunkt, dem wir gerade im Hinblick auf eine etwaige Reduzierung des Rotwildes unsere Aufmerksamkeit schenken sollten.

1969 stellte ich, im wesentlichen den obigen Ausführungen entsprechend, in einer bekannten deutschen Jagdzeitschrift das Thema „Kahlwildabschuß – wann und wie?" in einer längeren Abhandlung zur Debatte. Hinsichtlich der Frage

„wann" spitzte ich als Faustregel zu: Abschuß von Kälbern Mitte September bis Ende Januar; Abschuß von Schmaltieren Anfang August bis Ende Januar; Abschuß von Alttieren Mitte September bis Ende Januar nur nach vorheriger Erlegung ihrer Kälber. Hinsichtlich der Frage „wie" empfahl ich, den Abschuß ausschließlich auf Pürsch und Ansitz zu erfüllen. Drück- und Treibjagden sollten grundsätzlich verboten bleiben. Sollte der Abschuß dennoch nicht zu erfüllen sein, könnte man allenfalls ab Mitte Januar Ansitzjagden durchführen, bei denen ein oder zwei versierte Jäger das Wild behutsam vor die weiträumig verteilten Schützen bringen. Der Beitrag wurde ausnahmslos positiv aufgenommen.

Bis Mitte der sechziger Jahre waren auch in meinem Revier Drück- und Treibjagden auf Rotwild noch üblich. Als gesellschaftliches Ereignis entbehrten sie nicht eines gewissen Reizes. Von den Beamten und Gästen schossen nicht wenige eine hervorragende Kugel, und ich freute mich, mein in Mecklenburg erlerntes Handwerk noch zu beherrschen. Dennoch blieb es auf vielen Jagden nicht aus, daß die eine und andere Kugel weniger versierter Jäger zu langwierigen Nachsuchen führten, an deren Ende nicht selten statt eines Schmaltieres ein führendes Alttier oder gar ein gut veranlagter Spießer lag. Ein Wahlabschuß war auf derartigen Jagden jedenfalls nur sehr erfahrenen und gewissenhaften Jägern möglich.

Über das Verhalten und die Entwicklung des Rotwildes werden wir auf Pürsch und Ansitz stets mehr Erfahrungen und Erkenntnisse gewinnen als auf den zunehmend verpönten Treibjagden. Und was könnte für den seinem Wild verbundenen Jäger wohl reizvoller und lehrreicher sein, als es zu jeder Jahreszeit auf friedlichem Wechsel oder auf ungestörten Äsungsflächen zu beobachten.

Begegnungen und Erlebnisse mit Rotwild

Als Forstmann erlebte ich wiederholt größere Waldbrände und glaubte, das Wild weiche ihnen, vom beißenden Rauch aufgeschreckt, beizeiten aus. Um so erstaunter war ich, eines Tages ein friedlich äsendes Rudel inmitten dichter Qualmwolken anzutreffen. Waldarbeiter brannten Schlagabraum ab. Wußte das Wild aus Erfahrung, daß ihm hier keine Gefahr drohte? Andererseits mußten wir 1975 bei den großen Bränden in der Heide die traurige Bilanz ziehen, daß etwa 50 Stück Rotwild und eine noch größere Anzahl Rehe dem Feuer zum Opfer gefallen waren. Die Gründe für dieses unterschiedliche Verhalten des Wildes sind schwer zu erfassen. Mag es bei dem Waldbrand auch in Panik geraten sein, so bleibt doch die Frage, warum es nach Tagen noch in die bis dahin keineswegs vollständig abgelöschten Einstände zurückdrängte.

Ein ebenfalls geruhsam äsendes Rudel Rotwild traf ich anläßlich einer Revierkontrolle knapp hundert Gänge von den im Holzeinschlag beschäftigten Waldarbeitern an. Der Lärm der Motorsägen störte das Wild nicht, offensichtlich war ihm dieses Geräusch vertraut. Den Blicken der Waldarbeiter nur durch eine schmale Dickung entzogen, sah es jedenfalls keinen Anlaß, hier nicht zu äsen.

Mitte Januar hatte ich im letzten Büchsenlicht auf einer Kiefernkultur ein schwaches Kitz geschossen. Obwohl es im Schuß verendet war, gelang es mir in der einbrechenden Dämmerung nicht mehr, es aufzufinden und zu versorgen. Als ich mich am nächsten Morgen der Kultur näherte, äste unmittelbar am Anschuß ein achtzehn Kopf starkes Rudel

Rotwild. Da der Abschuß an Kahlwild noch nicht erfüllt war, erlegte ich ein Kalb. Der Schuß würfelte das Rudel zwar durcheinander, doch bequemte es sich erst sieben Minuten später, die etwa vier Hektar große Kultur zu verlassen. Das Kalb war zehn Meter neben dem am Abend zuvor erlegten Kitz verendet zusammengebrochen. Das Rudel hatte sich um das Kitz überhaupt nicht gekümmert, unbeeindruckt hatte es in seiner unmittelbaren Nähe geäst. Seine völlige Gleichgültigkeit dem doch gewiß starken Schweißgeruch des Kitzes gegenüber verblüffte mich. Leider hatte ich nie wieder Gelegenheit, Wild in einer ähnlichen Situation zu beobachten.

Ende August, gegen sieben Uhr abends, schoß ich auf einer größeren Kultur auf gut hundert Meter ein Schmaltier. Mit gutem Kammerschuß brach es nach etwa achtzig Metern unmittelbar vor einer Dickung auf dem Grenzweg verendet zusammen. Schwein gehabt, dachte ich; damit ersparte es mir die Mühe, es entweder über die tiefen Rabatten an den Weg ziehen oder den Nachbarkollegen verständigen zu müssen. Indem sah ich im zehnfachen Glas, kaum daß das Stück verendet war, eine helle Dampfwolke über seinem Blatt stehen, die sich deutlich von dem dunklen Hintergrund der Dickung abhob. Unwillkürlich hatte ich das Empfinden, dem verendeten Tier entfliehe die Seele, um in die ewigen Jagdgründe zu gelangen. Ein mich seltsam anrührendes Phänomen, von dem ich wohl schon einmal in der Literatur gelesen, das ich aber noch nie selbst beobachtet hatte. Wäre es ein windstiller und kalter Abend gewesen, hätte ich mir diese Erscheinung leichter als physikalischen Vorgang, als eine Verdichtung der aus der Kammer entweichenden wärmeren Gase erklären können. An diesem Abend aber hatten wir eine durchaus milde Temperatur.

Wieviel seltsame, oft rätselhafte Vorgänge haben wir als Jäger in unseren Revieren schon beobachtet – und es versäumt, darüber in der Jagdpresse zu berichten! Schade drum! Wäre es anders, unsere Jagdwissenschaftler würden heute mehr über das Verhalten und die Entwicklung unseres Wildes wissen.

Am 15. November 1966 schrie in der Morgendämmerung ein Hirsch in der Drelleniederung. Es überraschte mich nicht, schon mehr als einen Hirsch hatte ich in dieser Jahreszeit schreien hören. Immerhin war meine Neugier geweckt, und ich ging ihn mit gutem Wind an. Es war ein alter Achter, der bei einem Rudel von vierzehn Stücken Kahlwild stand. Zweifellos ein Ib-Hirsch, wie ich ihn in diesem Jahr leider nicht frei hatte.

Das Rudel äste halblinks von mir auf einem Heidebrink. Von einer schütteren Kiefer nur spärlich gedeckt, hockte ich mich auf den nassen Waldboden und suchte, die Ellbogen auf die Knie gestützt, mit dem Zielfernrohr nach einem Schmaltier. Das dritte Stück von rechts erschien mir geringer als die führenden Stücke, kein Kalb stand in seiner Nähe, das Haupt ...? Kein Zweifel, es war ein Schmaltier. Als es breit stand, erhielt es die Kugel und wurde vom flüchtigen Rudel drelleaufwärts mitgerissen. Kaum sechzig Gänge vor mir blieb es mit tiefem Haupt stehen, dann rutschte es verendend im Bentgras zusammen.

Komm, Raudel, nun bist du dran, dachte ich – und trat in die Dickung zurück. Immer noch stand der Hirsch auf dem Heidebrink. Mißtrauisch äugte er zu mir herüber, dann folgte er langsam dem Fluchtweg des Rudels. Oberhalb des verendeten Schmaltieres verhielt er, hob windend das Haupt – und zog wieder drelleabwärts. Mißtrauen, Unmut und Gier standen in seinem Gesicht. Zögernd setzte er einen Lauf vor den anderen, reckte den schweren Träger –

und bewindete das Schmaltier. Gleich würde er abspringen, angewidert vom frischen Schweißgeruch. Doch es geschah nicht, es geschah überhaupt alles anders, als ich es erwartet hatte.

Schwer und massig stand der Hirsch über dem im Tod zierlich wirkenden Schmaltier. Sein Windfang glitt über die Decke des verendeten Tieres, wieder und wieder. Jetzt leckte er es zärtlich – oder nicht? Ich konnte es nicht deutlich ausmachen, das Bentgras verwehrte mir den Blick. Dennoch – die schweren Stangen bewegten sich in einem Rhythmus, der nur mit der Bewegung des Leckens zu erklären war. Ich wußte es nicht sicher. Nur eines wußte ich: Ich mußte diesem Anblick ein Ende machen, ich konnte den Ausdruck von Schmerz und Haß, von zärtlicher Liebe und unsäglicher Trauer in dem grauen Gesicht des Hirsches nicht länger ertragen.

Oder war es unsinnig und sentimental, einem Tier menschliche Empfindungen zu unterstellen? Doch wer bewies mir, daß Gott nur mir eine Seele gab und mit ihr alle Regungen der Freude und des Schmerzes? Jag den Hirsch davon, mach diesem Anblick ein Ende!

Doch schon wuchs die Neugier in mir, was weiter geschehen würde. Immer noch stand der Hirsch beim Schmaltier. Hin und wieder hob er flehmend das Haupt, einmal schrie er. Gewiß schoß ich zufällig das einzige noch brunftige Stück des Rudels. Die Zeit verging, ich fror, und auch der Hund wurde unruhig. Trotzdem konnte ich mich nicht entschließen, die Dickung zu verlassen und den Hirsch zu vergrämen. Als ich mir eine Zigarette anzündete, ließ das Klicken des Feuerzeugs den Hirsch aufwerfen. Ich wunderte mich schon längst, daß er mich in meiner spärlichen Deckung noch nicht wahrgenommen hatte. Lange Zeit äugte er zu mir herüber, dann zog er auf mich zu, bösartig und unheildrohend. Es schauerte mir. Nach wenigen schwerfälligen Gängen drehte er bei und zog die Drelleniederung hinauf. Doch schon verhoffte er wieder – und zog abermals zum Schmaltier zurück.

Naß, kalt und trostlos lag die Niederung vor mir, einer Bühne gleich, vom toten Bentgras wie mit einem fahlen Teppich bedeckt. Nur drei Geschöpfe agierten noch auf ihr: der Hirsch, der Hund und ich. Keiner der Mitspieler wollte abtreten, bevor nicht der unsichtbare Regisseur das Zeichen dazu gegeben hatte. Noch kannte ich den Ausgang des Spiels nicht, dennoch glaubte ich, er wird zuerst dem Hirsch das Stichwort geben. Wie konnte es anders sein!

Obgleich die Zeit endlos schien und die Mitspieler in ihrer Stellung verharrten, erfüllte knisternde Spannung die helle Szenerie vor dem dunklen Hintergrund der Kieferndikkung. Zweimal hob im Lauf der nächsten Stunde der Regisseur die Hand – und ließ sie wieder sinken; zweimal zog der Hirsch vom Schmaltier fort – und kehrte nach hundert Gängen zu ihm zurück. Nichts weiter geschah in dieser langen Stunde. Bis plötzlich das Schauspiel sich von träger Stagnation zu dramatischem Ausbruch steigerte.

Abermals hob der große Regisseur die Hand – und ein neuer Spieler trat auf die Bühne. Von links, vom Heidebrink her, trollte suchend ein schwaches Kalb auf dem Wechsel des geflüchteten Rudels drelleaufwärts. Das gab auch mir das Stichwort; es bedurfte keines Souffleurs, mich die Situation erkennen und die Büchse sprechen zu lassen. Mit gutem Blattschuß brach das Kalb in kniehoher Heide zusammen. Nein, es war kein Schmaltier, sondern ein geringes Alttier gewesen, dem ich vor mehr als einer Stunde die Kugel angetragen und dessen Kalb ich nun gottlob gestreckt hatte.

Der Hirsch? Hatte er das Stichwort überhört, den Wink des Regisseurs mißachtet? Immer noch stand er neben dem verendeten Tier, verstört zwar und mit aufgeworfenem Haupt, doch ohne Willen, von ihm zu lassen. Bis ich selbst die Regie übernahm, zur Bühne hintrat und die Hand hob. Zögernd, nochmals vor der gegenüberliegenden Dickung verhoffend, tauchte er endlich in ihrer Düsternis unter.

Mehr als eine Frage warf dieses gewiß einmalige Erlebnis auf. Seinerzeit war ich überzeugt, zufällig ein brunftiges Tier erlegt zu haben, und ich glaube das auch heute noch. Inzwischen fand ich in der Literatur, zum Beispiel in dem Buch von Willy Benzel „Im Paradies der Hirsche", den Hinweis, daß auch Schweißwittrung nach Schußverletzungen Brunftempfindungen beim Hirsch hervorrufen kann. Immerhin wäre es möglich, daß der Schweißgeruch die Erregung des Hirsches steigerte. Beweisen läßt sich das jedoch nicht. Die Hypothese, der Hirsch sei allein dadurch in Brunftstimmung versetzt worden, hätte nur durch eine entsprechende Untersuchung des erlegten Tieres erhärtet werden können.

Das von mir fälschlich als Schmaltier angesprochene Tier wog aufgebrochen 51, das Kalb nur 24 Kilogramm. Schon deshalb war es richtig, beide Stücke zu strecken. Das geringe Gewicht des Tieres erklärt auch mit großer Wahrscheinlichkeit dessen spätes Brunften, läßt dieses Gewicht doch vermuten, daß es zu spät gesetzt wurde und sich infolgedessen nicht in den normalen Zyklus des Brunftens hatte einreihen können.

Aufschlußreich dürfte für uns auch das Verhalten des Kalbes sein, nachdem es verwaist war. Nach dem Schuß hatte es sich in der allgemeinen Panik dem flüchtenden Rudel angeschlossen. Erst in dessen Einstand, einer etwa fünfhundert Meter vom Anschuß entfernten Fichtendikkung, hatte es die Mutter vermißt. Was sich dort abgespielt hat, können wir nur vermuten. War es allein die Bindung an das Muttertier gewesen, die das Kalb – merkwürdigerweise nicht auf dem Fluchtweg des Rudels, sondern auf dem kürzesten Weg – dorthin hatte zurückkehren lassen, wo es die Mutter verloren hatte? Oder war es im Einstand von den anderen, nur ihren eigenen Kälbern verbundenen Alttieren abgewiesen worden? Würde das Rudel es hernach doch noch in seinem Verband geduldet haben, hätte ich es nicht zuvor erlegt? Wie alt aber muß dann ein verwaistes Kalb sein, daß es vom Rudel akzeptiert wird? Wie immer wir diese Fragen auch beantworten wollen – was hier geschehen war, kann uns nur als Beweis für die Notwendigkeit dienen, einem Kalb das Muttertier solange zu erhalten, bis es selbständig genug geworden ist, auf eigenen Läufen zu stehen. Was selbstverständlich nicht ausschließt, ein schwaches Kalb zu strecken, bevor das führende Stück die Kugel erhält.

Trotz mehr als dreißigjähriger Erfahrung hatte ich ein von mir als Schmaltier angesprochenes Alttier erlegt. Das kann jedem Jäger einmal unterlaufen. Doch wenn uns nach dem Schuß Zweifel plagen oder gar feststeht, statt eines Schmaltieres ein Alttier gestreckt zu haben, dann sollten wir – und das um so andauernder, je früher es in der Jahreszeit ist – warten, ob nicht ein Kalb zum erlegten Alttier zurückkehrt. Wäre nicht der Achter fast eineinhalb Stunden neben dem „Schmaltier" gestanden, ich hätte es versorgt, wäre davongegangen – und das ungewöhnlich geringe Kalb wäre gewiß dem Winter zum Opfer gefallen.

Merkwürdiger Zufall: Kaum hatte ich die vorstehenden Zeilen geschrieben, ereignete sich, am 27. August, ein Vorfall, der in meinen Erinnerungen nirgendwo einen besseren Platz hätte finden können als hier.

Seit einigen Wochen hatte ich vom Hochsitz aus zwei Rotspießer und ein einzelnes Stück Kahlwild beobachtet. An diesem Abend, etwa gegen halb acht Uhr, stellten sich nur einer der beiden Spießer und das weibliche Stück ein. Seit Wochen hatte ich gerätselt, was für ein Stück es sei. Für ein Schmaltier erschien es mir zu stark, doch glaubte ich sicher zu sein, daß es kein Kalb führte. Zum einen würde es dann in dieser Jahreszeit nicht dauernd bei den beiden Spießern stehen, zum andern hatte ich bislang, wenn auch auf reichlich weite Entfernung, keine Spinne erkennen können. Also mußte es wohl ein übergehendes Schmaltier sein. Dennoch hatte ich mich bisher nicht zum Schuß entschließen können. Zu oft schon hat beim Jagen der Teufel seine Hand im Spiel gehabt.

Als sich mir das Stück an diesem Abend auf knapp hundert Meter von hinten präsentierte und ich wiederum keine Spinne erkennen konnte, plagten mich keine Zweifel mehr. Kaum hatte es sich breit gestellt, verendete es mit gutem Kammerschuß. Wie stets ließ ich mir nach dem Schuß Zeit, vom Hochsitz abzubaumen, obwohl mich ein ungutes Gefühl trieb, endlich zu erfahren, was ich da eigentlich geschossen hatte.

Das Stück war stark, stärker, als ich geglaubt hatte. Ein Blick auf die Spinne bestätigte mir, daß es kein Kalb führte. Dennoch stimmte etwas nicht mit ihm, noch nie hatte ich ein Stück geschossen, das so „dick“ war. Der Schnitt in die Spinne öffnete Drüsengewebe, etwa eineinhalb Finger dick, doch enthielt es keinerlei Milch. Mit dem nächsten Schnitt öffnete ich die Bauchdecke – und schon quoll mir eine gewaltige Embryonalhülle entgegen. Meine erste Reaktion: Das kann doch nicht wahr sein! Wir schreiben heute den 27. August! Drei Monate nach der normalen Setzzeit hatte ich ein beschlagenes Stück erlegt, dessen fast völlig entwickeltes Kalb nun regungslos in meinen Händen lag. Übelkeit würgte mich im Anblick der riesigen Fruchthülle. Fast fünfzig Jahre jagte ich in Rotwildrevieren, noch nie war mir ein ähnlicher Fall bekannt geworden.

Natürlich war es richtig gewesen, das Stück der Wildbahn zu entnehmen, so widerlich es mir auch war, ein hochbeschlagenes Tier zu töten. Es mußte Ende Dezember, wahrscheinlich erst Anfang Januar, gebrunftet haben. Als ich die Embryonalhülle aufschärfte, hatte ich ein völlig ausgewachsenes Hirschkalb vor mir, nur seine Schalen waren noch weiß und weich wie Gummi. Zweifellos hätte es den kommenden Winter nicht überstanden. Die in der Spinne noch fehlende Milch und die noch nicht völlig entwickelten Schalen des Kalbes ließen mich vermuten, daß es erst ein bis zwei Wochen später auf die Welt gekommen wäre. Vielleicht hätte es auch nur noch einige Tage gedauert, sagte mir doch hernach ein Tierarzt, daß Kälber im allgemeinen mit weißen Schalen geboren werden und die Milch in der Spinne sich erst unmittelbar vor dem Setzen bildet.

Was mochte das Tier aus dem Zyklus des Brunftens und Setzens gebracht haben? Vielleicht war es selbst, aus welchem Grund auch immer, bereits zu spät gesetzt worden. Vielleicht hatte sich der strenge Winter 1978/79, den das Tier als Kalb erlebte, negativ auf seine Entwicklung ausgewirkt, und das um so stärker, je früher es in diesem Winter als Kalb verwaiste.

Beim Schwarzwild war mir ein unzeitiges Frischen bereits des öfteren begegnet. Vorzeitig verwaiste Frischlinge gibt es weit zahlreicher als vorzeitig verwaiste Rotwildkälber. Wie überhaupt die Bejagung unseres Schwarzwildes im Vergleich zum Rotwild vieles zu wünschen übrigläßt. Am 7. Juli 1960 erlegte ich eine hochbeschlagene Überläuferbache, die ebenfalls ein bis zwei Wochen vor dem Frischen stand. Daß ich sie ausgerechnet von einem Jungjäger, der bei mir seine Ausbildung genoß, aufbrechen ließ, gab dem Vorfall eine besondere Note.

Beim Aufbrechen des von mir am 27. August erlegten Tieres überraschte es mich, in der Embryonalhülle eine Anzahl kartoffel- bis faustgroßer, mehr ovaler als runder Gebilde vorzufinden, deren Bedeutung mir unklar war. Insgesamt waren es acht, von denen, neben zwei kleineren, sechs einen Durchmesser von sieben bis acht Zentimeter hatten. Waren es krankhafte Wucherungen? Um eine Antwort darauf zu finden, legte ich eines der Gebilde einem Tierarzt vor und bat obendrein einen mir befreundeten Wissenschaftler um Auskunft. Von ihnen erfuhr ich – was wohl den meisten Jägern unbekannt ist –, daß es sich bei den Gebilden um sogenannte Karunkeln oder Gebärmutterknöpfe handelte, deren Zahl für jede Wiederkäuerart charakteristisch ist; beim Rotwild sind es 6 bis 14, beim Rehwild 3 bis 8, beim Muffelwild gar bis zu 100 Karunkeln.

Die Karunkeln befinden sich als drüsenfreie Erhebungen an der Gebärmutterschleimhaut und sind vor der Trächtigkeit des Tieres nur wenige Millimeter groß. Bereits im vierten Monat der Trächtigkeit können sie (nach Valentincic) beim Rotwild den Umfang einer größeren Kartoffel erreichen. „Nur ihnen gegenüber“, schreibt Professor Dr. R. R.Hofmann in ‚Jagd+Hege‘, Ausbildungsbuch I, „bilden die Embryonalhüllen Zotten (auch Kotyledonen genannt) aus, die ihrer Befestigung und der Nährstoffaufnahme für den Embryo bzw. Foetus dienen.“

Wann immer wir mit offenen Augen durchs Revier gehen – als Jäger werden wir nie auslernen.

Raudel

Im Frühjahr 1962 kam der dürrlaubfarbene Dackelmann in unser Haus und füllte die schmerzliche Lücke aus, die der Tod der geliebten Bilda hinterlassen hatte. Wie jeden meiner Teckel, nahm ich auch ihn, kaum daß er dem Kinderkorb entwachsen war, mit ins Revier. Ruhiger als Bilda, doch von gleicher Passion erfüllt, eroberte er sich sein neues Reich und unser Herz. Seine dunklen, fast eulenhaften Augen standen in belustigendem Gegensatz zu dem goldblonden, für einen Rauhhaarteckel etwas zu weichen Haar. Er liebte sein Frauchen über alles, Herrchen, der den Schlüssel zur schier unendlichen Wildbahn besaß, wurde ihm bald zum Abgott. Sein ausgeprägtes Selbstbewußtsein führte ihn gelegentlich in Versuchung zu erproben, wer von uns beiden wohl der Meuteführer sei. Zumeist war es reiner Übermut, der ihn sich mit mir im Spiel messen ließ, wenngleich ich dabei des öfteren seine Zähne zu spüren bekam. Mochte Frauchen auch darüber schimpfen, wir beiden Männer machten uns nichts draus, und sein noch so drohender Fang ließ mich nur über seine Eigenwilligkeit lachen. Hatten wir uns auf dem Teppich ausgetobt, legte er seinen Kopf voller Zärtlichkeit an mein Gesicht, in liebevoller Zuneigung des großen Kumpels zufrieden.

Neun Wochen war Raudel alt, als ich ihn zum erstenmal die Schweißfährte eines Überläufers arbeiten ließ. Nun, von „arbeiten“ konnte wirklich noch nicht die Rede sein; Neugier war es, die ihn der erregenden Wittrung folgen ließ, und Beklommenheit vor dem mächtigen, ihm unbekannten Schwarzkittel, der unweit vom Anschuß zusammengebrochen war. Zu jung noch, sagte ihm diese erste Begegnung mit einer Sau wenig.

Im September dann, inzwischen war er ein halbes Jahr alt geworden, arbeitete er die erste Wundfährte eines Bockes. Nur dreißig Meter war sie lang, und er folgte ihr bereits mit der Passion eines routinierten Schweißhundes, beglückt, daß an ihrem Ende die begehrte Beute lag. Herrchen dagegen machte ein dummes Gesicht, denn was er vor sich sah, war ein dreijähriger, gut veranlagter Bock, den er besser verschont hätte.

Über einen Kilometer vom Anschuß entfernt hatte seit fünf Jahren ein schwarzer Bock seinen Einstand am alten Wildacker. Als Kitz hatte ich ihn dort zum erstenmal gesehen und ihn bewußt geschont. Ich wollte wissen, wie er sich entwickeln würde. So schwierig es ist, einen schwarzen Bock im Sommer auf sein Alter hin anzusprechen, von ihm wußte ich, wann er gesetzt worden war.

An diesem Septemberabend tauchte er in der Dämmerung überraschend an der Drelle auf und wurde von dem hier residierenden Bock in jähem Ausfall vertrieben. Natürlich mußte dieser älter sein, dachte ich und streckte ihn. Leider war er nur drei Jahre alt. Also war auch ein jüngerer Bock durchaus imstande, sein Territorium gegen einen älteren Eindringling erfolgreich zu verteidigen. Ich hätte es mir sagen können, fühlt sich doch selbst ein Schäferhund auf fremdem Grundstück einem Teckel gegenüber unsicher, wenn nicht gar unterlegen. Ein roter Punkt auf der Trophäenschau und die Erkenntnis, unüberlegt geschossen zu haben, blieben das Fazit dieses Abends. Den schwarzen Bock aber sah ich nie wieder. So hatte allein Raudel seine Freude an dem dreijährigen gehabt.

Im November und Dezember hatte ich vergeblich auf Rotwild gepürscht. Lief heute der Sturm über die Heide, so hüllte sich morgen der Wald in ein dichtes Nebelkleid. Also raunzte ich am Ofen oder saß am Schreibtisch und ließ die gelinden Vorwürfe unseres neuen Forstamtsleiters über mich ergehen, den Rotwildabschuß erst zur Hälfte erfüllt zu haben. Zum Jahresende hielt endlich der Winter seinen Einzug. Am 3. Januar pürschte ich morgens bei herrlichem Schnee durch den Espenloh in der Hoffnung, das Wild noch auf den Läufen zu sehen. Meinen Raudel hatte ich zu Hause gelassen, für eine lautlose Pürsch eignete sich der Kleine noch nicht.

Geruhsam am Rand eines Fichtenaltholzes entlangbummelnd, sah ich vor mir ein stärkeres Rudel Rotwild in den dichten Urwald ziehen. Auf achtzig Gänge trug ich einem Kalb die Kugel an. Auf den Schuß hin flüchtete das Rudel verwirrt in das Altholz zurück. Ein Schmaltier verhoffte halblinks von mir, etwa siebzig Gänge entfernt. Es brach im Feuer verendet zusammen. Und wieder wußte das Wild nicht, was ihm geschah. Auf reichlich 150 Meter verhoffte es abermals. Ein weiteres Kalb stand frei, die dritte Kugel verließ den Lauf, das Kalb zeichnete und entzog sich flüchtend meinem Blick. Das alles geschah in weniger als drei Minuten.

Das erste Kalb hatte sich unweit vom Anschuß niedergetan. Ein Fangschuß beendete sein Leiden. Das Schmaltier war mit gutem Kammerschuß verendet. Das zuletzt beschossene Kalb fand ich, ebenfalls verendet, etwa hundert Meter vom Anschuß. Der weiße Leithund hatte mir die Suche erleichtert. Nachdem ich im August bereits zwei Schmaltiere erlegt hatte, war damit der Abschuß für dieses Jahr erfüllt, der Forstamtsleiter konnte zufrieden sein.

Bevor ich das Wild versorgte, kehrte ich nach Hause zurück, um unseren Bauern zu bitten, es zum Forsthaus zu schaffen. Außerdem wollte ich meinen Raudel holen, damit er die im Schnee deutlichen Wundfährten arbeite. Auch Frauchen begleitete mich, und wir beide hatten unsere Freude an der Passion, mit der Raudel im Schnee den roten Fährten folgte. Am Ende lief er aufgeregt im Bestand umher, wohl in der Annahme, der ganze Wald müsse voller Wild liegen, das es nur noch aufzufinden galt.

Als der Landwirt mit dem Trecker kam, hatte ich eben das letzte Stück versorgt. Es hatte etwas länger als üblich gedauert, war doch wieder einmal mein Jagdmesser stumpf geworden. Etliche Jahre später passierte mir das nicht mehr; inzwischen war ich auf den Gedanken gekommen, zum Schärfen stets eine jener Diamantfeilen im Auto mit mir zu führen, wie sie in den Drogerien für die Nagelpflege verkauft werden. Mit einer solchen Feile kann man selbst den härtesten Stahl in wenigen Minuten schärfen.

Es war nicht das erste Mal, daß ich aus einem Rudel Rotwild drei Stücke herausgeschossen hatte. Als junger Revierjäger hatte ich einmal Ende Januar vom Forstmeister den Auftrag bekommen, ein Stück Rotwild zu schießen, das für seine Speisekammer mit einem Hausschwein zu Mettwurst verarbeitet werden sollte. Eine wie gute Wurst das ergab, wußte ich aus meinem Elternhaus. Drei Tage pürschte ich vergeblich. Am ersten regnete es Bindfäden, am zweiten hielt ein kalter Nordostwind das Wild in den Dickungen zurück, am dritten hatten zwei Hunde das Revier leergefegt. Schließlich vereinbarte ich mit zwei Kollegen, uns am nächsten Morgen eine Dickung von einem Waldarbeiter durchdrücken zu lassen.

Das Wetter war günstig. Bei leichter Schneedecke und wolkenlos blauem Himmel rührte kein Wind die Kiefernkronen. Meine beiden Kollegen suchten die Längsseiten der von Altholz begrenzten Dickung auf, ich fand einen vielversprechenden Stand an ihrer Stirnseite. Zehn Minuten später knallte es links von mir, und ich fragte mich, ob das vom Forstmeister gewünschte Stück nun erlegt sei oder nicht. Dann knallte es auch rechts – und ich war nicht schlauer als zuvor. Indem preschte ein starkes Rudel rechts von mir aus der Dickung; zwölf, dreizehn Stücke zählte ich, bevor ich auf das vorletzte schoß. Zusammen mit dem Rudel verschwand es hinter einer flachen Kuppe, und ich wußte wieder nicht, ob nun endlich das für die Mettwurst bestimmte Stück erlegt war. Zu dumm, daß wir nicht vorher vereinbart hatten, uns durch Zuruf darüber zu verständigen!

Automatisch lud ich den Drilling nach und schoß, als das Rudel rechts von der Kuppe wieder auftauchte, auf ein Kalb. Durch den Schuß verwirrt, drängte sich das Rudel zusammen und spritze dann plötzlich auseinander. Fünf, sechs Stücke überfielen hinter mir auf knapp hundert Gänge ein breites Gestell. Endlich, mit dem dritten Schuß, verzeichnete ich einen klaren Erfolg, ein Schmaltier blieb regungslos im Altholz liegen.

Drei Schüsse in kaum mehr als zwei Minuten! Das Ergebnis? Die Frage beunruhigte mich, und aller Passion zuwider wünschte ich, mit den beiden ersten Kugeln gefehlt zu haben. Um es kurz zu machen: Die erste Kugel hatte hinter der Kuppe ein uraltes Stück verenden, die zweite das Kalb inmitten des Rudels zusammenbrechen lassen, der Erfolg des dritten Schusses lag in Gestalt des Schmaltieres deutlich sichtbar hinter mir im Altholz. Nicht genug damit – auch meine Kollegen hatten je ein Stück erlegt. Statt eines lagen nunmehr fünf Stücke auf der Strecke!

Der Forstmeister? Nun, auch er konnte sie nicht wieder ins Leben zurückrufen. Wenn auch verärgert, zeigte er am Ende doch Verständnis. Im übrigen wies unsere mecklenburgische Wildbahn mehr als genug Rotwild auf.

Einige Jahre später schoß ich in Mecklenburg nochmals drei Stücke Rotwild aus einem Rudel heraus, diesmal in einer recht verfänglichen Situation. Es war Treibjagd in meinem Revier. Gegen Mittag stand ich am Rand eines Buchenaltholzes und blickte erwartungsvoll auf das vor mir liegende Treiben, eine enge, von Fichten umsäumte Kieferndickung. Nach rechts hin hatte ich freies Schußfeld, links von mir stand der meinem Revier benachbarte Gutsbesitzer.

Auch er blickte aufmerksam ins Treiben. Doch es tat sich nichts. Kein Waldarbeiter war zu hören, kein Brechen unter den Schalen flüchtenden Wildes. Einzig ein Trupp Schwanzmeisen huschte fliegenden Bratpfannen gleich behende von einer Buche zur anderen. Ob ich es wagen konnte, meinen Stand zu verlassen? Unruhig blickte ich um mich. Nein, das Altholz bot mir keine Deckung, und ins Treiben, in die dichte Kieferndickung konnte ich erst recht nicht gehen, um . . .

Es wühlte mir im Gedärm. Gewiß war das Bier daran schuld, das ich am Abend zuvor zu kalt und zu hastig in mich hineingeschüttet hatte. Unruhig trat ich von einem Fuß auf den anderen, wollte das Treiben abwarten und wußte doch, daß ich es bis dahin nicht aushalten würde.

„Gottsverdorri, nu geiht warraftig nich miehr!“ Den Doppelbüchsdrilling und einige Patronen griffbereit abgelegt, hockte ich mich hinter die nächstbeste Buche und fühlte mich sogleich erleichtert. Ausgerechnet in dieser Situation verließ ein acht Kopf starkes Rudel das Treiben, kreuzte zwischen meinem Nachbarn und mir das Altholz und bog unter Wind nach links hin zum Birkenbruch ab. Noch aus der Hocke faßte ich auf knapp sechzig Schritt ein Schmaltier, dann ein Kalb und als drittes Stück, nachdem ich mit fliegenden Händen nachgeladen hatte, nochmals ein Schmaltier. Sie alle brachen in Sichtweite zusammen. Kein Stück bedurfte mehr eines Fangschusses.

Als Raudel ins dritte Feld ging, hatte er bereits ein Dutzend Nachsuchen mit gutem Erfolg hinter sich gebracht. Wenige davon führten über mehr als hundert Meter, doch ließen sie ihn von Mal zu Mal auf der roten Fährte sicherer werden. Eine erste wirklich schwierige Nachsuche lieferte mir ein Gast Dr. Boettgers im verpachteten Revierteil. Sie galt einem Frischling, dem die Kugel das Brustbein angerissen hatte. Auf den Läufen noch völlig gesund, hatte der Frischling bereits drei Dickungen hinter sich gelassen, bevor er sich in einer vierten steckte.

Während draußen im raumen Kiefernaltholz die Schützen warteten, hing ich in der dunklen Dickung dem angebleiten Stück nach, das die schützenden Fichten nicht verlassen wollte. Schließlich wurde es mir zu bunt, ich schnallte den Kleinen. Mit hellem Keif hetzte er den Frischling wohl eine Viertelstunde, bis es ihm endlich gelang, ihn aus der Dikkung ins Altholz und Dr. Boettger geradenwegs vor die Büchse zu bringen. Im Schuß roulierte der Kujel vor einigen kniehohen Anflugfichten. Dr. Boettger erzählte mir hernach lachend, daß Raudel in wilder Hetze der Wundfährte gefolgt und sich überschlagend über den bereits verendeten Frischling gestolpert sei.

Hatte ich bei Schnee eine Rotte Sauen fest und lohnte es nicht, mit großem Aufgebot zu jagen, ging ich mit Raudel ihre Fährten aus. Das ersparte uns die Kosten für die Treiber und bot den Schützen nicht weniger gute Chancen als aufwendige Drückjagden. Erst unmittelbar vor der Rotte schnallte ich den Kleinen, wobei es ihm nicht selten gelang, die Rotte zu sprengen und die Stücke einzeln vor die Schützen zu bringen. So auch im Januar nahe der Sternkanzel. An diesem Tag begleitete mich die Frau des Kollegen Großgebauer, eines ungewöhnlich sicheren Kugelschützen. Kaum hatte ich Raudel geschnallt, fielen am

Rand der Dickung auch schon etliche Schüsse. Heftiger Standlaut mehrerer Hunde ließ uns an die Siedenholzbahn eilen, wo ein Gast einen Überläufer angebleit hatte.

Dreißig Gänge hinter seinem Stand hatte er sich unter einer tiefbeasteten Fichte eingeschoben und wehrte die ihn heftig bedrängende Meute ab. Ohne die Hunde zu gefährden, war es mir nicht möglich, der Sau den Fangschuß anzutragen. Also ging ich sie mit der blanken Waffe an. Mehrmals fiel der Überläufer gegen mich aus, am Ende aber gelang es mir, ihm den Nicker ins Herz zu stoßen. Die Frau des Kollegen hatte dem Geschehen mit einiger Sorge zugesehen. Damit ich nicht nochmals in eine ähnlich gefährliche Situation geriet, ließen Großgebauers für mich aus einer Pflugschar eine zünftige Saufeder schmieden, die sie mir anläßlich meines vierzigjährigen Dienstjubiläums überreichten. Noch heute schmückt sie mein Jagdzimmer als Erinnerung an einen herrlichen Jagdtag.

Eines Tages suchte ich einen, wie sich hernach herausstellte, nur leicht gekrellten Überläufer nach. Die Suche führte uns in der Gluthitze eines späten Augusttages in ein Fichtenstangenholz. Plötzlich verhielt Raudel, und schon hörte ich das mir aus vielen Begegnungen bekannte warnende Zischen einer Kreuzotter. Um den Hund nicht zu gefährden, hielt ich ihn am kurzen Riemen zurück. Die Fichten waren bis zur Erde hin beastet, und ich konnte nicht ausmachen, wo sich die Schlange befand. Doch sowie ich mich bewegte, zischte sie, bis ich sie endlich in Augenhöhe unmittelbar vor mir entdeckte. Vom Sonnenschein verlockt, hatte sie sich in den Ästen emporgeschlängelt. Im grünen Dämmer der Fichten war sie ein Bild magischer Zauberkraft und auch märchenhafter Anmut.

Wenn ich mir ihrer Gefährlichkeit auch stets bewußt war, habe ich doch nie einer Kreuzotter etwas zuleide getan.

Noch immer hat sie mich beizeiten gewarnt, ihr zu nahe zu kommen. Selbst aus dem Schlaf würde mich ihr Zischen wecken. Wer ihr Warnen jedoch mißachtet, soll sich nicht wundern, wenn sie mit ihren Giftzähnen zuschlägt.

Als Junge verlor ich einen Schulfreund durch den Biß einer Kreuzotter. Es war ein fast schwarzes Exemplar, eine Moor- oder Höllennatter, wie wir sie in meiner Heimat nannten. Er hatte sie am frühen Morgen gefunden, als sie noch steif und träge war, und sie in der Tasche mit nach Hause genommen. Im warmen Zimmer dann hatte er sie sich um den Hals gelegt, um vor seiner Schwester damit anzugeben. Ein Biß in die Halsschlagader führte zu seinem qualvollen Tod.

Im Nachbarrevier wurde ein junger Forstanwärter, leichtfertig nur mit Halbschuhen bekleidet, während der Kulturzeit von einer Kreuzotter gebissen. Er hatte den Biß nicht bemerkt und geglaubt, gegen einen spitzen Ast gestoßen zu sein. Bis der Fuß anschwoll und eine erfahrene Kulturfrau ihn aufforderte, Schuh und Strumpf auszuziehen. Die von zwei Zähnen herrührende Bißwunde bestätigte ihren Verdacht, und der Junge wurde auf kürzestem Weg ins Krankenhaus geschafft, wo er nach schweren Kreislaufstörungen nach wenigen Wochen genas.

Fünf Jahre war Raudel alt, als es auch ihn erwischte. Es war ein brütendheißer Sommertag, als ich mich am späten Vormittag mit dem Forstamtsleiter in der Nähe der Teiche befand. Raudel stöberte abseits im kniehohen Gras. Als er zu mir zurückkehrte und mich mehrmals ansprang, schenkte ich dem noch keine Aufmerksamkeit, wenngleich es mir merkwürdig erschien, daß er sich weigerte, mir durch das angrenzende, mit Beer- und Heidekraut bestockte Bruch zu folgen. Da ich den Oberforstmeister nicht warten lassen wollte, nahm ich den Hund auf den Arm. Wenig später sah ich, daß sein Fang stark geschwollen war. Auch dem Oberforstmeister fiel das verstörte Benehmen des Hundes auf.

„Was mag der Kleine nur haben?“

„Ich fürchte, er wurde von einer Kreuzotter gebissen.“

„Vielleicht ist es nur ein Wespenstich?“

„Wissen Sie es? Nein, ich muß mit dem Hund sofort zum Tierarzt.“

„Selbstverständlich, Herr Gendrich! Kümmern Sie sich jetzt nicht um mich. Der Hund geht vor!“

„Herzlichen Dank!“

Im Laufschritt hastete ich zum Forsthaus zurück. Elf Uhr war es, als ich dort meine Frau aus ihrer häuslichen Arbeit aufschreckte.

„Mein Gott, unser Raudelchen! Du mußt sofort den Tierarzt anrufen.“

„Der ist im Urlaub. Nein, wir müssen zu einem anderen fahren.“

Drei Minuten später saßen wir im Wagen. Apathisch lag Raudel auf Frauchens Schoß. Sein Kopf war noch stärker als zuvor geschwollen, das rechte Auge fast geschlossen, sein Atem ein stöhnendes Hecheln. Gegen halb zwölf waren wir beim Tierarzt.

„Nein“, meinte er, „ich glaube nicht, daß es sich um den Biß einer Kreuzotter handelt. Im Schwellungsbereich ist keine Bißwunde zu erkennen. Wann soll der Hund gebissen worden sein? – Vor einer Stunde? – Dann ist es gewiß keine Schlange gewesen. Ein Wespenstich, weiter nichts! Ich gebe Ihnen eine Emulsion mit. Sie wird die Schwellung bald abklingen lassen. Im übrigen kühlen Sie den Fang mit kaltem Wasser.“

Uns fiel ein Stein vom Herzen. Beglückt fuhren wir zum Forsthaus zurück. Dennoch – der Hund gefiel mir nicht. Sollte ihn wirklich ein lächerlicher Wespenstich so sehr mitgenommen haben? Nun, der Arzt mußte es wissen. Vielleicht rührte der Stich auch von einer Hornisse her.

Zu Hause betteten wir unseren kleinen Patienten in sein Körbchen. Frauchen legte ihm liebevoll ein weißes, mit kaltem Wasser getränktes Taschentuch auf den Kopf, während ich am Schreibtisch die Lohnlisten für die Waldarbeiter fertigstellte. Eine Viertelstunde mochte vergangen sein, als ich mich unserem Rauhbautz zuwandte, um die Kompresse erneut mit kaltem Wasser zu tränken. Doch – mein Gott! – was sah ich denn da!? Zwei rote, zwei blutrote Punkte hoben sich deutlich von dem weißen Tuch ab.

„Frauchen! Wo steckst du denn? Sieh dir das an: Raudel wurde von einer Kreuzotter gebissen! Verdammt, das hätte der Tierarzt doch erkennen müssen!"

„Ruf ihn sofort an!"

Das Telefon war besetzt. Endlich, nach drei weiteren Versuchen, meldete sich der Arzt.

„Herr Doktor, mein Hund! Sie haben sich geirrt, er wurde doch von einer Kreuzotter gebissen. – Nein! – Es sieht übel, sehr übel aus. Ja, zwei rote Punkte im Taschentuch, da gibt es keinerlei Zweifel. – Wie bitte? – Sie haben kein Schlangenserum? – Wann? – Sie rufen wieder an? – Gut! Ich bleibe am Apparat."

Fünf Minuten später schrillte die Glocke.

„Was? – Ja, gibt es denn das?! – Der Apotheker will das Serum erst nach der Mittagspause herausgeben? – Gegen drei Uhr? – Dem Mann sollte man die Zulassung nehmen! – Nein, ich denke nicht daran, nochmals zu Ihnen zu kommen, Herr Doktor! In zehn Minuten habe ich das Serum, worauf Sie Gift nehmen können."

Kaum hatte ich das Gespräch mit dem Tierarzt beendet, rief ich unseren Hausarzt an:

„Wolfgang, du hast doch Schlangenserum im Haus? – Natürlich! – Ob sie mich gebissen haben? – Nee, aber meinen Hund, vor bald zwei Stunden. – Tierarzt? – Ist nicht! – Danke! – Nein, selbstverständlich nicht in der Praxis."

Als wir zehn Minuten später vor seinem Haus eintrafen, kam uns Wolfgang bereits entgegen:

„Entschuldigt, ich muß sofort ins Nachbardorf fahren! Eine herzkranke Frau, Entbindung! Natürlich geht das vor. Geht zu meiner Frau! Ich komme zurück, sobald es mir möglich ist."

Herrgott, hatte sich denn alles gegen unseren Raudel verschworen?! Fand ich denn nirgends Hilfe für den kleinen Kerl? Was sollte, was konnte ich denn nun noch für ihn tun? Nach Hannover zur Tierärztlichen Hochschule fahren?

„Nein, Frauchen, sieh dir den Kleinen doch an, bevor wir in Hannover sind, ist es vielleicht zu spät. Nun ist auch sein Hals dick angeschwollen."

Ungeduldig warteten wir auf Wolfgang. Seine liebenswürdige Frau, selbst Ärztin, wagte es nicht, den Hund mit Schlangenserum zu behandeln. Welche Dosis sollte sie einem Teckel auch geben, und war es dafür nicht doch schon zu spät?

Früher als erwartet, kam Wolfgang zurück. Doch nun war auch er skeptisch; fast drei Stunden waren seit dem Biß vergangen.

„Es ist besser, Ihr fahrt sofort nach Celle zum Tierarzt. Ich werde Euch dort anmelden. Nimm das Serum mit! Vielleicht geht doch noch alles gut."

Knapp dreißig Minuten später waren wir in der Praxis des Tierarztes. Das Wartezimmer war voller Patienten, Katzen, Hunde, Hühner und Kanarienvögel warteten auf ihre Behandlung. Das Stichwort „Kreuzotter" öffnete mir den Praxisraum, kein Herrchen, kein Frauchen, das nicht bereitwillig zurücktrat. Der Tierarzt? Auch er lehnte es ab, dem Hund jetzt noch Serum zu verabreichen. Zwar sei sein Herz noch stark und arbeite auch die Lunge noch zufriedenstellend, doch alles, was er noch tun könne, sei, dem Hund eine Traubenzuckerlösung und ein Antischockmittel zu verabreichen, um die natürlichen Abwehrkräfte zu mobilisieren. Im übrigen solle ich auf die Schwellung heißen Kartoffelbrei legen. Sollte das dem Hund unangenehm sein, müßte ich ihn statt dessen mit kalten Kompressen behandeln.

Keineswegs beruhigt fuhren wir nach Hause, wo Raudel mit bebenden Flanken und angstweiten Augen alles über sich ergehen ließ, was wir ihm nach Weisung des Arztes antaten. Bald aber wußten wir nicht mehr, ob ihm heiße oder kalte Packungen größere Erleichterung verschafften. Am Abend ließ das vom Gift herrührende Ödem den Brustkorb stark anschwellen, und die Haut nahm im Bereich der Schwellung eine fast dunkelblaue Farbe an. In der Nacht trat heftiger Durchfall ein. Mühsam kroch der liebe Kerl aus seinem Körbchen, doch schon nach wenigen torkelnden Schritten brach er in seinem Unrat zusammen. Wieder und wieder säuberte ihn Frauchen, die Nacht schien kein Ende zu nehmen, die Qual des Hundes schnürte uns das Herz ab.

Auch der nächste Tag brachte keine Besserung. Im Gegenteil, Raudel war so schwach geworden, daß er sein Lager nicht mehr verlassen konnte. Der Durchfall hielt nach wie vor an, aus der Nase floß wäßriger Schleim, die Augen waren trübe geworden. Am Abend gab ich die Hoffnung auf, meinen geliebten Hundemann je wieder gesund im Revier zu sehen. Als ich es behutsam meiner Frau andeutete, wehrte sie sich verzweifelt gegen diesen Gedanken. Ohne Schlaf verbrachte sie die Nacht an seinem Körbchen, bis auch sie am nächsten Morgen verzweifelt die Hände in den Schoß legte.

Seit drei Tagen hatten wir eine Enttäuschung nach der anderen erlebt, hatten alles, was möglich war, unternommen – und nichts erreicht. Wäre ich doch sofort mit dem Kleinen in die Tierärztliche Hochschule Hannover gefahren! Hätte ich mich doch in meiner Sorge, Zeit zu versäumen, nicht an die Landtierärzte gewandt, die wohl mit Pferden und Ochsen, nicht aber mit Kleintieren umzugehen wußten! Ungerecht? Gewiß, ich war es, aber . . . Aber, warum sollte ich nicht jetzt noch nach Hannover fahren? Ob Raudel hier im Forsthaus oder auf der Fahrt nach Hannover starb – was machte es schon aus!

„Frauchen, wir fahren mit Raudel sofort zur Tierärztlichen Hochschule. Es gibt keine andere Möglichkeit mehr, mag es auch ausgehen, wie es will."

Zwei Stunden später ließ ich mich in Hannover beim Leiter der Kleintier-Abteilung anmelden. Als ich, Raudel auf dem Arm, das Ordinationszimmer betrat, fragte der junge Professor nach kurzer Begrüßung:

„Warum sind Sie nicht früher gekommen? Wann wurde Ihr Hund von der Kreuzotter gebissen?"

„Sie wissen . . .? Herr Professor, ich – mein Hund . . ."

„Schon gut! Beruhigen Sie sich! Bei mir sind Sie an die richtige Adresse gekommen."

„Ich weiß nicht. Nachdem ich bereits drei Ärzte vergeblich aufsuchte . . ."

„Herr Gendrich, vor einigen Monaten kam ich aus Südamerika zurück, wo ich mehr Schlangenbisse behandelte, als mir in Deutschland je unterkommen werden. Und glauben Sie mir, unsere heimische Kreuzotter ist ein harmloses Reptil im Vergleich zu den südamerikanischen Giftschlangen. Immerhin – mit Ihrem Teckel sieht es übel aus, aber . . ."

„Aber? – Haben Sie denn noch Hoffnung, ihn durchzubringen? Ich fürchtete bereits, ihn nicht mehr lebend nach Hannover zu bringen."

„Natürlich habe ich noch Hoffnung. Wenn das Blutbild günstig ist! Doch das werden wir sogleich im Labor feststellen lassen."

Auf einmal wurde ich ruhig. Vor mir stand ein Arzt, der wußte, was er konnte und was zu tun erforderlich war. Während ich ihm von unseren verzweifelten Bemühungen, von all den Enttäuschungen der letzten Tage berichtete, untersuchte er den kleinen Patienten: das Herz, die Lunge, das Blut. Sollte das Blutbild schlecht sein, müßte er eine Transfusion vornehmen. Blutgruppe? – Gewiß, auch Hunde hätten verschiedene Blutgruppen, wenn auch weniger ausgeprägt als beim Menschen. – Die sich bis über die Brust erstreckende Schwellung? – Der Körper schied sehr viel Flüssigkeit aus, die sich nun als Ödem unter dem Fell staue. Doch ließe sich die fehlende Körperflüssigkeit durch eine entsprechende Menge Kochsalzlösung ersetzen. Fünfzig Kubikzentimeter würden vorerst genügen. Dazu Traubenzucker und Stärkungsmittel für Herz und Kreislauf. Weitere Kochsalzlösung könnte ich ihm dann zu Hause einflößen. – Apathisch ließ Raudel die Untersuchung über sich ergehen.

Eine Viertelstunde später kam vom Labor das Untersuchungsergebnis: das Blutbild war so gut, daß eine Transfusion nicht erforderlich war. Der Durchfall, meinte der Professor, würde zwar noch einige Tage anhalten, solange aber weder aus der Nase noch einer sonstigen Körperöffnung eine rötliche Flüssigkeit austräte, bestünde keine Gefahr. Sollte das aber der Fall sein, müßte ich ihm den Hund sofort wieder vorstellen.

„Heute ist Sonnabend. Wenn nun morgen . . ."

„Ich stehe Ihnen auch am Sonntag zur Verfügung, glaube aber nicht, daß das erforderlich sein wird. Die Kochsalzlösung wird ihre Wirkung tun. Ich schreibe Ihnen noch ein Rezept über zwei Medikamente auf, die Sie dem Hund zusätzlich zur Kochsalzlösung pünktlich eingeben müssen. Rufen Sie mich bitte am Montag an! Falls wider Erwarten am Sonntag eine Verschlechterung eintreten sollte – meine Nummer finden Sie im Fernsprechverzeichnis."

Bereits auf dem Heimweg hatten wir den Eindruck, daß Raudel lebhafter wurde. Am Sonntag früh – wir glaubten unseren Augen nicht zu trauen – war das Ödem nahezu völlig abgeklungen. So schwach der kleine Mann auch noch war, er blickte doch wieder munter in die Welt. Nur der Durchfall hielt noch an, und das auch noch am Montag. Als ich dem Professor darüber berichtete, wies er mich an, dem Hund heute nur drei Teelöffel geriebenen Apfel, morgen, am Dienstag, drei Eßlöffel Flüssigkeit von ausgepreßtem, zwanzig Minuten lang gekochtem Reis, am dritten Tag dann mehrmals kleine Brocken gekochtes, mageres Rindfleisch zu geben.

Bereits am Dienstag war der Durchfall behoben, und unseren geliebten Dackelmann plagte ein entsetzlicher Heißhunger. Auf wackelnden Läufen schleppte er sich an die Tür zur Speisekammer, wo er weinend um einen Bissen bettelte. Als wir hart blieben, kroch er zum Eßzimmerschrank, in dem er die begehrten Kekse wußte, und von dort an den Kühlschrank. Bis uns sein Winseln das Herz erweichte und wir ihm bereits am zweiten Tag Rindfleisch und zusätzlich geröstetes Weißbrot gaben, das er beides gierig verschlang. Gottlob bekam es ihm gut, und schon am dritten Tag konnten wir ihn wieder normal füttern.

Auch die Blaufärbung der Haut verlor sich – und mit ihr sämtliche Haare, soweit das Ödem seinen Körper aufgetrieben hatte. Nur ein dünner Bart noch gab ihm den melancholisch-heiteren Anblick eines Chinesen. Nach einigen Wochen war auch dieser Zustand überwunden. Das Haar wuchs nach, und Raudel war endlich wieder im Besitz seiner vollen Gesundheit und seiner alten übermütigen Lebensfreude.

Im Jahr darauf bereitete er uns abermals Kummer. Eine leichte Lungenentzündung ließ ihn hartnäckig husten. Ein im Nachbardorf praktizierender Tierarzt gab ihm eine Penicillinspritze. Auf dem Heimweg zum Forsthaus, etwa eine halbe Stunde nach Verabreichung der Spritze, spielte er im Auto verrückt. Offensichtlich in panischer Angst ging er während der Fahrt an den Wänden hoch und versuchte mit allen Mitteln auf meinen Schoß zu gelangen. Nur mühsam konnte ich ihn mit der Rechten abwehren und mit der Linken den Wagen steuern. Kein Zweifel – Raudel hatte einen Penicillinschock bekommen. Hätte ich nicht gewußt, daß der Tierarzt inzwischen über Land gefahren war, ich wäre sofort zu ihm zurückgekehrt Zu Hause angekommen, rief ich einen befreundeten aber weit entfernt wohnenden Tierarzt an und schilderte ihm die Symptome.

„Was soll ich tun, Hans?“

„Du hast doch Fensterläden an deinem Forsthaus. Verdunkle ein Zimmer, leg den Hund in seinen Korb, setz dich daneben und zünde dir eine Zigarette an!“

„Und wozu soll das gut sein?“

„Damit du dich beruhigst.“

„Und der Hund?“

„Ach so! Natürlich, dem legst du einen nassen, kalten Lappen auf den Kopf. Du wirst sehen, in weniger als zehn Minuten werdet ihr beide euch beruhigt haben.“

„Und das ist alles?“

„Du wirst ja sehen! Grüß mir die Dorle! Tschüß, Goede!“

In der Tat dauerte es keine Viertelstunde, bis Raudel sich erholt hatte. Auch das Penicillin hatte trotz des Schocks seine Wirkung nicht verfehlt, die Lungenentzündung klang ab und der Husten hörte innerhalb weniger Tage auf.

Es war nicht der einzige Rat, den ich von meinem Freund geholt habe. Als uns eines Tages unser Hausarzt mit seinem Langhaarteckel besuchte, fiel Raudel über den Rivalen her und biß ihm so kräftig in die Schwanzwurzel, daß zwei klaffende Wunden zurückblieben. So peinlich mir das auch war, glaubte ich doch, die Verletzungen würden bald ausheilen. Leider war das nicht der Fall. Der Rüde konnte zwar die Wunden nicht mit dem Fang erreichen, zernagte sich aber dafür hartnäckig die Rute unterhalb der verletzten Schwanzwurzel. Trotz intensiver Behandlung, ließ er nicht davon ab, die Rute weiterhin mit den Zähnen zu malträtieren. Da halfen weder Salben noch Verbände. Schließlich rief ich Hans wieder an.

„Nichts einfacher als das!“ antwortete er. „Sag deinem Arzt, er soll sich aus der Drogerie Buchenteer besorgen, den Teer auf die Wunde und die benagte Rute auftragen und mit einem Verband überdecken.“

Mein Hausarzt war skeptisch, schließlich zählt Buchenteer nicht gerade zu den Medikamenten, die Humanmediziner zu verordnen pflegen. Als er dann doch die Rute mit Buchenteer behandelte, stellte sich nach wenigen Tagen der Erfolg dieses Hausmittels ein.

Daß Raudel eine gute Nase hatte, war mir längst aufgegangen. Daß er sie mir nicht nur auf der Wundfährte zu beweisen vermochte, zeigte er mir eines Morgens, als er mich hinter den Teichen in die angrenzende Dickung zog. Da auf dem sandigen Weg keinerlei Fährten zu sehen waren, glaubte ich, in der Dickung stehe Wild, dessen Wittrung ihn verleitete. Laß doch den Blödsinn, dachte ich und folgte ihm doch willig, als er partout nicht nachgeben wollte. Kaum waren wir in die Dickung eingedrungen, verwies er mir einen frischen Rotwildlauf, der sauber im Kniegelenk abgetrennt worden war. Wenig später brachte er mich an die restlichen drei Läufe eines zweifellos gewilderten Stückes. „Verdammte Schweinerei", fluchte ich, „seit Jahren hast du dein Revier saubergehalten, und nun mußt du so etwas erleben!"

Den halben Vormittag über suchte ich die Umgebung mit dem Hund ab, doch deutete nirgends etwas darauf hin, daß hier ein Stück Rotwild erlegt und versorgt worden war. Mehrere Tage setzte ich mich morgens und abends an, ohne Erfolg. Bis sich durch Zufall herausstellte, daß ein Wildhändler mit seinem Kombiwagen ein Alttier geholt und diesem unterwegs die sperrigen Läufe abgetrennt und sie in die Dickung geworfen hatte. Natürlich hielt ich ob dieses obskuren Verhaltens mit meiner Meinung dem Wildhändler gegenüber nicht zurück.

1965, am 13. Juli, brachte mich Raudel im Espenloh an einen verendeten Frischling. Im August und September fanden wir dort drei weitere, bereits anbrüchige Frischlinge. Auch im Forstort Lohe stießen wir auf verendete Sauen. Sie alle waren ausnahmslos der Schweinepest zum

Opfer gefallen. Auffallend war, daß die Stücke zumeist in älteren, lichten Beständen oder unmittelbar an einem Weg verendet waren.
Auf Anweisung des Forstamtes ließ ich einen der Frischlinge vom Kreisveterinärarzt untersuchen. Da ich den Frischling bereits von Waldarbeitern hatte beiroden lassen, mußte er wieder ausgebuddelt und als übelriechender Kadaver weitertransportiert werden. Dem Veterinärarzt schien es jedoch nichts auszumachen, sich eingehend mit dem anbrüchigen Stück zu beschäftigen. Nicht einmal Gummihandschuhe zog er sich für die ekelhafte Prozedur an. Neben anderen Symptomen, die den Verdacht auf Schweinepest bestätigten, zeigte er mir die besonders für jüngere Stücke typische Veränderung des Herzens. Nachdem er den Herzbeutel aufgeschnitten hatte, konnte auch ich erkennen, daß die sonst glatten Herzmuskeln an der Oberfläche körnig perforiert waren. Die durch einen Virus hervorgerufene Schweinepest, so erläuterte mir der Arzt, habe zu einer Herzbeutelentzündung mit hohem Fieber und zum Tod des Frischlings geführt. Die stark fieberhafte Erkrankung bestätige auch meine Beobachtung, daß die betroffenen Sauen vor dem Verenden die stickigen Dickungen verlassen hatten, um in lichteren Beständen und an Wegen Kühlung zu finden.
Als das Ergebnis der Untersuchung feststand, verständigte ich unsere Pächter und warnte sie, Grünfutter vom Feld in den Stall zu holen oder gar beim Ausmisten der Ställe die Schweine auf die waldnahe Weide laufen zu lassen. Wie ernst sie meine Warnung nahmen, zeigte sich, als beide Wirtschaftsbetriebe wenig später ihre von der Pest infizierten Schweinebestände abschlachten und die Ställe desinfizieren lassen mußten. Zwar wurde ihnen der Schaden zu 80 Prozent ersetzt, den Rest aber und die Kosten für die Aufzucht neuer Bestände mußten sie selbst tragen.

Acht Jahre später, im März 1973, führte mich Raudel abermals an zwei der Schweinepest zum Opfer gefallene Frischlinge. Wider Erwarten blieben beide Stücke bei diesem Pestgang die einzigen Verluste in meinem Revier. Wobei natürlich nicht auszuschließen war, daß nicht alle verendeten Sauen von mir gefunden wurden.

Am 5. März 1974 erregte das merkwürdige Benehmen eines Überläuferkeilers den Verdacht auf Tollwut oder Schweinepest. Auf einer zwischen Bauernhof und Wald gelegenen Weide tummelten sich die Schweine des Landwirts. Durch die Unruhe seines Borstenviehs aufgeschreckt, entdeckte er inmitten der zahmen Sauen einen wilden Überläufer. Natürlich versuchte er sofort, den ungebetenen Gast fortzujagen. Der Überläufer aber dachte nicht daran, sich von seinen zahmen Vettern zu trennen. Selbst als der Bauer, von seiner Frau unterstützt, die Schweine in den zur Weide hin offenen Stall trieb, ließ sich der Überläufer nicht abweisen; zusammen mit den zahmen Sauen gelangte er in den Stall. Erst als er hier mit Forkenstielen Prügel bezog, bequemte er sich, auf die Weide zurückzukehren. Und hier blieb er, bis der Bauer meinen Nachbarkollegen – mich hatte er leider nicht angetroffen – verständigt hatte und dieser ihn erlegte. Da er befürchtete, seine Schweine könnten von dem vielleicht kranken Überläufer infiziert worden sein, wurde der Kujel von der Gemeindeverwaltung zur Untersuchung eingesandt. Der Befund? Der Überläufer war kerngesund gewesen. Die „Krankheit", an der er gelitten hatte, war einzig von einer zahmen Sau ausgegangen, die auf die Vermehrung ihrer Schweinesippe bedacht gewesen war. Seine Liebe zu einer blonden Schweineschönheit hatte er mit dem Tod bezahlen müssen.

Am 10. Oktober 1974 wurde ich von meinem Rauhbautz in dem verpachteten Teil meines Reviers abermals auf verendete Sauen aufmerksam gemacht. Es war ein erbarmungswürdiger Anblick. Vier Frischlinge lagen, von der Pest dahingerafft und von Schmeißfliegen umschwärmt, auf engstem Raum im Kiefernaltholz. Als ich sie mir näher betrachtete, wurden zu meinem Entsetzen zwei von ihnen auf torkelnden Läufen hoch und tauchten in der angrenzenden Dickung unter. Selbst von der Pest schwer gezeichnet, hatten sie sich in ihrer Todesangst nicht von ihren bereits anbrüchigen Geschwistern trennen mögen. Leider war ich ausgerechnet an diesem Abend unbewaffnet. Mein Weg hatte mich nur ins Revier geführt, um noch einige Langholzstämme zu vermessen. Doch wußte ich einen Kollegen in der Nähe auf einem Hochsitz. Vielleicht gelang es ihm mit meiner und Raudels Hilfe, die beiden Frischlinge noch vor Einbruch der Dunkelheit zu strecken. Leider mißlang uns das. Beide Stücke waren in der dichten Dikkung noch zu beweglich, und Raudel in der bereits einsetzenden Dämmerung noch zu schnallen, ging mir gegen den Strich.

Mißmutig standen wir am Rand des Altholzes, als uns Raudel auf drei weitere Sauen aufmerksam machte. Dicht an ein stärkeres Stück gedrängt, lagen vor uns zwei ebenfalls von der Pest dahingeraffte Frischlinge.

Das Herz drehte sich uns bei diesem erschütternden Anblick um, und wir beschlossen, am nächsten Morgen den beiden noch lebenden Frischlingen nachzustellen und die verendeten Sauen beizuroden. Von den lebenden sahen wir am nächsten Tag nichts mehr. Als wir die toten unter die Erde bringen wollten, erwies sich das stärkere Stück als ein zweijähriger Keiler. Vergeblich hatten zwei der vier verendeten Frischlinge bei ihm Schutz gesucht.

Als Jäger wissen wir, wie grausam die Natur sein kann. Doch stehen wir vor so mitleiderregenden Bildern selbst ohne jegliche Schuld da?

Kurz nach Kriegsende hatte ich in einem anderen Revier einen ersten Pestgang erlebt, drei weitere dann in meinem eigenen Revier. Und immer hatte vor jedem Pestgang die Population des Schwarzwildes eine derartige Stärke erreicht, daß mit ihr die Gefahr einer Seucheninfektion besonders groß geworden war. Eine rechtzeitige Verminderung des Bestandes hätte diese Gefahr mit Sicherheit weitgehend gebannt. Zur Entschuldigung der Jäger muß jedoch gesagt werden, daß ihnen nach dem Krieg die Waffen genommen und sie nach der verheerenden Sturmkatastrophe vom November 1972 mehrere Jahre nicht in der Lage waren, die verwüsteten Wälder intensiv zu bejagen. Grundsätzlich aber bleibt eine starke Bejagung des Schwarzwildes, insbesondere der anfälligen Frischlinge, die einzige Möglichkeit, der Schweinepest wirksam zu begegnen.

Hat der Winter wenig Schnee gebracht und somit die Bejagung des Schwarzwildes erschwert, können nur noch Pürsch und Ansitz in der übrigen Zeit zur Verminderung des Bestandes beitragen. Um die Sauen mit sparsamen Mitteln anzukirren, sollte man sich der bewährten „Flaschenfütterung" bedienen.

Zu diesem Zweck legt man in der Nähe von Dickungen mit Mais gefüllte Flaschen aus. Am besten eignen sich hierfür bauchige Sektflaschen; zum einen nehmen sie eine größere Menge Mais auf, zum andern sind sie robuster als schlanke Weinflaschen, die obendrein ihren Inhalt zu leicht hergeben. Die offenen Flaschen werden flach auf den Boden gelegt. Der dabei aus dem Flaschenhals fallende Mais lockt die Sauen an, die es schnell lernen, mit dem Wurf die Flaschen vor sich her zu trudeln, um an weiteren Mais zu kommen. Diese Art der Fütterung hat den Vorteil, daß die Sauen immer nur wenig Mais aufnehmen und ihnen keine

Tauben, Eichelhäher, Eichhörnchen und Mäuse den Fraß streitig machen können.

Vom letzten Pestgang, 1974, erholte sich der Schwarzwildbestand sehr schnell. Bereits im Jagdjahr 1979/80 wurden auf Kreisebene wieder 696 Sauen erlegt, eine Strecke, die die Notwendigkeit beweist, das Schwarzwild im Hinblick auf die latente Gefahr einer bei Massenvermehrung drohenden Schweinepest stark zu bejagen. Diese Strecke beweist aber auch, wie gut das robuste Schwarzwild den voraufgegangenen harten Winter 1978/79 überstand. Leider wurde diese Strecke dem „Lüneburger Modell" wenig gerecht, einer Strecke von 381 Überläufern standen nur 263 Frischlinge gegenüber. Richtiger wäre es gewesen, dreimal soviel Frischlinge als Überläufer zu erlegen. Was nutzt die im „Lüneburger Modell" für Überläufer festgesetzte Grenze von 50 Kilogramm, wenn laufend Stücke erlegt werden, deren Gewicht nur knapp darunter liegt!

Mehr und mehr entwickelte Raudel sich vom tüchtigen Gesellen zum erfahrenen Meister der Nachsuche. Keiner der Rauhhaarteckel, die mich in mehr als fünfzig Jagdjahren begleiteten, war leichter zu führen als er. Seine Ruhe, sein trotz aller Passion gezügeltes Temperament ließen ihn gelassen der Wundfährte folgen, erst vor dem aufgemüdeten Wild riß ihn die Leidenschaft fort. Einmal, es war im verpachteten Teil meines Reviers, suchten wir einen am Abend zuvor angebleiten Bock nach. Reiner Wildbretschweiß deutete auf eine nur leichte Verletzung des Bockes hin, und am Ende der Suche gingen wir leer aus. Dennoch beeindruckte mich diese Suche mehr als viele andere, die Raudel bis dahin hinter sich gebracht hatte.

Vom Anschuß am Rand einer Wiese führte sie uns in eine Kieferndickung, in der der Bock ein schier unentwirrbares Fährtenbild hinterlassen hatte. Eine halbe Stunde folgte ich dem Hund am langen Riemen, bis mir der Schweiß aus den Poren brach und ich der dauernden Kreuz- und Quergänge müde wurde. Am Ende ließ ich Raudel in der gut überschaubaren Dickung allein arbeiten, wobei er uns in seiner bedachtsamen Folge keinen Augenblick außer Sicht geriet. Als er endlich das Fährtenlabyrinth entwirrt hatte, verwies er uns am Rand einer größeren Kulturfläche einige Tropfen Schweiß.

Auch auf der freien Fläche ließ ich ihn ohne Halsung arbeiten, konnten wir ihm doch gemächlich folgen, so langsam wie er der Fährte nachhing. Am Ende der über hundert Meter langen Kultur wurde er zusehends unsicherer. Auch wir hatten auf der Fläche keinen Schweiß mehr gefunden. Offensichtlich von einer Zaunecke beirrt, um die der Bock in wer weiß welche Richtung gezogen war, bemühte Raudel sich, bald nach links, bald nach rechts ausgreifend, die Fährte wieder aufzufinden. Plötzlich brach er die Suche ab und kehrte – wir trauten unseren Augen nicht – auf dem kürzesten Weg über die Kultur zum letzten von ihm verwiesenen Schweiß zurück, um von hier aus die Suche erneut aufzunehmen. Zweimal wiederholte sich der gleiche Vorgang, bis er sich seiner Sache sicher war; der Bock war im spitzen Winkel um die Zaunecke gezogen. Auch im angrenzenden Stangenholz griff er noch mehrmals selbständig zurück, um von sich aus die Wundfährte erneut zu arbeiten. Erst als ich die Suche für aussichtslos hielt und ihn abtrug, gab er zwangsläufig die Folge auf.

War es schon eine Freude gewesen, ihn in seiner bedächtigen Art auf der roten Fährte arbeiten zu sehen, verblüffte uns die Selbstverständlichkeit, mit der er von sich aus die Suche abbrach, um sie, weit zurückgreifend, dort wieder aufzunehmen, wo er den letzten Schweiß gefunden hatte. Seit diesem Tag ließ ich ihn, soweit das Gelände überschaubar war, ohne Schweißriemen arbeiten und halste ihn erst an, wenn ich mich kurz vor dem kranken Stück wußte. Gewiß, ich hatte Raudel während seiner Ausbildung in der mir eigenen Sturheit wieder und wieder von der Fährte abgetragen, wenn er zu faseln begann – doch war es Erfahrung, war es Intelligenz, die ihn so handeln ließ? Für mich stand fest, daß ihm sein Verstand sagte, was zu tun erforderlich war.

Da streiten sich die Gelehrten herum, ob ein Hund, ein Tier, Verstand oder gar eine Seele besitzt. Ich habe diese Frage nie begriffen. Verrät uns das Gesicht eines Hundes nicht Freude und Traurigkeit, nicht Übermut und Kummer, nicht Frohsinn und Enttäuschung? Wie kann ich daran zweifeln, daß alle diese Äußerungen Ausdruck einer Seele sind, wie unsere Seele sie nicht anders auszudrücken vermag! Und vermöchte wohl ein seelenloses Tier so ausdrucksvoll zu träumen, wie es unsere Hunde tun?

Erfahrung und Instinkt billigt man jedem Tier zu. Doch Verstand, der es befähigt zu denken, zu begreifen und logisch zu handeln?

Ein Stück Butterbrot mit Honig war für Raudel am Frühstückstisch der Inbegriff höchsten Genusses. Serviert wurden ihm die Leckerbissen auf einem Pappteller, den er bis in die äußerste Stubenecke mit seiner Zunge beförderte, wenn der Bissen mit der Honigseite auf dem Teller klebte. Ärgerlich, jedesmal den Teller an seinen Platz zurückholen zu müssen, fuhr ich Raudel eines Morgens an:

„Du Dussel, setz doch die Pfote auf den Tellerrand! Halt doch den Teller endlich einmal fest!“

Und prompt stellte Raudel eine Pfote auf den flachen Rand des Tellers. Zufall? Gewiß nicht, denn wenn er es wirklich einmal vergaß, genügte der Zuruf: „Festhalten!“, um ihn an seine Aufgabe zu erinnern. Natürlich kann man Hunden mit Geduld vieles beibringen, hier aber war es ein spontanes „Verstehen", das ihn ebenso spontan handeln ließ. Mit Erfahrung und Instinkt ließ sich seine prompte Reaktion kaum erklären.

Seinen Wassernapf hatte Raudel in der Küche. Daß er stets gefüllt war, dafür sorgte Frauchen mit großer Gewissenhaftigkeit. Nur einmal, als wir abends Gäste hatten, vergaß meine Frau den Emailnapf zu füllen. Während wir noch am Tisch beim Abendessen saßen, stieß etwas Hartes gegen ihre Füße, und als sie hinschaute, saß Raudel mit dem Napf unter dem Tisch. Der Hund hatte Durst gehabt, und da der Napf leer war, hatte er ihn von der Küche ins Eßzimmer zu Frauchen gebracht, damit es ihn fülle. Erfahrung? Instinkt? Ich denke, weder mit dem einen noch mit dem andern ist dieser Vorgang zu erklären. Es war überlegtes Handeln. Das aber setzt Verstand voraus.

Noch manch weiteres Beispiel für verständige, auf Überlegung beruhende Handlungen Raudels, wie auch meiner anderen Hunde, könnte ich anführen. Doch wozu? Wer in unseren Hunden seelenlose, einfältige Kreaturen erblickt, mag dabei bleiben. Ich jedenfalls habe sie voller Dankbarkeit und Bewunderung anders erlebt.

Dreizehn Jahre begleitete mich Raudel, in seinem letzten Lebensjahr folgte er mir nach einer langen Zeit glücklichen Jagens in den Ruhestand. Knapp zehn Monate noch blieb er uns erhalten, dann setzte sein Tod unserem gemeinsamen Weg ein bitteres Ende. Sein Herz wurde schwach, Wasser bildete sich in Bauchhöhle und Lunge. Von einem Tag auf den anderen vermochte er nur mühsam noch zu atmen. Trostlos und dunkel erschien uns der Weg zum Tierarzt, wußten wir doch, daß es sein letzter war. Immer noch mit wachen, klaren Augen um sich schauend, ließ er den geliebten Wald an sich vorübergleiten, den blonden Kopf aufgereckt, um leichter atmen zu können. Am Tag zuvor noch hatte er eine Spritze bekommen, die ihm Erleichterung verschaffen sollte. Doch hatte mir der gütige Tierarzt, selbst Jäger und Hundenarr, nur wenig Hoffnung gemacht. Nun konnte nur noch ein sanfter Tod ihn von seinem Leiden erlösen. Nie hätte ich es mir verziehen, ihn in dieser letzten Stunde allein zu lassen. Ein starkes Schlafmittel entspannte seinen gequälten Körper, der Atem wurde flacher, in tiefem Schlaf lag er auf meinem Schoß. Bis ihn eine Spritze ins Herz erlöste, sein Kopf nach einem letzten Seufzer in meine Hände sank.

Im Wacholderhain, im Herrgottswinkel meines alten Reviers, fand er an meinem Geburtstag seine letzte Ruhestätte. Im Herbst darauf, als Frauchen und ich ihn besuchten, um einen Bruch auf sein Grab zu legen, war der das Grab überschattende Wacholderbaum von einem Hirsch zur Hälfte zerschlagen. Und wir lächelten einander zu, beglückt zu wissen, daß unser Hundemann seinem Wild und seinem Wald so nahe geblieben war. Der zähe Machandel wird am Leben bleiben und mit ihm bis an unser eigenes Ende die Erinnerung an unseren geliebten Raudel.

In unserem Schmerz um seinen Verlust versprach ich meiner Frau, keinen Hund wieder anzuschaffen. Entlastet von allen dienstlichen Aufgaben, von einem Tag auf den anderen jeder Jagdmöglichkeit beraubt, hatte ich ihrem Wunsch zugestimmt, nun unabhängig von einem Hund planen und reisen zu können. Doch von Tag zu Tag erschien mir das Leben inhaltsloser. Mehr als fünfzig Jahre hatte ich einen Rauhhaarteckel an meiner Seite gesehen: den silbergrauen Satan, seinen bildschönen Sohn Bautz, die kluge Bilda und den geliebten Raudel, und vor ihnen, noch im Forsthaus meines Vaters, die schlanke Nixe und den frechen Duddel.

Nun blickten keine Hundeaugen mehr hingebungsvoll zu mir auf, tollte kein übermütiger Rauhbautz mehr mit mir durch Haus und Garten, stand die Büchse sinnlos im Schrank, und kein froher Geselle lärmte mehr fröhlich auf, wenn ich von Zeit zu Zeit versonnen nach ihr griff. Ich blies Trübsal. Bis meine Frau meinen Kummer nicht länger ertrug. „Glaubst du nicht, ein junger Teckel könnte uns überleben? Was soll dann aus ihm werden?“

Ich hatte es gewußt: Als wir im Frühjahr mitten in einem Wurf Rauhhaarteckel standen, die Welpen um ihre Füße wuselten und ich einen von ihnen, einen kräftigen Rüden, auf ihren Schoß setzte, konnte sie nicht länger widerstehen. Er wurde auf den Namen Heidjer getauft.

Um das Glück voll zu machen, griff unerwartet das Schicksal in Gestalt des Landrats und Forstwirts Hubertus Bühmann ein. Fünfundzwanzig Jahre waren wir gute Nachbarn gewesen, jetzt teilte er mir an der Grenze meines alten Reviers einen Pürschbezirk zu, in dem ich nun, von meinem Heidjer begleitet, bereits sechs Jahre die Büchse führen darf, glücklich, wieder im Wald zu sein und voller Dankbarkeit einem Jagdherrn gegenüber, wie er mir großzügiger während eines langen Lebens nicht begegnete.

Gäste

Nachdem 1958 ein Teil meines Reviers verpachtet worden war, blieben mir noch knapp 450 Hektar als Jagdbezirk erhalten. Zwar wurde dem Revier Mitte der sechziger Jahre eine ehemalige Forstwartei mit einer Holzbodenfläche von etwas über 400 Hektar zugeschlagen, doch brachte mir das jagdlich nichts ein, war hier die Jagd doch seit Jahren fest in den Händen mehrerer Pächter. Fast zwei Drittel meiner Revierförsterei waren somit verpachtet.

Die mir zur jagdlichen Nutzung verbliebene Fläche aber war gewiß nicht die schlechteste. In zwölf Jahren – mir liegen nur Aufzeichnungen von 1961 bis 1972 vor – wurden hier 105 Stück Schalenwild, also jährlich etwa 9 Stück, gestreckt. Im einzelnen wurden in dieser Zeit erlegt:

52 Stück Rotwild, davon 31 % von Gästen
38 Stück Rehwild, davon 27 % von Gästen
15 Stück Schwarzwild, davon 27 % von Gästen

Im Schnitt ergab das für die Gäste einen Anteil von 30 %. Womit jedoch nicht gesagt ist, daß ich 70 % der Strecke für mich verbuchen konnte. Etwa 12 % gingen auf das Konto von Forstbeamten, die als Vorgesetzte in meinem Revier jagten, mich während meines Urlaubs vertraten oder auf Drück- und Ansitzjagden zu Schuß kamen. Rechnet man der von Gästen erzielten Strecke das in den verpachteten Revierteilen erlegte Wild hinzu, überwog der in meiner Revierförsterei von zivilen Jägern getätigte Abschuß die Anzahl des von Forstbeamten geschossenen Wildes bei weitem. Mag auch seinerzeit noch die Beteiligung von zivilen Jägern am Abschuß in anderen Revieren geringer gewesen sein, hielt doch allgemein die Tendenz an, sie in den Verwaltungsjagden von Jahr zu Jahr mehr am jagdlichen Geschehen teilnehmen zu lassen. Von einer noch umfangreicheren Verpachtung staatlicher Reviere aber sollte man endlich absehen. Längst hat es sich erwiesen, daß die Belange intensiv genutzter Forsten nur durch eine Koordinierung ihrer jagdlichen und waldbaulichen Bewirtschaftung gewahrt werden können. Dazu aber sind verläßlich allein die für ihr Revier verantwortlichen und entsprechend ausgebildeten Forstbeamten imstande. Im übrigen steht außer Frage, daß in den verpachteten Staatsforsten weit weniger revierlose Jäger am Abschuß beteiligt werden als in den in eigener Regie bewirtschafteten Verwaltungsjagden.

Jagdgäste waren mir stets willkommen, und ich bemühte mich, ihnen zumindest guten Anblick zu bieten. Gelang es mir, sie zu Schuß zu bringen, stand ich wie sie voller Freude am gestrecktem Wild. Doch suchten mich nicht nur Gäste und Freunde auf, die unbedingt ein Stück Wild erlegen wollten. Vielen genügte es, sich am Anblick eines friedlich äsenden Rudels Rotwild oder einer im Klee schmatzenden Rotte Sauen zu begeistern.

Mit Walter Hetschold, dem leider zu früh verstorbenen Hauptschriftleiter der Deutschen Jäger-Zeitung, der alten „Neudammerin", kam ein Gast in mein Revier, der nicht nur ein hervorragender Rotwildkenner, sondern auch ein Meister des Blattens war. Mit dem Fliederblatt verstand er es, jeden Bock zu betören, wofür ihm die Mittagsstunden am aussichtsreichsten erschienen. Der Erfolg gab ihm recht, und dankbar nahm er die Trophäe des einen oder anderen Heidebockes als Erinnerung an mein Revier in seine hessische Heimat mit.

Lebhaft erinnere ich mich an unseren ersten gemeinsamen Ansitz in meinem Revier. Noch stand die Sonne über dem Altholz, als ich links von uns auf den Drelleweiden inmitten einer Kuhherde Sauen gewahrte, ein mir bereits vertrauter Anblick, denn sie brachen dort bereits seit Tagen nach den in diesem Jahr besonders zahlreichen Tipulalarven, den Larven der Gelbbindigen Riesenschnake. Doch heute hatte der leckere Fraß soviele Sauen angelockt wie nie zuvor. Wenigstens sechs Bachen mit weit über dreißig Frischlingen tummelten sich umbekümmert inmitten der Kuhherde, und das bei hellen Tage! Ich wollte meinen Gast nicht auf diesen Anblick aufmerksam machen, er selbst sollte die etwa zweihundert Meter entfernten Sauen entdecken. Mehrmals blickte er wohl in ihre Richtung, von den Kühen jedoch nicht besonders angetan, übersah er, was sich in deren Mitte umhertrieb. Bis ihn dann doch das geschäftige Wuseln der Schwarzkittel stutzig machte, er mehrmals das Glas in die Hand nahm, sich ungläubig die Augen rieb und schließlich ausrief:

„Ja, gibt es denn das? Das kann doch nicht wahr sein! Noch nie habe ich Sauen so vertraut inmitten einer Kuhherde gesehen. Schade, daß keine Überläufer dabei sind.“

„Du wirst es kaum glauben: Vor einigen Tagen wollte ich abends die Sauen von der Weide vertreiben, weil sich der Pächter bereits über den Schaden beschwert hatte. Während drei Bachen sich mit ihrem Nachwuchs in die angrenzende Dickung verzogen, weigerte sich eine vierte, meiner lautstarken Aufforderung nachzukommen. Ärgerlich blasend, ließ sie mich bis auf zwanzig, und dann gar bis auf zehn Schritt an sich herankommen. Erst als ich einen Warnschuß abgab, entschloß sie sich widerwillig, die Weide zu verlassen. Übrigens war wenige Tage zuvor noch eine Rotte Überläufer dabei. Nachdem ich aber einen erlegte, haben sich die anderen bis heute dort nicht mehr sehen lassen."

Walter Hetschold hat sich noch oft begeistert an diesen ersten Anblick in meinem Revier erinnert.

Manch lieber Gast bereicherte den Alltag in unserem einsam gelegenen Forsthaus, manch gutes Gespräch führte für mich im Austausch von Erfahrungen zur Vertiefung meines Wissens um die Komplexität von Wald und Wild. Mit besonderer Dankbarkeit erinnere ich mich der verschiedenen Begegnungen mit Professor Dr. Müller-Using, mit dem mich eine langjährige Freundschaft verband. Mehrmals folgte er meinen Einladungen zur Teilnahme an Wildjagden in unserem Forstamt. Doch war es nicht allein die Jagd, die uns zusammenführte, die gemeinsame Freude an lyrischer Literatur ließ uns im Gespräch oft Zeit und Stunde vergessen.

Eines Abends, gegen zehn Uhr, befanden wir uns nach einer winterlichen Drückjagd bei eisigen Böen auf dem Rückweg, als meinem Wagen das Benzin ausging. „Was nun?" fragte Müller-Using und blickte einigermaßen ratlos in die düstere Landschaft. „Die nächste Tankstelle ist etwa zwei Kilometer entfernt. Du bleibst hier im Wagen, während ich im Kanister Benzin besorgen werde. Das dauert nicht lange. Gewiß kann ich einen Wagen anhalten, der mich zur Tankstelle bringt."

„Und du glaubst, daß dich jemand mitnimmt?"

„Warum nicht, ich bin doch in Uniform!"

Bereits der erste Wagen stoppte auf mein Winken. Und wie es der Zufall wollte – der Fahrer kannte mich und auch Detlev Müller-Using. Er brachte mich zur Tankstelle und auch wieder zu meinem Wagen zurück, in dem es Detlev bei der Kälte bereits ungemütlich geworden war.

Zu Hause wärmten wir uns mit einigen Schnäpsen auf – und vergaßen alsbald unsere durchfrorenen Glieder bei einem bis weit über Mitternacht ausgedehnten Gespräch, in dem wir uns an den Gedichten Rilkes, den Balladen Börries von Münchhausens berauschten und nicht verfehlten, eigene Gedichte zu deklamieren. Meine Frau hielt uns am nächsten Morgen vor, wir hätten uns unvernünftig wie zwei große Kinder benommen. Wie recht sie doch hatte: Beide bezahlten wir diese Nacht mit einer üblen Erkältung.

Die Mißachtung, mit der Detlev hingegen allen materiellen Dingen, insbesondere aber bürokratischen Zwängen begegnete, war mitunter von überwältigender Arglosigkeit. Eines Tages fuhren wir gemeinsam zu einer Tagung in die Schweiz. Während ich mich noch von seiner Gattin verabschiedete, verstaute er von mir unbeachtet seine Sachen im Kofferraum meines Wagens. Als wir die Grenze hinter uns gebracht hatten, äußerte er treuherzig:

„Hab ich es mir doch gleich gedacht, daß die Grenzer zu faul sein würden, den Gepäckraum zu kontrollieren."

„Was sollten sie darin auch schon finden?"

„Nun, meine Waffen. Ich hätte ihnen keine Einfuhrgenehmigung zeigen können."

„Sag mal, bist du noch zu retten?! Du weißt doch, wie es mir hier vor zwei Jahren ergangen ist: Fast zwei Stunden wurde ich verhört, nur weil ich meinen Uniformrock auf dem hinteren Sitz liegen hatte. Welcher bewaffneten Macht ich angehöre, mit welchem Auftrag ich in die Schweiz reise und ob ich Waffen mit mir führe, wollten sie mit sturer Hartnäckigkeit wissen. Natürlich hatte ich keine Waffen im Wagen und plante auch keinen Umsturz in der Schweiz. Doch das den Grenzern klarzumachen, kostete Nerven. Und du verstaust mir nichts, dir nichts Waffen in meinem Kofferraum, ohne mir auch nur ein Wort davon zu sagen!“

„Es hätte dich nur nervös gemacht.“

„Detlev!!“

„Was willst du? Die Grenzer haben doch nichts bemerkt.“

„Aber die Rückreise steht uns noch bevor.“

„Nee, ohne mich; ich fahre von Interlaken aus nach Österreich, um dort zu jagen.“

„Gott sei Dank und Waidmannsheil! Da fällt mir wirklich ein Stein vom Herzen.“

Neben Gästen, die mir alljährlich von der Verwaltung zugewiesen wurden, waren es immer wieder Freunde und Bekannte, denen ich mein Revier öffnen durfte. Zu ihnen gehört Hans Wiens, mit dem mich viele schöne jagdliche Erlebnisse verbinden. Anläßlich einer Hubertusfeier des Ordens „Der Silberne Bruch“ waren wir uns begegnet. Nach einer nächtlichen, ungemein stimmungsvollen Hubertusmesse vor dem Hintergrund des von lodernden Feuern erhellten, hoch aufragenden Gemäuers einer verfallenen Kirche am Ufer des Thuner Sees besiegelten wir mit ungezählten Cocktails eine bis heute unverbrüchlich anhaltende Freundschaft.

Im Januar 1961 kam er meiner Einladung nach, bei mir auf Sauen zu jagen, wozu uns eine Neue gute Gelegenheit gab. Mit einigen anderen Schützen stellte ich ihn vor einer Kieferndickung an, in der wir am frühen Morgen eine Rotte Sauen festgemacht hatten. Den Fährten mit der guten Bilda am langen Riemen folgend, brachte ich ihm die Rotte vor die Büchse, aus der er mit sauberer Kugel einen Frischling herausschoß.

Eine weitere Rotte steckte in der Nähe der Sternkanzel. Kreuz und quer folgte ich ihren sich ständig überschneidenden Fährten, aber es gelang mir nicht, sie aus dem umfangreichen Dickungskomplex vor die Schützen zu bringen. Durchnäßt und erschöpft brach ich die Jagd am späten Nachmittag ab. In der warmen, zauberhaft in den weißen Winterwald eingebetteten Jagdhütte verlor dann bei einem gemütlichen Plausch alsbald eine Flasche Asbach Uralt ihren Inhalt an uns, bis es Zeit geworden war, zum Forsthaus zurückzukehren, wo meine Frau bereits mit dem Abendessen, gebratenen Schleien, auf uns wartete. Bei Kerzenschein und 53er Hallgartener Spätlese blieben wir bis weit über Mitternacht auf.

Hans hatte Gefallen an der Heide gefunden. Fast alljährlich führte ihn zur Zeit der Hirschbrunft sein Weg zu uns. Als erfahrener Rüdemann und Hundenarr gelang es ihm auf Anhieb, die Zuneigung unseres Raudels zu gewinnen. Nie vergaß er, ihm eine Packung Frolic und Quietscher in Form von Katzenköpfen mitzubringen. Lange blieben diese Quietscher allerdings nie am Leben. Unter Raudels hartem Zugriff beendeten sie kläglich wimmernd ihr kurzes Dasein. Doch was tat's – beim nächsten Einkauf in der Stadt begleitete Hans meine Frau ins Kaufhaus, erstand neue Katzenköpfe und brachte sie bereits dort inmitten des irritierten Publikums in seiner Tasche zum Quietschen, woran er sich auch von meiner besorgt auf einen „besseren Ton“ bedachten Ehehälfte nicht hindern ließ.

Neben seiner Passion und seinem Humor schätzte ich an ihm sein fundiertes Wissen um wildbiologische Zusammenhänge. Seine hervorragende Begabung, Rotwild gerecht anzusprechen, ließ ihn mich im Oktober 1967 zur Brunft mit besonderer Ungeduld erwarten, denn seit mehr als einer Woche beschäftigte mich ein Hirsch, den ich als IIb-1 angesprochen und für den Landforstmeister unserer Verwaltung ausgemacht hatte. Während ich das Alter des

Hirsches auf sieben bis acht Jahre schätzte, hielt ihn der Landforstmeister für wesentlich jünger und lehnte es ab, ihn zu schießen. Gewiß, der Hirsch fährtete sich auffallend gering, dennoch war ich überzeugt, daß er als IIb-1-Hirsch sein Alter hatte. Nach der skeptischen Beurteilung des Landforstmeisters aber plagten mich doch Zweifel, und ich scheute mich, den Hirsch selbst zu erlegen, bevor Hans ihn angesprochen hatte.

Endlich konnte ich ihm den Hirsch nahe der Drelleniederung vorführen. Mit einem Schmaltier tauchte er uns gegenüber auf der an der Sternkanzel gelegenen Kultur auf. Noch hatte ich Hans nichts von ihm erzählt, als er auf den ersten Anblick hin äußerte:

„Du hast doch einen IIb-1 frei. Dieser wäre doch goldrichtig!"

„Für wie alt hältst du ihn?"

„Achter, eventuell neunter Kopf."

„Also doch!"

„Was meinst du damit?"

„Daß ich mit meiner Altersschätzung richtig lag." Und ich erzählte Hans von den Zweifeln, in die mich der Landforstmeister versetzt hatte.

„Es ist ein Achter, nahe der Grenze zum Ib!"

„Ein Achter ist es nicht, Hans! Was du auf diese Entfernung nur als Verdickung am rechten Stangenende erkennen kannst, ist eine regelrechte Krone. Sie besteht aus drei in einer Ebene liegenden Enden von jeweils drei bis fünf Zentimeter Länge. Es ist ein einseitiger Kronenzehner. Schau dir einmal die beiden Stangen an: Die linke Achterstange zeigt mit ihrem vollendeten Schwung eine gute Auslage; die rechte, mit der kleinen Krone, steht steif wie ein Prügel daneben. Würdest du beide Stangen als Abwürfe finden, glaubte dir kein versierter Jäger, es wären Paßstangen."

„Ich sehe es. Aber eine Erklärung dafür wirst du wohl kaum finden."

„Es sei denn, der Hirsch hatte zwei verschieden veranlagte Väter."

Mit dieser Frotzelei hatte der Hirsch, den wir an diesem Abend nur auf weite Entfernung hatten ansprechen können, seinen Namen bekommen. Volle zehn Tage widmeten wir uns dem „Zweiväterhirsch".

Am 5. Oktober regnet es vom Morgen bis zum Abend. Am Tag darauf operieren wir getrennt. Während Hans sich morgens am Wildacker südöstlich der Drelle ansetzt, pürsche ich von einem zum anderen der bevorzugten Brunftplätze und sehe nichts. Bis ich gegen acht Uhr, dem Pürschsteig an der Drelle folgend, auf Hans stoße – und vor mir der Hirsch mit einem starken Rudel Kahlwild durch die überschwemmte Niederung in die gegenüberliegende Dikkung flüchtet. Fast eine Stunde hat Hans ihn bei bestem Licht auf achtzig Gänge vor sich gehabt. Am Abend wiederholt sich der gleiche Vorgang: Während sich ihm der Hirsch mit seinem Rudel an der Sternkanzel präsentiert, sitze ich im Jagen 281 vor einer leeren Bühne.

Am 7. Oktober macht uns das Wetter abermals einen Strich durch die Rechnung. Am 8. klart es abends auf. Wir sitzen im Jagen 281 im Schutz eines Schirmes, als vor uns, allenfalls zwanzig Schritt entfernt, am Dickungsrand ein Alttier auftaucht. Sichernd, von der tiefstehenden Sonne beleuchtet, verhofft es, bis es endlich vertraut auf die teils knie-, teils hüfthohe Kiefernkultur zieht. Acht, neun Stükke folgen ihm. Und dann steht er, der „Zweiväterhirsch", vor uns, breit, mißtrauisch, regungslos, knapp dreißig Gänge entfernt. Das Herz hämmert mir in der Brust. Ich wage nicht, die Büchse hochzureißen und zu schießen. Dazu müßte ich mich aufrichten, müßte zuvor das Glas von der Büchse entfernen oder den Hirsch blitzschnell ins Fadenkreuz bekommen, um am Ende vielleicht . . . Doch dazu kommt es nicht mehr. Gemächlich zieht der Hirsch dem Rudel nach, ich sehe im Zielfernrohr nichts als rotgoldene Schleier, die untergehende Sonne blendet mich, und der Hirsch verschwindet im angrenzenden Bestand.

Am nächsten Morgen sitzen wir im gleichen Schirm an. Zwei Stunden halten wir es bei steifem Westwind und prasselnden Regenschauern aus. Dann plagt mich die Ungeduld, und ich pürsche allein zur Sternkanzelkultur. Kaum öffnet sich vor mir der Blick auf die Kultur, zieht das Rudel stichgerade auf mich zu, zehn Meter vor mir verhofft das Leittier – und schon nimmt es in jäher Flucht das Rudel und den Hirsch mit sich.

Wie ich es auch anfange – es will mir einfach nicht gelingen, dem Hirsch die Kugel anzutragen. Am 10. und 11. Oktober haben wir überhaupt keinen Anblick. Am 12. hören wir ihn in der Dunkelheit an der Drelle in einer Suhle planschen. Als es endlich hell wird, ist die Niederung leer. Den Abend verbringen wir auf der Sternkanzel. Die Sonne verläßt den Himmel, ein goldener Herbsttag geht zu Ende, ohne uns mehr geschenkt zu haben als den Anblick einiger Rehe.

„Mit der Brunft ist es vielleicht schon morgen vorbei, Hans. Du wirst heimfahren. Nicht nur der ‚Oberforstrat‘ wird dich vermissen.“ Den Titel ‚Oberforstrat‘ hatte Hans dem Raudel verliehen.

„Morgen wird es schön werden – Altweibersommer. Noch eine Frühpürsch und dann . . .“

„Morgen ist der Dreizehnte!“

„Bist du abergläubisch?“

„Nee, aber die Nebelhexe braut.“

Sternklar steht die Nacht über dem Forsthaus, ringsum schreien Hirsche. Als ich aufstehe, mieft der „Oberforstrat“ an der Tür, und meine Frau murmelt im Halbschlaf: „Ihr seid doch nicht mehr zu retten!“ Wartete Hans nicht bereits auf mich, ich würde mir wie sie das Deckbett über die Ohren ziehen. Vier Wochen sitze ich bereits in dem Karussell, das sich nur noch um die Hirsche dreht und mich doch keinen Tag aus dem alltäglichen Betriebsdienst entläßt.

Es ist noch dunkel, als wir uns behutsam dem Wildacker an der Drelle nähern. Der Wind? Er ist kaum spürbar und dürfte . . . Doch schon geht prasselnd vor uns ein Rudel Wild ab und flüchtet platschend durch die nasse Drelleniederung in Richtung zur Sternkanzel.

„Vierhundert Meter ist die Sternkanzel entfernt. Es könnte doch sein, daß sich das Wild wieder beruhigt und dort noch auf der Kultur äst.“

„Gut, umfahren wir also die Drelle und gehen die Kultur von Norden her an! Noch ist es dunkel – vielleicht könntest du recht haben.“

Zwanzig Minuten später, die Sonne hebt sich in den weithin blauen Himmel, bietet sich uns ein Bild, wie es sich reizvoller kein Jäger für den Herbst zu erträumen vermag. Vor uns auf der Kultur steht inmitten seines Rudels, von Licht überflutet, im silbernen Glast wabernder Nebelfetzen, unser Hirsch. Herrisch dröhnt sein Schrei. Längst habe ich an einer sperrigen Randkiefer die Büchse angestrichen, entsichert und eingestochen. Immer noch verhüllen flach streichende Nebelbänke den Hirsch. Bis es dann endlich geschieht: Der Nebel zerbricht, die Kugel schlägt auf dem Ansatz des Trägers ein, und wie vom Blitz erschlagen reißt es den Hirsch von den Läufen. Zwei-, dreimal noch hebt er das Haupt. Die Kugel ist tödlich, dennoch – eine zweite löscht sein Leben vollends aus.

Als ich mich umschaue, steht Hans hinter mir, wortlos. Wir reichen einander die Hand:

„Zehn Tage, Hans! Ich werde sie nie vergessen!"

Am Abend dann – das Haupt des achtjährigen Hirsches steht von Kerzen beleuchtet und mit Eichenlaub geschmückt vor der Bücherwand – geht mir im Kreis fröhlich zechender Nachbarn und Kollegen das Herz über: Ich schenke Hans die Grandeln „unseres" Hirsches und lade ihn ein, im kommenden Jahr bei mir auf einen guten IIb-Hirsch zu waidwerken. Ohne ihn, ohne seine sture Ausdauer, hätte ich den „Zweiväterhirsch" gewiß nicht bekommen.

Am 26. September des nächsten Jahres erlegte ich im Espenloh einen starken Ia-Hirsch, von dem im nächsten Kapitel noch die Rede sein wird. Fünf Tage später fand sich Hans ein. Inzwischen hatte sich dem verwaisten Rudel ein ungerader Achter vom sechsten Kopf zugesellt, ein IIb-Hirsch, wie ihn Hans schießen sollte. Die tief angesetzte rechte Mittelsprosse des Hirsches veranlaßte Hans, ihn beim ersten Anblick spontan als „Eissprossenachter" zu bezeichnen.

Und wieder spannte Diana uns auf die Folter. Zwar verging kein Tag, an dem der Hirsch nicht bereits gegen siebzehn Uhr mit dem Rudel auf der weiten Kultur vor unserem Hochsitz erschien, Tag für Tag aber verließ das Rudel bei dem anhaltenden Westwind die uns gegenüberliegende Dickung so weit links von uns, daß an einen Schuß nicht zu denken war. Obendrein schloß das raume Kiefernaltholz in unserem Rücken jede Möglichkeit aus, den Hirsch anzupürschen. So hockten wir denn Abend für Abend zur Untätigkeit verurteilt auf dem Hochsitz, nur um das Rudel auf seinem gewohnten Wechsel in der Dämmerung zu einem in der Nachbarjagd gelegenen Feld ziehen zu sehen.

Auch die Frühpürsch brachte uns nichts ein, denn morgens liefen wir Gefahr, in der Dunkelheit mit dem vom Feld zurückkehrenden Wild zusammenzustoßen. Außerdem lagen die Grenzen im Espenloh zwischen zwei benachbarten Jagden zu nahe, als daß wir uns, woher auch immer der Wind wehte, weiträumig genug hätten bewegen können. Ein Tag um den anderen verging. Auch als wir am letzten Urlaubstag von der Frühpürsch zurückkehrten, hatte sich das Bild immer noch nicht geändert. Am Ende blieb uns nur noch ein halber Tag übrig, und nichts rechtfertigte bei dem anhaltenden Westwind die Hoffnung, doch noch zum Erfolg zu kommen. Hans aber gab nicht auf:

„Wir werden uns heute bereits um fünfzehn Uhr ansetzen. Vielleicht verleitet irgendein Beihirsch den Achter . . .“

„Optimist! Aber wenn du vier Stunden auf der Kanzel hocken willst – bitte sehr! Ich haue mich jedenfalls nach dem Mittagessen aufs Ohr. Die letzten Wochen haben mir gereicht.“

„Du kommst dann aber nach?“

„Ja, gegen sechzehn Uhr.“

„Und wenn das Rudel bereits auf der Kultur steht? Du weißt, der Pürschsteig zum Hochsitz bietet dir keinerlei Deckung.“

„Dann hängst du dein Taschentuch an die Rückseite des Sitzes, und ich bin gewarnt.“

Mit einer halben Stunde Verspätung und entsprechend schlechtem Gewissen näherte ich mich dem Hochsitz – oberhalb der Leiter hing ein weißes Taschentuch. Auch das noch! Also hat Hans den Achter wieder vor sich, und mir bleibt nichts anderes übrig, als mich hinter eine Kiefer zu hocken und abzuwarten. Lange Zeit geschieht nichts. Hans sitzt, den Rücken mir zugekehrt, regungslos auf der Kanzel. Von Zeit zu Zeit hebt er das Glas, setzt es wieder ab und schaut sich endlich nach mir um. Das Taschentuch verschwindet, wenig später sitze ich neben ihm – und das Rudel steht wie eh und je dreihundert Gänge entfernt links von uns auf der Kultur.

„Ich bin kein Prophet, Hans, aber verlaß dich drauf: Das Rudel wird mit Einbruch der Dämmerung wieder durchs Altholz zum Feld ziehen."

„Bevor du kamst, trieb der Achter ein brunftiges Stück auf mich zu, doch dann drehten beide wieder ab."

„Nun bist du enttäuscht, nicht wahr?"

„Nein, wir haben jeden Tag Anblick gehabt. Und ist es heute nicht besonders schön? Herbst, das Laub der Birken und Eichen verfärbt sich, der Hirsch schreit, das Kahlwild dort im Sonnenschein – was will ich noch mehr!"

Mag Hans auch zufrieden sein – ich bin es nicht, solange er nicht seinen Hirsch hat. Während er nach wie vor fasziniert den inmitten des Rudels bald treibenden, bald dösenden Hirsch beobachtet, suche ich nach einer letzten, und wenn es sein muß, gewaltsam herbeigeführten Chance für ihn.

„Los, Hans, runter vom Hochsitz!"

„Was hast du vor?"

„Später!" Unbemerkt gelangen wir zum Wagen. Das Büchsenlicht beginnt zu schwinden.

„Wir schneiden dem Rudel auf dem Schafstaller Weg den Wechsel ab, er liegt etwa hundert Meter vor der Wegespinne am Ende des Altholzes. In Höhe des Wechsels läßt du dich aus dem Wagen fallen. Sieh zu, daß du dort gleich Deckung findest. Ich biege an der Wegespinne nach links ein und stelle den Wagen einige hundert Meter weiter ab.“

„Und wenn das Wild bereits im Altholz steht? Vom Weg bis zur Kultur sind es knapp zweihundert Meter.“

„Das Wild wird dem Wagen nachäugen. Es ist deine letzte Chance.“

Wir haben Glück, in Höhe des Wechsels bieten sich rechts vom Weg zwei unterständige Fichten als Deckung an. Behende gleitet Hans aus dem langsam fahrenden Wagen, schemenhaft sehe ich im Altholz, gut einen Büchsenschuß entfernt, das Rudel stehen. Nachdem ich den Wagen in guter Deckung abgestellt habe, warte ich, daß es endlich knallt. Immer mehr schwindet das Büchsenlicht, und nichts geschieht. Fünf Minuten werde ich noch dranhängen, wenn sich bis dahin nichts ereignet hat . . .

Weithin nachhallend zerreißt ein Schuß den Abend und weckt beglückende Hoffnung in mir. Mein erster Gedanke: Hin zu Hans! Doch siegt die Vernunft, und ich warte, bis es fast vollends dunkel ist. So sicher sich Hans auch seiner Kugel sein mag, es könnte doch der Teufel seine Hand im Spiel haben. Schließlich halte ich es nicht mehr aus und starte den Wagen durch.

„Nun, Hans, darf man . . .“

„Ich glaube schon. Doch warten wir ab, was uns der Morgen bringt.“

„Du wolltest morgen beizeiten nach Hause fahren?“

„Schon! Doch ohne mich gibt’s hier keine Nachsuche. Mein Brötchengeber ist selbst Jäger und wird mir einen Urlaubstag zusätzlich bewilligen.“

„Ist es der Eissprossenachter?"
„Klar! Dein Plan war ausgezeichnet. Als ich aus dem Wagen sprang . . ."
„. . . stand das Rudel bereits vor dir, ich sah es im Vorbeifahren. Und wie bist du abgekommen?"
„Ich hatte zwischen zwei Kiefern nur eine Handbreit hinter dem Blatt frei, und wenn ich den Hirsch auch nicht zeichnen sah, bin ich mir meiner Kugel doch recht sicher."

„Wir werden ihn morgen mit Raudel nachsuchen. Ich freue mich für dich, Hans, und auch für den ‚Oberforstrat'."

„Danke, Goede! Ich denke, die Riemenarbeit wird nicht lange dauern."
Nach einer für mich geruhsamen, für Hans weniger erquikkenden Nacht stehen wir beizeiten am Schafstaller Weg. Die Sonne hebt sich in einen weithin wolkenlosen Himmel, Tau funkelt auf ungezählten Spinngeweben, fern im Nachbarforstamt schreit ein Hirsch. Ungeduldig zerrt mein Dakkelmann an der Halsung, bis wir, von Hans sicher eingewiesen, im Altholz auf den Anschuß stoßen. Bedächtig, mit der Ruhe eines Routiniers, verweist mir der Rauhbautz tiefe Eingriffe, dann, zwei, drei Fluchten weiter, den ersten Lungenschweiß. Der roten Fährte folgend, stehen wir nach wenig mehr als hundert Gängen am Achter.
„Hirsch tooot!"
Mein Ruf und der helle Hals des Hundes holen Hans herbei. Auch unsere beiden Frauen haben es sich nicht nehmen lassen, dabei zu sein. Wie glücklich Hans nun ist! Dankbar nimmt er den Bruch aus meiner Hand entgegen.

Am Abend dann, bei Wein und Kerzenlicht, lebt mit dem Eissprossenachter auch der „Zweiväterhirsch" wieder auf. Beide schenkte Diana uns erst in letzter Stunde, und es blieb sich am Ende in der Fülle des Erlebens gleich, wem der eine und wem der andere zufiel.

Und doch noch starke Heidehirsche

Ende September 1968 suchte mich gegen fünfzehn Uhr der Leiter der Forstverwaltung auf, um im Forstort Lohe auf einen IIb-Hirsch anzusitzen. Bei einem gemütlichen Kaffeeplausch lief uns die Zeit fort, und wir mußten uns beeilen, ins Revier zu kommen. In den vorausgegangenen Tagen hatten wir uns den Forstort Lohe geteilt. Um nicht erst lange zu debattieren, wie wir es heute halten wollten, schlug ich dem Landforstmeister vor, sich ohne mich nach Lohe zu begeben und mich mein Heil im nahen Espenloh versuchen zu lassen. Seit Tagen war ich dort nicht mehr gewesen.

Sorglos näherte ich mich kurz vor siebzehn Uhr im Altholz der vor der Grenzdickung gelegenen, langgestreckten Kultur, in deren Nähe Hans Wiens elf Tage später den „Eissprossenachter" erlegen sollte. Bevor ich den Hochsitz am Rand des Altholzes erreicht hatte, flüchtete ein starkes Rudel Rotwild von der Kultur in die gegenüberliegende, bereits zum Nachbarforstamt gehörende Dickung, dabei ein Hirsch, dessen Anblick mir den Atem stocken ließ. Es gelang mir nicht mehr, ihn ins Glas zu bekommen. Zwei starke Stangen und zwei wuchtige Kronen aber hatten ihn mich auf den ersten Blick hin als einen für die Heide kapitalen Hirsch erkennen lassen. Mich selbst ob der Leichtfertigkeit verwünschend, mit der ich mich der Kultur genähert hatte, bestieg ich den Hochsitz mit dem deprimierenden Gefühl, eine gute Chance restlos verpatzt zu haben.

Doch wem Diana lächeln will! Eine Viertelstunde später stand das achtzehn Kopf starke Rudel wieder vor mir im hellen Sonnenlicht – und mit ihm der Hirsch. In aller Muße konnte ich ihn inmitten des vertraut äsenden Rudels ansprechen, wenngleich mir das Glas in den Händen zitterte. Rechts zeigte er über starker Aug- und Mittelsprosse vier ausgeprägte Enden, von denen jeweils zwei stufenförmig übereinander und im rechten Winkel zueinander standen; links wies er, neben einer zusätzlichen kurzen Eissprosse, eine schaufelartige Krone von gleichfalls vier Enden auf, ein ungerader Vierzehnender also, dessen starke Stangen ich auf gut neunzig Zentimeter Länge schätzte. Alles in allem ein Ia-Hirsch, wie ich ihn in diesem Jahr als Gruppenhirsch erlegen durfte.

Noch habe ich Skrupel, würde ich doch damit mehreren Kollegen unseres Forstamtes und auch dem Oberforstmeister Marsch die Gelegenheit nehmen, in diesem Jahr noch auf einen starken Hirsch zu waidwerken. Andererseits – seit siebzehn Jahren bin ich in einem der besten Rotwildreviere des Forstamtes tätig, ohne die Chance, so gering sie auch gewesen sein mag, wahrgenommen zu haben, einem stärkeren Hirsch die Kugel anzutragen. Also was soll's, denke auch einmal an dich! Doch ist der Hirsch auch alt genug?

Vor drei Tagen fragte mich mein Nachbar, ob mir ein ungerader Vierzehnender mit einer schaufelartigen Krone in der linken Stange bekannt sei. Er vermisse den Hirsch, der wochenlang seinen Einstand in den Dickungen westlich des zwischen unseren Revieren gelegenen Feldes gehabt habe. Ich mußte seine Frage verneinen – hier nun habe ich ihn vor mir. Offenbar hatte er das Revier des Nachbarn verlassen, als vor einigen Tagen der Wind von West auf Ost umsprang. Und dann sagte mein Kollege noch, der Hirsch sei seines Erachtens neun Jahre alt und müsse noch ein Jahr geschont werden.

Da sitze ich nun, den eifersüchtig sein Rudel zusammenhaltenden, bald schreienden, bald treibenden Hirsch vor mir, und werde von der Frage nach seinem Alter gequält. Wamme und Widerrist, Vorschlag und Hängebauch lassen mich nicht daran zweifeln, daß er mehr als acht, doch keinesfalls mehr als zehn Jahre alt ist. Doch ob neun oder zehn Jahre – wer vermöchte das schon mit Sicherheit zu sagen? Das vertraut äsende Rudel läßt mir Zeit, und es ist gut, daß mich Zweifel plagen, dämpfen sie doch meine Erregung und lassen mich leidenschaftsloser den Hirsch ansprechen. Bis ich nach fast einer Stunde, in der heißblütige Passion besinnlicher Freude am Anblick und mit ihr nüchterner Urteilsfähigkeit gewichen ist, zu der Überzeugung gelangt bin, eher einen Hirsch vom zehnten als vom neunten Kopf vor mir zu haben.
Der Entschluß zum Schießen ist gefallen. Ein Leichtes, wie es mir scheinen will, denn auf wenig mehr als hundert Gänge präsentiert sich mir der Hirsch in voller Breite. Mit dem Entschluß aber, ihn zu strecken, überfällt mich nun doch wieder das Hirschfieber, das Fadenkreuz tanzt auf dem Blatt, die Hände zittern – dem Hirsch aber eine Schandkugel anzutragen, wäre ein Verbrechen. So greife ich denn zu einem alten Trick, der mir beim Anblick leidenschaftlich begehrten Wildes schon des öfteren geholfen hat: Statt auf den Hirsch zu zielen, nehme ich einem Stück Kahlwild Maß. Von ihm weiß ich, daß ich es nicht schießen werde – und schon wird die Hand sicher, steht das Fadenkreuz ruhig im Ziel. Zwei-, dreimal gleitet es vom Kahlwild zum Hirsch, bis es auch hinter seinem Blatt mitten ins Leben zeigt.

Auf den Schuß hin flüchtet das Rudel nach links, der Hirsch, ohne merklich zu zeichnen, nach rechts. Nach zwanzig, dreißig Fluchten verhofft er, steht, mir nun das rechte Blatt anbietend, abermals breit – und wiederum komme ich gut ab. Dennoch dreht der Hirsch bei und folgt in scheinbar gesunden Fluchten dem Rudel. Kaum habe ich den Drilling erneut geladen, sehe ich ihn, bald zweihundert Meter entfernt, inmitten des Abraums eines vorjährigen Kahlschlags stehen. Ich fasse ihn hoch an, doch als der Schuß fällt, ist nichts mehr von ihm zu sehen. Hatte mich eine Fata Morgana genarrt? Eben noch ging ich mit dem Fadenkreuz ins Blatt hinein, doch als ich schoß, nein – in diesem Augenblick hatte ich keinen Hirsch mehr im Glas; er mußte in dem Moment zusammengebrochen sein, als ich den Abzug berührte. Oder . . .?

Verstört bleibe ich auf der Kanzel hocken, leuchte wieder und wieder mit dem Glas den Kahlschlag ab und vermag in dem Wirrwarr des trocknen, meterhohen Reisigs nichts, aber auch gar nichts auszumachen. Der beiden ersten Kugeln bin ich mir sicher, wenngleich ich weder einen Kugelschlag hörte noch ein Zeichnen des Hirsches beobachtete. Brunfthirsche sind hart im Nehmen. Dennoch – hätte ich meinen Stutzen in der Hand gehabt, das kleine, ungemein rasante Geschoß hätte ihn bereits mit dem ersten Schuß von den Läufen gerissen. Eine vielleicht zu kühne Behauptung; in mehr als zwanzig Jahren aber hatte sich mir die hervorragende Leistung des 6.5 × 57 mm starken Geschosses immer wieder bestätigt. Vor einem halben Jahr erstand ich den Drilling. Nichts gegen die Waffe selbst, sie war von einer namhaften Firma vorzüglich gebaut worden, ihre Leistung aber, im Kaliber 7 × 57 R mit einer fast 200 m/s geringeren V_0 als die 6.5 × 57, enttäuscht mich nicht zum erstenmal, und ich nehme mir vor, wie eh und je auf Schalenwild nur noch den Brünner Stutzen zu führen.

Was nun? Der Hirsch müßte längst verendet sein, doch bin ich mir dessen nicht völlig sicher. Die Grenze ist nahe, nur hundert Gänge von ihr entfernt trug ich dem Hirsch die

Kugeln an. Hänge ich ihm gleich mit meinem Raudel nach und müde ihn doch noch auf, wird er die Grenzdickung annehmen, die Nachsuche aber würde den Brunftbetrieb im Nachbarrevier stören. Im übrigen deutet der klare Himmel auf eine kalte Nacht hin, und bis morgen früh wird der Hirsch gewiß nicht verhitzen. So sehr es mich auch drängt, ihm zu folgen – ich werde nichts unternehmen, was auch nur die geringste Gefahr in sich birgt, irgendetwas zu verpatzen. Selbst die Anschüsse auf der freien Kultur zu verbrechen schenke ich mir, nachdem ich sie mir vom Hochsitz aus eingeprägt habe.

Zu Hause sah meine Frau mir auf den ersten Blick hin an, daß etwas Ungewöhnliches geschehen sein mußte:

„Du siehst blaß aus. Was ist mit dir?“

„’nen Kognak, Mädchen, aber ’nen großen!“

„Hast du etwa . . .?“

„Ja, einen ungeraden Vierzehnender, einen Hirsch, wie ich ihn kapitaler hier in der Heide noch nicht gesehen habe.“

„Liegt er?“

„Ich glaube schon, aber . . .“ Ich ließ mir Zeit, ihr ausführlich zu berichten. Nach dem Abendessen verständigte ich meinen Oberforstmeister und die meinem Revier benachbarten Kollegen. Einen von ihnen bat ich am nächsten Morgen an der Nachsuche teilzunehmen. Aber er meinte nur:

„Ich schau mir den Hirsch später an. Um die Nachsuche brauchst du dir keine Sorgen zu machen, der Hirsch hat die beiden ersten Kugeln bestens, die dritte ging daneben.“

„Woher willst du das wissen?“

„Ich habe zweimal guten Kugelschlag gehört.“

„Wo warst du denn, als ich schoß?“

„An der Westgrenze meines Reviers, etwa vierhundert Meter von den Anschüssen entfernt."

„Und auf diese Entfernung willst du zweimal Kugelschlag gehört haben?"

„Da bin ich ganz sicher."

„Willst du nicht trotzdem kommen?"

„Nee, ich habe einen Gast der Regierung zu führen."

Trotzdem bat ich den Kreisjägermeister Fredrik von Bothmer, den Hirsch am nächsten Morgen nachzusuchen. Selbst wenn es eine leichte Totsuche werden sollte – ihm war jede Riemenarbeit willkommen. Auch den Landforstmeister rief ich noch am späten Abend an, wußte ich doch, daß er morgen wieder beizeiten in meinem Revier sein wollte und sich die Nachsuche nicht entgehen lassen würde. Auch er hatte die Schüsse, wenn auch keinen Kugelschlag, gehört.

„Ich habe mir gleich gedacht, daß Sie es waren, ja, dreimal. Ich sagte zu meiner Frau: Der Gendrich schießt solange auf einen Hirsch, wie er ihn sieht. Selbstverständlich bin ich dabei, wenn es um einen guten Hirsch geht! Ich werde pünktlich da sein."

Am nächsten Morgen – voller Ungeduld hatte ich ihn erwartet – führte ich Fredrik zu den Anschüssen, während die für die Nachsuche aufgebotenen Forstbeamten unserer Arbeit vom Rand der weithin übersichtlichen Kultur her zuschauten. Und wieder, wie bereits am Anschuß des von mir vor vier Jahren angebleiten Kronenzehners, zerrte Fredriks Geduld an meinen Nerven. Mit der peinlichen Sorgfalt des erfahrenen Hundeführers suchte er Schritt für Schritt den vergrasten Boden ab, nahm hier und dort ein Haar auf, warf es fort, wenn es von keiner Kugel zerschnitten war – und fand am Ende zwei, drei Schnitthaare, nirgends aber einen Tropfen Schweiß. Eingriffe, die vom Treiben des Hirsches herrührten, vermochten wir beide nicht von eventuellen Ausgriffen nach den Schüssen zu unterscheiden. Bis sich Fredrik endlich entschloß, den Schweißhund arbeiten zu lassen, war wohl eine Stunde vergangen.

Leichter Bodennebel lag über der Kultur, als der Hund bedächtig die Anschüsse prüfte. Während ich abseits mit meinem Raudel wartete und am liebsten schnurstracks dorthin geeilt wäre, wo mir der Hirsch so unerwartet aus den Augen gekommen war, ließ Fredrik seinem Hund Zeit, bis dieser endlich in die von mir ersehnte Richtung zog, zwar immer noch bedächtig, doch fest im Riemen liegend. Nun folgte ich den beiden im einigem Abstand mit Raudel am langen Riemen, die Augen weniger auf die Wundfährte als immer wieder auf den vor uns liegenden Kahlschlag gerichtet. Und dann, noch bevor Fredrik ahnte, wie nahe er dem Erfolg bereits war, sah ich ihn – nicht den Hirsch selbst, sondern einen klobigen Prügel, der vor uns aus dem trocknen Reisig ragte: Es war die schaufelförmige Krone meines Hirsches, über dessen Grab ich mit der letzten Kugel Salut geschossen hatte.

Der Anblick machte allen Zweifeln ein Ende. Der Hirsch war gerecht gestreckt worden – was wollte ich mehr! Noch ließ ich mir nichts anmerken. Fredrik, dem Schweißhundführer, kam es zu, als erster am Hirsch zu sein. Das hättest du bereits gestern abend haben können, dachte ich; allein wärest du mit Raudel am Hirsch gestanden, der Tag wäre verdämmert, Stern um Stern wäre über dir aufgeleuchtet, nichts hätte dich vom Anblick der faszinierenden Trophäe abgelenkt, und der in zu gewissenhafter Vorsicht inszenierte Aufwand, wie wir ihn hier trieben, wäre überflüssig gewesen.

Dennoch – der Hirsch war gestreckt. Der Morgen leuchtete in zarten Pastellfarben, der Ruf des Horns verklang in der Tiefe der Wälder, der Händedruck des Schweißhundführers war fest und herzlich, das Waidmannsheil der mich beglückwünschenden Kollegen und Vorgesetzten ehrlich und voller Zustimmung. Mit einem kräftigen Frühstück bei der Lindenwirtin beendeten wir die Nachsuche.

Das Alter des Hirsches gab ich für die Trophäenschau mit neun bis zehn Jahre an, was auch akzeptiert wurde. Wenn der Hirsch auch als richtig geschossen anerkannt wurde, war ich mir doch bewußt, daß er wenigstens zwei Jahre hätte älter werden müssen, um seine volle Reife zu erlangen. Die Masse des Geweihs saß oberhalb der Mittelsprossen, ein untrügliches Zeichen für einen Hirsch, der noch Zukunft besitzt. Inzwischen wurde in der Heide das für Ia-Hirsche vorgesehene Mindestalter von zehn auf zwölf Jahre heraufgesetzt. Leider meint noch dieser oder jener Jäger – und äußert es auch ungeniert –, die Jagdbehörde wolle mit dieser Vorschrift nur erreichen, daß die Ia-Hirsche nunmehr wenigstens zehn Jahre alt werden statt acht oder neun, wie es bis dahin nicht gerade selten der Fall war. Eine solche Interpretation der neuen Abschußrichtlinien aber entspricht weder deren Wortlaut noch deren Sinn.

Mit gut dreizehn Pfund Geweihgewicht, bei relativ großer Masse, erwies sich der von mir geschossene Hirsch als zweitbester der im Jagdjahr 1968/69 im Kreis Celle gestreckten Hirsche. Übertroffen wurde er von einem kapitalen Kronenzehner mit über fünfzehn Pfund Geweihgewicht und 193 Internationalen Punkten. Noch stärker, wenn auch von keinem Jäger erlegt, präsentierte sich auf der Kreistrophäenschau ein ungerader Vierzehnender mit 219 Internationalen Punkten und einem Geweihgewicht von über achtzehn Pfund, der leider dem Verkehr zum Opfer gefallen war.

Neben weiteren guten Trophäen, die Ende der sechziger und in den siebziger Jahren in der Heide erbeutet wurden, seien hier nur vier Spitzenhirsche mit 210 und mehr Internationalen Punkten vermerkt: 1975 wurde im Kreis Uelzen ein ungerader Achtzehnender mit 211,1 Punkten erlegt; 1976 im Revier Marwede ein ungerader Vierzehnender mit 217,9 Punkten; 1977 nahe Lohe in einem privaten Revier ein Vierzehnender mit 210,25 Punkten; ebenfalls 1977 im Kreis Lüchow-Dannenberg ein Achtzehnender mit 210 Punkten.

Bis Anfang der sechziger Jahre, ich erwähnte es bereits mehrmals, glaubte ich nicht, den Heidehirschen hinsichtlich Masse und Endenfreudigkeit eine bessere Zukunft voraussagen zu können. Was ich bis dahin im Revier an älteren Hirschen zu sehen bekommen hatte, war wenig eindrucksvoll gewesen. Ewige Achter, Eissprossenzehner und selten mal ein einseitiger Kronenhirsch mit einem Geweihgewicht von sechs, sieben oder allenfalls acht Pfund zählten bereits zu den besseren Hirschen. Immer noch den Verhältnissen in meiner mecklenburgischen Heimat verhaftet, versprach ich mir nichts wesentlich Besseres von den Heidehirschen.

Als dann ab Mitte der sechziger Jahre von Jahr zu Jahr stärkere und auch endenfreudigere Hirsche ihre Fährte durch mein Revier zogen und sich auf den Trophäenschauen von Mal zu Mal kapitalere Geweihe präsentierten, stellte sich mir die Frage, worin die Ursache für diese auffallende Qualitätsverbesserung zu suchen sei und warum eine solche nicht bereits früher, wie zum Beispiel in Mecklenburg schon Ende der dreißiger Jahre, eintrat.

Was den zweiten Teil dieser Frage anbelangte, mußte ich mich von den in der Heide beheimateten Jägern belehren lassen, daß das Reichsjagdgesetz sich auch hier bereits vor und während des letzten Krieges ausgewirkt und zu einer beachtlichen Qualitätsverbesserung der Hirsche geführt hatte. Der negative Eindruck, den ich in den fünfziger Jahren von den Heidehirschen gewonnen hätte, entspräche jedenfalls nicht ihrer tatsächlich guten Veranlagung, was mit ihrer nun offensichtlichen Stärke ja bewiesen sei. Im übrigen sei ich mir offensichtlich nicht bewußt, daß in den Nachkriegsjahren die Bemühungen, das Rotwild in seiner Qualität anzuheben, von der Besatzungsmacht durch rigorosen Abschuß, der gewiß nicht hegerischen Grundsätzen entsprochen habe, für Jahre zunichte gemacht wurden. Ein Argument, dem ich mich nicht verschließen konnte; von 1945 bis 1951 war ich in Niedersachsen in keinem Rotwildrevier tätig gewesen und hatte den vielerorts abrupten Eingriff in den Rotwildbestand weder erlebt noch im nachhinein in seiner sich auf eine ganze Wildgeneration auswirkenden Tragweite erkannt.

Schelploh grenzt an den im Privatbesitz befindlichen, etwa 1600 Hektar großen Forstwirtschaftsbetrieb Weyhausen. Seit 1889 wird für das Revier Weyhausen ein Streckenbuch, mit der in Goldprägung gefaßten Aufschrift „Schieß-Buch für Weyhausen“, geführt, ein jagdliches Dokument, wie es für ein Heiderevier dieser Größe wohl einmalig ist und das gründlich auszuwerten eine verdienstvolle Aufgabe wäre. Die Großzügigkeit des Reviereigentümers, des Landrats Hubertus Bühmann, ermöglichte es mir, Einblick in dieses Streckenbuch zu nehmen.

So fesselnd es auch ist, aus diesem Streckenbuch zu ersehen, daß zum Beispiel 1889 vom August bis Oktober (!) 17 Birkhähne, von 1890 bis 1908 insgesamt 44 und, nach langer Pause, die beiden letzten 1926 erlegt wurden, die Strecke an Hasen in rund achtzig Jahren nur 200 Stück betrug und im selben Zeitraum etwa 800 Rehe geschossen wurden, wollen wir uns hier allein mit der Entwicklung des Rotwildes beschäftigen, dessen Strecke sich auf rund das Doppelte des erlegten Rehwildes belief.

Schwierigkeiten hinsichtlich einer exakten Auswertung des Streckenbuches ergaben sich beim Rotwild durch dessen recht grobe, etwa bis 1935 anhaltende Klassifizierung in Hirsche, Tiere und Kälber.

Die Stärke der Hirsche ließ sich bis zu diesem Zeitpunkt nur nach der Anzahl ihrer Enden und nach dem Wildbretgewicht ermitteln; für etwa zehn bis zwanzig Prozent der Hirsche fehlten die entsprechenden Angaben. Beim Kahlwild, für das zumeist die Wildbretgewichte vorliegen, zeigte sich, daß vor 1935 Schmaltiere oft den Kälbern zugeschlagen wurden. Um für dieses typische Heiderevier eine wenn auch nur bedingt exakte so doch brauchbare Statistik über den Altersaufbau, das Geschlechterverhältnis und die Entwicklung des Rotwildes überhaupt erstellen zu können, übertrug ich alle „Kälber" mit einem Gewicht über vierzig Kilogramm als Schmaltiere in die Rubrik der „Tiere". Die Statistik teilte ich, um Vergleichsmöglichkeiten zu gewinnen, in mehr oder minder große, in sich zusammenhängende Zeiträume auf, in denen sich in der Strecke das jeweilige Verhältnis zwischen Hirschen und Kahlwild beziehungsweise Tieren und Kälbern (beiderlei Geschlechts) einigermaßen gleichblieb.

1889 bis 1901 führte, ausgehend von einer Wilddichte von etwa 2,5–3,0 Stück je 100 Hektar, der übermäßige Abschuß männlichen Wildes bei fast völliger Schonung der Kälber zu einem zahlenmäßig starken Übergewicht des weiblichen Wildes und damit zu einer Wilddichte von 3,5 bis 4,0 Stück je 100 Hektar. Dieser Entwicklung begegnete man in den folgenden neunzehn Jahren, von 1902 bis 1920, durch stärkeren Eingriff in die Klasse der Alt- und Schmal-

I. Rotwildstrecke eines Heidereviers von 1889 bis 1979

	Hirsche Stück	%	Tiere Stück	%	Kälber Stück	%
1889–1901	124	58	80	37	10	5
1902–1920	139	29	300	62	45	9
1921–1934	45	28	114	70	3	2
1935–1944	90	37	121	50	30	13
1951–1963	31	30	50	49	22	21
1964–1970	36	29	50	40	38	31
1971–1979	51	23	87	39	84	38

II. Rotwildstrecke von 1889 bis 1979 im Jahresdurchschnitt

	Hirsche	Tiere	Kälber
1889–1901	10	6	1
1902–1920	7	16	2
1921–1934	3	8	0
1935–1944	9	12	3
1951–1963	2	4	2
1964–1970	5	7	5
1971–1979	6	10	9

III. Kahlwildstrecke von 1889 bis 1979 im Verhältnis von Tieren (Alttiere + Schmaltiere) zu Kälbern ♂ und ♀

	Tiere Stück	%	Kälber Stück	%	insgesamt Stück
1889–1901	80	89	10	11	90
1902–1920	300	87	45	13	345
1921–1934	114	97	3	3	117
1935–1944	121	80	30	20	151
1951–1963	50	69	22	31	72
1964–1970	50	57	38	43	88
1971–1979	87	51	84	49	171

tiere. Im ersten Weltkrieg, mit der von der Entente über Deutschland verhängten Hungerblockade, wirkte sich dieser Trend besonders stark aus; von 1914 bis 1918 wurden, gegenüber einer Strecke von nur 14 Kälbern, fast 100 Tiere erlegt. Dieser abrupte Eingriff in den Rotwildbestand ließ die Wilddichte von bislang 3,5–4,0 Stück je 100 Hektar auf allenfalls 1,5–2,0 Stück je 100 Hektar zurückgehen.

Dementsprechend niedrig war die Strecke in den nächsten vierzehn Jahren, von 1921 bis 1934. Der Eingriff in die Klasse der Kälber blieb immer noch ungewöhnlich gering und trug gewiß nicht zu einer Qualitätsverbesserung des Rotwildes bei. Was die jeweiligen Revierinhaber damals bewog, Kälber weitgehend zu schonen, wissen wir nicht. Es wäre jedoch leichtfertig, ihnen ausschließlich materielle Gründe für den bevorzugten Abschuß von Alt- und Schmaltieren zu unterstellen. Gewiß wurde seinerzeit, als man noch weit entfernt von wissenschaftlich begründeten Abschußrichtlinien war, auch anderenorts in den großen, zusammenhängenden Forsten der Südheide das Rotwild nicht viel anders bejagt.

Als Mitte der dreißiger Jahre das Reichsjagdgesetz in Kraft trat, galt es, einen zahlenmäßig geschwächten, in seinem Geschlechterverhältnis und in seinem Altersaufbau völlig aus der Norm geratenen Rotwildbestand wieder einer natürlichen Gliederung anzupassen. Eine Aufgabe, die nicht in wenigen Jahren zu bewältigen war und an der man, nach ersten hoffnungsvollen Ansätzen, infolge der Nachkriegswirren zwangsläufig scheitern mußte. Als letztes, 1945 in Weyhausen erlegtes Stück Wild finden wir unter dem 25. Februar eine grobe Sau verbucht. Danach heißt es im „Schieß-Buch“ lapidar: „1945 Einmarsch der Engländer. Alle Jagdwaffen wurden abgenommen. Das Revier wurde von den Engländern bis 1950 bejagt. Die Strecke ist mir nicht bekannt.“

Gering wird sie gewiß nicht gewesen sein, denn in den folgenden Jahren 1951 bis 1963 verzeichnete man das niedrigste Streckenergebnis seit 1889. Während dieser Zeit mag die Wilddichte bei knapp über einem Stück je 100 Hektar gelegen haben. Und wieder hieß es, wie bereits Mitte der dreißiger Jahre, von neuem mit dem Aufbau eines in Alter und Geschlechterverhältnis natürlich gegliederten Rotwildbestandes zu beginnen.

1971 erließ das Land Niedersachsen Abschußrichtlinien für die Hege und Bejagung des Schalenwildes. Danach sollte die Strecke an weiblichem Rotwild wie folgt aussehen:

35 % Alttiere
10 % Schmaltiere } = 45 %
55 % Kälber (beiderlei Geschlechts)

Die Statistik III zeigt, daß sich die Streckenergebnisse in Weyhausen von einem Zeitraum zum andern mehr und mehr diesen angestrebten Werten näherten. Der Anteil an Tieren (Alttiere und Schmaltiere) fiel von 1935 bis 1979 von 80 % auf 51 % zurück, der Anteil der Kälber stieg demgegenüber im selben Zeitraum von 20 % auf 49 % an.

Wenden wir uns nun den seit 1889 in Weyhausen erlegten Hirschen, soweit Angaben darüber vorliegen, zu und prüfen wir, was die Statistik IV über sie aussagt:

IV. Stärke der von 1889 bis 1963 erlegten Hirsche

	Spießer Gabler	Sechser	Achter Zehner	Zwölfer	und stärker
1889–1901	53	23	34	3	
1902–1920	26	15	51	6	
1921–1934	3	2	29	1	
1935–1944	10	18	32	3	4 *
1951–1963	3	3	18	1	

* 1 Vierzehnender und 1 Achtzehnender fielen dem Verkehr zum Opfer.

Diese Statistik zeigt, daß von 1889 bis 1944, aus welchen Gründen auch immer, unverhältnismäßig stark in die Mittelklasse der Hirsche eingegriffen wurde. Zwar liegen uns für diese Hirsche keine Altersangaben vor, wir können jedoch unterstellen, daß zumindest die Achter und Zehner zur Mittelklasse zählen. Auch von 1951 bis 1963 war deren Anteil an der Strecke noch sehr hoch. Der Grund hierfür dürfte in der Tatsache liegen, daß die Besatzungsmacht Anfang der fünfziger Jahre einen Rotwildbestand hinterlassen hatte, der einen ungewöhnlich hohen Prozentsatz an schlecht veranlagten Hirschen gerade in der Mittelklasse aufwies. Ähnliche Verhältnisse haben wohl auch bereits 1935 vorgelegen.

Als Richtzahlen für die Hege und Bejagung der Hirsche wurden 1971 für Niedersachsen folgende Prozentsätze genannt:
Abschuß von 65 % der ein- bis dreijährigen Hirsche;
Abschuß von 10 % der vier- bis neunjährigen Hirsche;
Abschuß von 25 % der zehnjährigen und älteren Hirsche.

(Inzwischen wurde das Alter für Hirsche der Klasse Ia auf zwölf Jahre heraufgesetzt.)

Als diese Richtwerte veröffentlicht wurden, hatte sich der Altersaufbau des Rotwildes im großen und ganzen soweit normalisiert, daß nach ihnen verfahren werden konnte. Waren im Revier Weyhausen in den sieben Jahren von 1964 bis 1970 schon 1 Ia-Hirsch und 4 Ib-Hirsche erlegt worden, belief sich die Ernte an starken Hirschen in den nächsten neun Jahren (1971–1979) bereits auf 3 Ia- und 7 Ib-Hirsche.

Die Zukunft gut veranlagter Hirsche sollte man in der Verfolgung des Hegeziels weniger nach der Endenfreudigkeit und Formschönheit ihrer Geweihe als vielmehr nach deren Masse beurteilen. In der Rangliste der nach dem Krieg in der Bundesrepublik erlegten starken Hirsche nimmt der in dem Weyhausen benachbarten Revier Marwede 1976 von dem Landwirt Hans Alps erlegte ungerade Vierzehnender, mit einem von keinem anderen Hirsch übertroffenen Geweihgewicht von 10,1 kg, den siebenten Platz ein. Der Hirsch war seinem Erleger in den Jahren zuvor als starker Ib-Hirsch, also als einseitiger Kronenhirsch, bekannt. Hätte Hans Alps ihn als solchen geschossen, wäre der Hirsch durchaus im Rahmen der bestehenden Abschußrichtlinien gestreckt worden. So aber konnte er sich noch mehrere Jahre vererben – und sich am Ende sogar noch zu einem Spitzenhirsch der Klasse Ia entwikkeln. Hirsche, die Masse zeigen, verdienen es in jedem Fall, alt zu werden.

1980 erschien eine Pressenotiz des Deutschen Jagdschutz-Verbandes, in der es wörtlich heißt: „Was den Rothirsch anbetrifft, so ist er durch die fortwährende Einengung seines Lebensraumes schon zu einem regelrechten Nachttier geworden. Der durch die Erhöhung der Abschußpläne entstandene gesteigerte Jagddruck tut ein übriges, um diese bedauerliche Entwicklung zu unterstützen. Wenn von verschiedener Seite für eine immer noch schärfere Bejagung des Rotwildes plädiert wird, so scheint man zu übersehen, daß das Rotwild im Unterschied zum Rehwild ein Rudeltier ist, das den ‚Familien'-Verband braucht. Es ist von daher ein ökologischer Unsinn, dem Rotwild rein rechnerisch eine bestimmte Wilddichte zuweisen zu wollen. Die Zerstörung des Familienverbandes durch eine zu geringe Wilddichte beim Rotwild kann ein Schadverhalten geradezu stimulieren. Abhilfe schaffen können hier folglich keine Wilddichte-Rechenexempel, sondern vor allem ein naturnaher und wildfreundlicher Waldbau."

Daß das Rotwild von Natur aus kein Nachttier ist, bestätigte sich mir in eindrucksvoller Weise nach der großen Sturmkatastrophe vom 13. November 1972, als mein Revier weithin für den pürschenden Jäger unpassierbar geworden war, der Verhau Wege und Gestelle versperrte und ganze Revierteile über viele Monate hinaus von Menschen unberührt blieben. In dieser Zeit verweilte es, von mir über die Windwurfflächen hinweg aus weiter Entfernung beobachtet, äsend oder ruhend oft den ganzen Tag über auf den ungestörten Äsungsflächen. Zum Nachttier wurde es wieder, beziehungsweise um so mehr, je stärker hernach der „gesteigerte Jagddruck" seine Lebensgewohnheiten beeinträchtigte. Dabei ist meines Erachtens weniger die Höhe des Abschusses als vielmehr die auf acht Monate im Jahr ausgedehnte Jagdzeit für den gestörten Tagesrhythmus des Wildes, seinen Schältrieb in den Einständen und seine erschwerte Bejagung verantwortlich zu machen.

Wenn der Jagdschutz-Verband in einem „naturnahen und wildfreundlichen Waldbau" eine wesentliche Voraussetzung sieht, dieser Entwicklung zu begegnen, so hat er grundsätzlich recht. Zum einen aber bedarf es einer langen Zeit, um nach rein wirtschaftlichen Gesichtspunkten begründete Wälder in wildfreundliche umzuwandeln – ein Ziel, das dennoch nicht aus dem Auge gelassen werden sollte –, zum anderen geben viele Standorte, insbesondere die Heide, nichts Besseres her als monotone Kiefern- und Fichtenbestände, deren Biotop gewiß nicht als das Nonplusultra für die Qualität eines Rotwildbestandes zu betrachten ist. Wenn dennoch in den Heiderevieren in den letzten zehn Jahren kapitale Hirsche heranwuchsen, muß dazu neben allen Erfolgen durch die Hege mit der Büchse noch ein weiterer Faktor beigetragen haben. Und dieser Faktor ist zweifellos in der die natürliche Äsung ergänzenden Fütterung des Wildes zu erblicken.

Böse Zungen sprechen in diesem Zusammenhang gelegentlich von einer gewissen Parallele zwischen den Auswirkungen des Wirtschaftswunders und den „dicken Hirschen" der Heide. Das mag vielleicht vereinzelt zutreffen, nicht jedoch für die Masse der privaten Jagden und schon gar nicht für die umfangreichen Reviere der Staats- und Klosterforsten, denen es stets an entsprechenden finanziellen Mitteln fehlte und auch in Zukunft fehlen wird.

Immerhin – die Notwendigkeit, die natürliche Äsung in den armen Heiderevieren durch ein zusätzliches Nahrungsangebot, insbesondere während der Zeit der Vegetationsruhe, zu ergänzen, läßt sich nicht bestreiten. Die Fütterung darf jedoch nicht darauf abzielen, den Rotwildbestand zahlenmäßig anzuheben oder bewußt, wie im Gatter Schneeberg, Hirsche der freien Wildbahn zu Trägern von Spitzentrophäen heranzuzüchten. Die Kirche muß im Dorf bleiben, und wir müssen uns als Rotwildjäger mit dem begnügen, was unsere Reviere von sich aus, bei zwar für die Notzeit erforderlicher, in ihrer Intensität jedoch nicht übertriebener Fütterung, hergeben. Und auf das, was sie unter dieser Bedingung in den letzten Jahren hergegeben haben, können wir voller Genugtuung blicken.

Der große Sturm 1972

Anfang November 1972 konnte ich erleichtert auf ein Jahr ebenso befriedigender wie zeitraubender Arbeit zurückblicken. Ich hatte über hundert Hektar – eine ungewöhnlich große Fläche – dreißig- bis vierzigjährige Nadelholzbestände ausgezeichnet, die von einer mit Spezialgeräten für Schwachholz ausgerüsteten Firma durchforstet werden sollten. Wer mit den waldbaulichen Aufgaben des Forstmanns vertraut ist, weiß um den Reiz, der in der Gestaltung von Waldbildern liegt, in der individuellen Note, die man diesen Bildern mit dem Reißhaken zu geben vermag. Sind dann die so gekennzeichneten Bäume den Beständen entnommen, offenbart sich, ob man den jeweiligen Wirtschaftszielen wieder bis zur nächsten Durchforstung gerecht geworden ist. Glücklich, die umfangreiche Arbeit termingerecht beendet zu haben, sah ich den jagdlichen Freuden des Winters entgegen.

Doch wie so oft, versprach auch in diesem Jahr der November mit Nebel und Nieselregen dem Jäger wenig Erfolg. Am 13. war morgens, als ich mich zur Revierfahrt rüstete, das Barometer so tief gesunken, daß meine Frau besorgt äußerte, ich möge doch zu Hause bleiben, es gäbe bestimmt ein Unwetter. Ich lachte über ihre Ängste und fragte sie, ob sie es schon jemals erlebt habe, daß mich Sturm oder Regen vom Dienst hätte abhalten können. Im übrigen wolle ich nur kurz zu den Waldarbeitern schauen, die in der Nähe der Teiche mit dem Räumen von Gräben beschäftigt seien. Von dort müsse ich zu einer Besprechung mit Offizieren des Fliegerhorstes fahren, denen es um die Bereitstellung von Landeplätzen für die auszubildenden Hubschrauberbesatzungen gehe.

Als ich an den Teichen meinen Wagen am Rand eines Kiefernaltholzes verließ, um mit dem Haumeister die für den Nachmittag vorgesehenen Arbeiten zu besprechen, bogen sich über uns die Baumwipfel unter dem zornigen Angriff starker Böen. Schon riet mir der Haumeister besorgt, den Wagen besser auf einer freien, dem Windwurf nicht ausgesetzten Fläche abzustellen. Doch ich mußte mich beeilen, nach Unterlüß zu kommen. Unbehindert gelangte ich auf der Bundesstraße bis Weyhausen. Als ich dort in die nach Unterlüß führende Kreisstraße einbog, sah ich die Fahrbahn bereits von ersten vom Wind geworfenen Kiefern blockiert. Ich nahm es, noch immer guter Dinge, nicht weiter tragisch und erreichte über Nebenwege pünktlich das Kurhotel.

Die Besprechung hatte noch keine Stunde gedauert, als der Sturm immer stärker über die Dächer heulte. Erste Dachpfannen polterten herab und zerschepperten auf der Straße. Vom Schuppen eines benachbarten Sägewerks hob sich das Dach wie ein Papierfetzen in die Luft und taumelte zur Erde. Bald jagte eine Hiobsbotschaft die andere; kein Waldweg, keine öffentliche Straße schien mehr passierbar zu sein. Die Besprechung mit den Luftwaffenoffizieren mußte abgebrochen werden, damit die Revierbeamten sich um die sofortige Räumung der für den Verkehr wichtigsten Wege kümmern konnten.

Froh, daß mein Wagen vor dem Hotel wie durch ein Wunder nicht von herabgestürzten Dachpfannen getroffen worden war, versuchte ich mich nach Hause durchzuschlagen. Über die Kreisstraße war das nicht mehr möglich. Reihenweise blockierten hier bereits starke Stämme die Fahrbahn. Auch die Hoffnung, auf Landstraßen über den Forstort Lohe nach Hause zu gelangen, zerschlug sich, als der zum Orkan angewachsene Sturm in einem Kiefernaltholz mit dumpfen Aufschlag mehrere Stämme vor mir über den Weg warf. Bevor ich in der Falle saß, bevor auch hinter mir der Weg von stürzenden Kiefern blockiert war, gelang es mir, den Wagen zurückzusetzen und dem gefährlichen Altholz zu entkommen. Enttäuscht, wenn auch unbeschadet, traf ich wieder im Kurhotel ein.

Ich rief meine Frau an; nachdem vor einigen Jahren die Leitungen verkabelt worden waren, blieb mir gottlob diese Verbindung erhalten. Erschüttert berichtete sie mir, daß vom Altholz am Forsthaus nur wenige Bäume noch stünden, die Stromleitung, die Wasserversorgung, der Kühl- und Gefrierschrank ausgefallen seien und der Orkan bereits etliche Dachpfannen vom Haus gerissen habe.

„Ich weiß mir nicht mehr zu helfen. Wann kommst du endlich?“

Ich wußte es nicht. Zur Ohnmacht verurteilt, bot ich den Kollegen meine Hilfe an, doch hatten sie kaum eine Verwendung für mich. Ich brachte ihnen einige Kanister Benzin für die Motorsägen, dann stand ich wieder auf der nach Weyhausen führenden Straße und schaute den Waldarbeitern bei ihrer schweren Arbeit zu, während wolkenbruchartige Regenfälle sich über uns ergossen und der Wald sich mehr und mehr unter dem Zugriff des anhaltenden Orkans lichtete. Um die Gefahr, der sie sich ausgesetzt sahen, kümmerte sich keiner der Männer. Verbissen, naß bis auf die Haut, verrichteten sie ihre Arbeit.

Am Nachmittag hieß es, von Weyhausen aus käme uns ein Räumtrupp entgegen, voraussichtlich in einer Stunde werde die knapp acht Kilometer lange Straße passierbar sein. Es wurde sechzehn Uhr, es wurde siebzehn Uhr, und immer noch türmte sich unübersehbar der Verhau zwischen den beiden Räumkolonnen auf. Zur Untätigkeit verdammt, von Sorgen um mein Revier, um mein Forsthaus, um meine Frau geplagt, schien es mir unerträglich, hier vielleicht noch bis in die Nacht hinein warten zu müssen. Schließlich, die Dämmerung brach bereits herein, entschloß ich mich zu dem Versuch, mein Haus auf einem weiten Umweg zu erreichen. Vor jeder Kurve, wo immer noch Wald oder Reste von ihm standen, fürchtete ich, die Fahrbahn blockiert zu sehen. Ich hatte Glück; sämtliche Straßen waren hier bereits geräumt. Gegen neunzehn Uhr traf ich endlich zu Hause ein.

Von den Verwüstungen rings um das Forsthaus ließ mich die Dunkelheit nichts mehr erkennen. Im Dienstzimmer brannte einsam eine Kerze. Meine Frau war erschöpft, noch vor einer Stunde hatte sie, von einem Nachbarn unterstützt, mit Ersatzpfannen das arg ramponierte Dach notdürftig ausgebessert. Doch Ruhe konnte sie sich auch jetzt noch nicht gönnen, zu wertvoll waren die im Kühl- und Gefrierschrank eingelagerten Lebensmittel, als daß man sie dem Verderb hätte aussetzen können. In Eschede – ich hatte es auf der Durchfahrt gesehen – war der Strom nicht ausgefallen. Ein Anruf bei Bekannten eröffnete uns die Möglichkeit, in deren Gefriertruhe unsere Lebensmittel unterzubringen. In Körben und Wannen verpackt, brachten wir sie noch am späten Abend dorthin.

Bevor ich am nächsten Tag meiner vorgesetzten Dienststelle über die Sturmschäden in meinem Revier berichten konnte, mußte ich mir selbst erst einen Überblick verschaffen. Der Anblick, der sich mir bereits unmittelbar am Forsthaus bot, zeugte von einer einzigen Katastrophe. Drei, vier Meter hoch türmten sich, zu einem fast undurchdringlichen Verhau zusammengeworfen, die neunzigjährigen Kiefern und Fichten auf. Nirgends mehr war ein Weg zu erkennen, geschweige denn zu passieren. Über eine Stunde benötigte ich, bald über die geworfenen Stämme kletternd, bald unter ihnen hindurchkriechend, bis ich an die Teiche gelangte und einen Überblick nur über zwei der insgesamt mehr als sechzig Jagen meines Reviers bekam. Wo zuvor noch die Wechsel des Wildes durch heimliche Räume, durch Stangen- und Althölzer verlaufen waren, bot sich meinen Augen eine einzige Wüstenei, die weithin den Blick über ein Gelände freigab, das einmal mit Wald bestockt gewesen war. Ein Bild, das mich zutiefst deprimierte, vor dem ich fassungslos dastand und den aufsteigenden Tränen nicht mehr wehren konnte.

Im Espenloh sah es nicht anders aus und auch nicht im Forstort Lohe, den ich am Nachmittag aufsuchte. Oft wußte ich nicht mehr, wo ich mich befand, so sehr hatten sich die Waldbilder verändert. Einzig die jüngeren, noch während meiner Dienstzeit begründeten Bestände hatten den Orkan überstanden und machten es mir möglich, mich in der Wüstenei zu orientieren. Sämtliche mehr als dreißig Jahre alten Bestände waren entweder ganz geworfen worden oder nur noch als Relikte vorhanden. Bereits jetzt stand fest, daß auch sie vielfach nicht mehr zu erhalten waren. Nur die wenigen Laubholzbestände, die Erlen hinter dem Forsthaus und die Eichen im Espenloh, waren erhalten geblieben. Merkwürdigerweise wiesen auch einige ältere Fichtenbestände – und das jeder Schulweisheit zuwider – verhältnismäßig geringe Einbrüche auf, was sich vielleicht mit der Elastizität ihrer Stämme erklären ließ.

Insgesamt schätzte ich den Schaden auf mindestens 30000 Festmeter geworfenes Holz, eine Menge, die, wie sich später erwies, wenigstens um 10000 bis 15000 Festmeter zu gering veranschlagt war. Nicht nur die mühsame Arbeit des letzten Jahres war umsonst gewesen, es waren auch alle von mir in zwanzig Jahren in den übrigen Stangen- und Althölzern erzielten waldbaulichen Erfolge zunichtegemacht worden.

Über eine Woche dauerte es, bis die vom Sturm zerschlagene Stromleitung notdürftig ausgebessert und die Versorgung des Forsthauses mit Licht und Wasser wieder gesichert war. Zwischenzeitlich wurden wir einige Tage von einem in Weyhausen installierten Notaggregat mit Strom beliefert. Wobei man leider versäumte, uns über die Unzulänglichkeit dieser Notlösung zu unterrichten. Als wir am Abend den Fernseher einschalteten, um Nachrichten zu hören, schreckte uns ein dumpfer Knall auf, eine stinkende Rauchwolke breitete sich im Zimmer aus – der Fernseher war im Eimer; der Strom des Notaggregats hatte sich für ihn als ungeeignet erwiesen. Ein unbedeutender Zwischenfall angesichts der Katastrophe ringsum.

Monate nahm das Räumen der wichtigsten Holzabfuhrwege in Anspruch, bevor wir mit dem Aufarbeiten und dem Abtransport des vom Sturm geworfenen Holzes überhaupt beginnen konnten. Jahre sollten vergehen, ehe diese Arbeit mit Hilfe von Einschlagkolonnen und Unternehmern bewältigt worden war. Jahre, in denen neben dem Einschlag des Holzes bereits mit der Wiederaufforstung der geräumten Flächen begonnen und den Revierbeamten ohne Rücksicht auf Sonn- und Feiertage eine tägliche Arbeitszeit von zehn bis zwölf Stunden abgefordert wurde. Jahre aber auch, in denen mancher ältere Revierbeamte das Handtuch werfen mußte, weil er, restlos überfordert, seine Gesundheit eingebüßt hatte.

Die Befürchtung, dem Orkan könnte auch Wild zum Opfer gefallen sein, bestätigte sich nicht. Offensichtlich ließ sein Instinkt es beizeiten die ungefährdeten Dickungen aufsuchen, sofern es das nicht in Anbetracht der Tageszeit – die Katastrophe brach erst im Laufe des Vormittags herein – bereits getan hatte. Dem Zugriff des Jägers entzogen, genoß es jetzt in den unzugänglichen Revieren weitgehend

Ruhe und äste selbst bei Tage friedlich auf graswüchsigen Flächen. Für 1973/74 weist unser Streckenbuch nur die Erlegung eines geringen Hirsches und zweier Wildkälber aus; ich selbst schoß in diesem Jagdjahr kein Stück Schalenwild.

Die Schwierigkeit, das Rotwild in den von der Sturmkatastrophe betroffenen Revieren intensiv zu bejagen, wirkte sich aus. Seine Wilddichte stieg innerhalb weniger Jahre derartig an, daß in der Folge ein Verminderungsabschuß unumgänglich notwendig wurde. Ein weiterer positiver Aspekt für das Wild: Wo vorher mehr oder minder enge Nadelholzbestände keinerlei Bodenvegetation hatten aufkommen lassen, bot sich ihm nun weiterhin eine natürliche Äsung an. Auch das wird eine der Ursachen für das Heranreifen so ungewöhnlich starker Hirsche in den siebziger Jahren gewesen sein. Ähnlich günstig wirkten sich für das Wild in der Folge auch die großen Waldbrände aus. Es bedarf jedoch keiner Prophetengabe, um bereits heute voraussagen zu können, daß mit dem Heranwachsen der auf den Windwurf- und Waldbrandflächen neu begründeten Kulturen diese optimalen Voraussetzungen für die Entwicklung des Wildes wieder schwinden werden.

Die Auswirkungen der Sturm- und Brandkatastrophen haben im Hinblick auf die Bewirtschaftung des Rotwildes zu unterschiedlichen Auffassungen geführt. Während die einen in ihrer Sorge um die vom Wild gefährdeten Kulturen und heranwachsenden Dickungen für eine starke Verminderung der Wilddichte eintreten, halten andere nach wie vor eine Wilddichte von drei Stücken je 100 Hektar für durchaus tragbar. Und ich meine, man sollte letzteren recht geben: Jeder erfahrene Waldbauer weiß, daß sich die Schäden nicht nur relativ, sondern grundsätzlich um so mehr reduzieren, je größer die Kulturflächen angelegt sind, und das selbst bei Lärchen-, Douglas- und Laubholzkulturen, die erfahrungsgemäß vom Wild bevorzugt verbissen und geschält werden. Hinsichtlich ihrer Größe aber haben wir heute Kulturen aufzuweisen, die in nichts mit früheren zu vergleichen sind.

Daß die Größe dieser Flächen die Bejagung des Rotwildes, wie überhaupt des Schalenwildes, erschweren wird, steht außer Frage. Es wäre jedoch verfehlt, daraus die Schlußfolgerung zu ziehen, bereits jetzt den Rotwildbestand auf ein Minimum zu reduzieren. Das Problem liegt vielmehr darin, auch dann noch die Wilddichte in angemessenen Grenzen zu halten, wenn die großflächigen Kulturen zu Einständen herangewachsen sind. Das aber wird durchaus möglich sein, wenn dem Wild ausreichend Äsungsflächen angeboten werden; 1 bis 2 Prozent der Revierfläche sollten dafür bereitgestellt, insbesondere die Gestelle oder Schneisen entsprechend vorbereitet und angesät werden. Werden die Reviere obendrein durch ein Netz von Pürschsteigen erschlossen und ausreichend Hochsitze errichtet, dürfte es keine Schwierigkeiten mehr bereiten, die Wilddichte auch künftig in einer für die Heide normalen Höhe von drei Stücken je 100 Hektar zu halten.

Wie übel sich die Sturmkatastrophe für die Sauen auswirkte, erwähnte ich bereits. Auch sie vermehrten sich ungewöhnlich stark, nachdem es unmöglich geworden war, sie intensiv zu bejagen. Bis sie, wie vorauszusehen war, von der Schweinepest dezimiert wurden.

Beim Rehwild war, wie beim Rotwild, zwar eine gewisse Qualitätsverbesserung festzustellen, nachdem sich auch sein Biotop durch die Sturmkatastrophe günstig entwickelt hatte. Auf seine Quantität aber hatte sich, zumindest in meinem Revier, die ihm unfreiwillig gewährte Schonzeit kaum oder gar nicht ausgewirkt. Eines der vielen Rätsel mehr, die uns dieses empfindliche Wild seit eh und je – und das insbesondere in den Rotwildrevieren – aufgegeben hat.

Nach fündundvierzig Dienstjahren sah ich mich 1975 auf Grund meiner angeschlagenen Gesundheit gezwungen, um meine vorzeitige Versetzung in den Ruhestand einzukommen. Seit dem großen Orkan 1972 hatte ich an Rotwild nur ein Schmaltier erlegt.

Der Abend im August, an dem ich es im Rungeloh streckte, war, im Wissen um das baldige Ende meiner Dienstzeit, von leiser Wehmut überschattet. Der Lärm der Motorsägen war verstummt, der leise Wind eingeschlafen, in goldenes Licht getaucht lag die Kiefernkultur vor der Kanzel. Neben mir saß eine Freundin aus der alten Heimat. Bei ihren Eltern, deren Gut in Mecklenburg an mein Revier grenzte, war ich mit meiner Frau oft und gerne zu Gast gewesen. So war dieser Abend, in Erinnerung an mein altes Revier, von besonderer Eindringlichkeit, dessen Zauber wir uns nicht entziehen konnten.

Noch warf die Sonne ihr letztes Licht auf die Kultur, als aus der angrenzenden Lärchendickung fünf Stück Rotwild auftauchten, zwei geringe Achter, einer von ihnen noch nicht verfegt, und drei Schmaltiere, von denen ich das geringste ins Visier nahm. Wie immer, wenn ich in Begleitung einer Frau jagte, die sich selbst nicht dem Waidwerk verschrieben hat, tat ich es in der Befürchtung, der Tod eines friedlichen Geschöpfes könne sie erschrecken und mein Handwerk als hart oder gar abstoßend empfinden lassen. Um so mehr bemühte ich mich, dem Wild mit einer guten, bedachtsamen Kugel ein sanftes Ende zu bereiten. Nach wenigen Fluchten brach das Schmaltier am Rand der Kultur verendet zusammen. Der Schuß war verhallt, ringsum wieder tiefer Frieden.

Eine Viertelstunde später, in der wir nur wenige Worte gewechselt hatten, baumten wir ab. War die Wundfährte auch nur kurz, ließ ich sie doch den nun schon bedächtigen Raudel arbeiten. Und nichts, was unser Waidwerk in Brauchtum und Ästhetik aus der Sphäre des Banalen hebt, versäumte ich mit der Gewissenhaftigkeit zu tun, die mir in mehr als vier Jahrzehnten zu eigen geworden war. Als ich dem Hund einen Bruch an die Halsung geheftet, dem Schmaltier den letzten Bissen gegeben und es in Besitz genommen hatte, legte Margrit den Arm um meine Schulter und sagte: „Ich wußte nicht, wie feierlich eine Stunde wie diese sein kann", und sprach damit aus, was mich selbst an diesem Abend bewegte.

Mein kurzfristiges Gesuch, mich aus dem Dienst zu entlassen, ließ der Verwaltung keine Gelegenheit mehr, mir zum Abschied einen stärkeren Hirsch freizugeben. Immerhin war es mir noch vergönnt gewesen, einige Wochen vor der Sturmkatastrophe einen braven Hirsch zu strecken.

Im Espenloh, wiederum an der langgestreckten Kultur vor der Grenzdickung, stieß ich während der Brunft auf einen Hirsch, der mich nicht sogleich erkennen ließ, welcher Klasse er zuzurechnen sei. Viel über acht Pfund schien er nicht zu haben, gewiß aber war es kein IIb-Hirsch mehr. Die rechte Stange, ohne Eissprosse, wies fünf Enden auf, deren eines in der Krone – ich glaubte, mir dessen sicher zu sein – unter einer Länge von drei Zentimetern lag. Die linke Stange mit ebenfalls fünf Enden machte mir das Ansprechen nicht leichter, wußte ich doch nicht mit letzter Sicherheit zu sagen, ob sie eine zu tief angesetzte Mittel- oder eine nach oben verschobene Eissprosse zeigte. Ich sprach ihn als ungeraden Kronenzehner und damit als Ib-Hirsch an. Sollte ich mich in der Länge des kurzen Kronenendes getäuscht haben, blieb immer noch die Möglichkeit offen, die merkwürdig nach unten versetzte Mittelsprosse als Eissprosse anzusehen, womit er dann gleichfalls als Ib-Hirsch zu betrachten war.

Inzwischen war das Altholz vor der langgestreckten Kultur abgetrieben worden, und der Hochsitz, von dem aus Hans Wiens seinen „Eissprossenachter" kennengelernt und ich meinen starken Hirsch geschossen hatte, stand völlig frei auf der Kahlfläche am Rand der Kultur. Das machte es mir nur am Abend möglich, mich auf ihm anzusetzen, morgens wäre ich unweigerlich mit dem auf der Kultur stehenden Rudel zusammengestoßen. Und wieder hatten wir anhaltenden Westwind, der das Wild außer Reichweite auf die Kultur ziehen ließ. Anfang Oktober sprang der Wind endlich um. Altweibersommer segelte über die Kultur und verfing sich in den prallen Trieben der jungen Kiefern. Weit, bis an ein fernes, den Horizont begrenzendes Altholz ging der Blick über die mir gegenüberliegende, von weißen Birkenstämmchen gesäumte Grenzdickung, aus der ich den Hirsch mit seinem Rudel erwartete.

Der Tag neigte sich dem Ende zu, als endlich am Dickungsrand das Rudel auftauchte, vier Alttiere, zwei Schmaltiere und drei Kälber. Eine Viertelstunde später, ich war bereits unruhig geworden, trat auch der Hirsch aus. Zwanzig Gänge vom Dickungsrand entfernt tat er sich nieder. Doch als ich ihn, des greifbaren Erfolges nahezu sicher, im Glas hatte, erkannte ich in ihm nicht meinen, sondern einen mir völlig fremden Hirsch. Statt der fünf Enden in der linken Stange wies dieser nur vier auf, wenngleich er im Alter und in der Stärke durchaus „meinem Hirsch" zu entsprechen schien.

Inzwischen hatte sich der Hirsch wieder aufgenommen. Schwerfällig, offensichtlich brunftmüde, zog er dem vertraut auf der Kultur äsenden Rudel nach. Und wieder tat er sich nieder, kaum hundert Gänge von mir entfernt. Einmal schrie er im Sitzen, doch schon wurde ihm das Haupt wieder schwer. Er war völlig apathisch und schenkte dem Kahlwild nur wenig Aufmerksamkeit.

Als ich ihn abermals mit dem Glas betrachtete, überraschte es mich, seine rechte Stange, mit dem kurzen Ende in der Krone, als die des von mir seit Wochen bestätigten Hirsches erkennen zu müssen. Ich glaubte mich genarrt und verwahrte mich gegen eine derartig verblüffende Identität – bis ich mir auch die linke Stange nochmals ansah und verdutzt feststellen mußte, daß die am Tag zuvor noch vorhandene, nach unten versetzte Mittelsprosse unmittelbar an der Stange abgekämpft war.

Damit fiel es mir wie Schuppen von den Augen: Nicht Brunftmüdigkeit, die den Hirsch so apathisch sein ließ – wie herrisch hatte er gestern abend noch anhaltend schreiend sein Rudel zusammengehalten! –, der Kampf um sein Wild hatte ihn in der Nacht mehr als nur ein abgekämpftes Ende gekostet. Der Hirsch war krank, sogar schwerkrank.

Den Stutzen gestochen in den Händen, wartete ich lange Zeit, daß er sich wieder aufnehmen würde. Schon brach die Dämmerung herein und hatte das Kahlwild bereits die halbe Kultur hinter sich gebracht, als er endlich, teilnahmslos und mit gesenktem Haupt, auf die Läufe kam. Und wieder leistete das kleine, rasante Geschoß ganze Arbeit: auf dem Trägeransatz einschlagend und Lunge und Aorta zerstörend, riß es ihn von einer Sekunde zur anderen aus dem Leben.

Die gute, von mir richtig angesprochene Trophäe, bereitete mir Freude. Doch war es nicht sie allein, die mich mit tiefer Befriedigung auf den Gestreckten blicken ließ: Noch in der Dämmerung erkannte ich einen von seinem Gegner herrührenden brutalen Forkelstich unmittelbar neben dem linken Licht des Gefällten. Die Gewißheit, ihn durch eine schmerzlose Kugel vor einem kläglichen Ende bewahrt zu haben, ließ mich zutiefst dankbar und mit einem Herzen so voller Genugtuung vor ihm stehen wie vor keinem anderen der mehr als drei Dutzend von mir erlegten Hirsche.

Was ich am Abend nur oberflächlich, wenn auch zweifelsfrei erkannt hatte, bestätigte sich mir am nächsten Morgen beim Kappen des Geweihs. Der Forkelstich neben dem Licht war bis ins Gehirn gedrungen. Außerdem, und das war eine weitere Überraschung, die der Hirsch mir bereitete, steckte tief in seiner dem Schädel aufliegenden Decke ein abgebrochenes, vier Zentimeter langes Geweihende seines Rivalen. Auch hier wies das Gehirn einen ausgeprägten Bluterguß von tiefroter, fast schwarzer Farbe auf.

Drei Wochen hatte der Hirsch sein Rudel zusammengehalten, es gegen jeden Nebenbuhler verteidigt. Im letzten harten Kampf war er, wenn auch schwer blessiert, Sieger geblieben – konnte sein Leben, wie er es in der freien Wildbahn geführt hatte, würdiger enden?

Nie war mir die dem Begriff der Waidgerechtigkeit innewohnende Forderung nach Humanität stärker bewußt geworden, hatte sich mir vollkommener diese Forderung erfüllt, als mit der Erlegung dieses bereits vom Tod gezeichneten Hirsches. Zum erstenmal stand ich vor einer leidenschaftlich begehrten Beute ohne jenen ewigen Zwiespalt, in den wir als Jäger zwischen Leidenschaft und Humanität, zwischen „dunklem Urtrieb“ und „feinsinnigem Empfinden“, wie es von Gagern ausdrückt, immer wieder gestürzt werden.

Und es war gut so, daß ich nach diesem Hirsch keinen weiteren mehr strecken konnte. In seiner Erlegung sah ich den krönenden, durch nichts mehr zu überbietenden Abschluß eines langen Jagens auf unser edelstes Wild.

Rückblick und Zukunft

Die sogenannte Residenzpflicht schreibt dem im öffentlichen Dienst stehenden Forstbeamten vor, bis zu seiner Pensionierung in dem ihm zugewiesenen Forsthaus zu wohnen. Das geschieht nicht zuletzt im Interesse einer Bevölkerung, der die Forsthäuser von alters her mehr als nur zu einem topographischen Begriff geworden sind. Nähme man den Forsthäusern ihren traditionellen Charakter, die Landschaft würde um eine Idylle ärmer werden. Für den Beamten selbst bringt die Residenzpflicht neben mancherlei Vor- und Nachteilen die am Ende seiner Laufbahn bittere Konsequenz mit sich, das zum Heim gewordene Forsthaus räumen und das geliebte Revier aufgeben zu müssen, eine Zäsur, so einschneidend und psychisch belastend, wie sie Beamte anderer Berufssparten kaum jemals erfahren.

Fünfundzwanzig Jahre Schelploh: ein Vierteljahrhundert – wie schnell ging es dahin! Ein eigenes Revier, jubelte einmal mein Herz, ein Stück Natur, ein Königreich, in dem du als Jäger und Waldbauer wirken und gestalten darfst. Was alles hatte ich mir vorgenommen, um es in seiner hier und dort noch vorhandenen Urwüchsigkeit zu erhalten und seine Fauna und Flora vor den destruktiven Kräften einer mit jeder Zivilisation einherschreitenden Technik so weit wie möglich zu bewahren!

Armer Tor! Wie oft standest du ohnmächtig einer Verwaltung gegenüber, deren Furcht vor roten Zahlen größer war als vor den schädlichen Auswirkungen monoton begründeter Nadelholzbestände und in die Wälder hineingetragener Gifte, größer auch als vor den brutalen Boden, Flora und

Fauna zerstörenden Eingriffen! Donquichotterie erschien es dir zuweilen, gegen einen Fortschritt zu opponieren, der sich – ein vermeintlicher deus ex machina – um seiner selbst willen längst selbständig gemacht hatte. Nicht daß viele deiner Vorgesetzten nicht ähnlich empfanden und gleich dir einen Waldbau, wie unsere Vorderen ihn unter einer unkomplizierten Verwaltung behutsam und geduldig ausgeübt hatten, den „modernen„ Praktiken vorzogen. Auch sie standen unter dem Druck einer politisch gelenkten Bürokratie, deren einziger Name „Wirtschaftlichkeit" hieß.

Gewiß, die Heidestandorte sind im allgemeinen arm und viele von ihnen nur für die Begründung von Kiefern- und Fichtenbeständen geeignet. Dennoch – die Standortkartierungen weisen in fast allen Revieren mehr oder minder große Flächen auf, deren Böden durchaus für den Anbau von Laubhölzern, insbesondere von Eichen, geeignet sind. Deren Umtriebszeit aber beträgt rund dreihundert Jahre, und ihre Wirtschaftlichkeit erweist sich unseren Nachkommen erst in der vierten oder fünften Generation. Grund genug für eine auf frühzeitige Rendite bedachte Verwaltung, auch bessere Heideböden mit schnellwüchsigeren Nadelhölzern zu bestocken. So bedeutete mir vor Jahren einmal ein höherer Forstbeamter: „Lassen Sie das mit den Eichen! Sie wissen doch, daß Eichenholz schlecht zu vermarkten ist." Eine Prognose für das 22. Jahrhundert hatte er damit gewiß nicht gestellt. Die Sturmkatastrophe gab Gelegenheit, auf einigen besseren Böden Eichenkulturen zu begründen; in meinem Revier nahm man sie, entgegen meinem Vorschlag, leider nicht wahr.

Als in den fünfziger Jahren die ersten Motorsägen in meinem Revier eingesetzt wurden, war ich fortschrittlich genug, darin eine wesentliche Erleichterung für die im

Einschlag beschäftigten Waldarbeiter zu erblicken. An den Lärm der Sägen gewöhnte sich das Wild und gewöhnte auch ich mich, wenngleich ich an jedem Werktag froh war, wenn sie am Abend verstummten und der Wald wieder Ruhe und Frieden gefunden hatte. Was sich jedoch in den nächsten Jahrzehnten in unseren Wäldern zunehmend an Technik entwickelte, flößte mir von Jahr zu Jahr mehr Grauen ein. Rücke-, Bringe-, Polter-, Schäl- und Vollumbruchmaschinen wuchsen sich zu immer größeren Giganten aus. Sie erforderten den Bau immer breiterer, immer zahlreicherer Wege und ließen keine Rücksicht auf den Verlust wertvollen Holzbodens zu. Sie walzten Jungwuchs nieder, beschädigten Stämme, vernichteten seltene Pflanzen und lassen den Wald, wenn wir so weitermachen, zu einem Industriegelände werden, in dem bald nicht mehr die pflegende Hand des Försters, sondern die ausbeuterische Faust des Unternehmers herrschen wird. Vielleicht sehe ich zu schwarz, vielleicht stehe ich noch allzusehr unter dem Eindruck der auf den Windwurfflächen meines Reviers konzentriert eingesetzten Maschinen. Dennoch – wie weit haben wir uns von dem in den dreißiger Jahren gültigen, wenn auch nicht überall anwendbaren Prinzip des Dauerwaldgedankens und der sich einst hervorragend bewährten Aufgliederung der Reviere in Pflegeblöcke entfernt!

An den Teichen hatte ich ein Refugium für seltene Vertreter unserer heimischen Fauna und Flora erhalten und ausbauen wollen. Zwar konnte ich nach hartnäckigen Anträgen die Verwaltung bewegen, eine zur Aufforstung anstehende Wiese in Teiche umzuwandeln, doch blieb das so ziemlich der einzige Erfolg meiner Bemühungen.

Anfang der sechziger Jahre ließ der für die Lutter zuständige Wasserwirtschaftsverband den Bach oberhalb meines Reviers mit einem schweren Bagger räumen, eine Maßnahme, von der ich erst nachträglich erfuhr und auf die ich auch keinen Einfluß hätte nehmen können. Seit eh und je war die Lutter, sobald sie zu verkrauten drohte, von Hand geräumt und damit in ihrem natürlichen Zustand erhalten worden. Durch den Einsatz des schweren Räumgeräts aber wurde in der Tiefe des Bachbettes Schwemmsand angeschnitten, der sich alsbald bachabwärts in mein Revier ergoß. Das wiederum veranlaßte die Verwaltung, die versandete, weit über die Ufer getretene Lutter nun auch in meinem Revier mit schwerem Gerät räumen zu lassen, mit dem Erfolg, daß der Schwemmsand noch weiter abwärts trieb und in dem vom Bagger aufgewühlten Wasser die letzten Forellen erstickten. Auch die Räumung selbst, die doch der Verkrautung des Baches entgegenwirken sollte, erwies sich als Fehlschlag. Wo bislang eine Vielzahl von Pflanzen mit Forellen, Elritzen und Wasserkerfen eine natürliche Lebensgemeinschaft gebildet hatte, erstickt heute das Leben unter einem Teppich von Manna-Schwaden.

Der abrupte Eingriff in das Gefüge des Bachbiotops wirkte sich nicht weniger nachteilig auf die Ufervegetation aus. Pestwurz, Sumpfblutauge, Knabenkraut und Sumpfdotterblume sind verschwunden. Gagelstrauch und Drachenwurz verloren viele der ihnen zusagenden Standorte. Ein einziger Strauch Rosmarin blühte noch Ende der fünfziger Jahre rosenrot am Ufer des Flüßchens. Ausgerechnet ein Forstmann riß ihn aus, als er anläßlich einer Waldwertberechnung bodenbestimmende Pflanzen sammelte. Da er die Rosmarinheide nicht kannte, brachte er sie mir, damit ich ihm sage, um welche Pflanze es sich handelte. Ich habe es ihm gesagt!

Ein weiterer Einbruch in das diffizile Gefüge der Teichlandschaft erfolgte mit der Sturmkatastrophe. Die weiträumige Vernichtung des Waldes im Einzugsgebiet der Lutter ließ übermäßig mit Humussäure angereichertes Oberflächenwasser in den Bach gelangen. In den Teichen ließ sich zwar der hohe Säuregehalt des Wassers durch Kalkung neutralisieren, nicht aber in der Lutter selbst. Hier ging das ohnehin spärliche Plankton noch weiter zurück, und die bereits durch die Bachräumung dezimierte Uferflora konnte sich nur mit wenigen Arten noch auf die abgesunkene pH-Zahl einstellen.

Auch nach meiner Pensionierung kam es zu weiteren Einbrüchen in den empfindlichen Biotop der Teichlandschaft. Unter dem Aspekt vermeintlicher Wirtschaftlichkeit wurde der von mir bewußt in seinem verwilderten Zustand belassene Teich rigoros von Schilf und sonstigen Wasserpflanzen geräumt und damit ein wertvolles Refugium für zahlreiche Sing- und Wasservögel zerstört. Nicht genug damit: Ausgerechnet in diesem unberührtesten und damit schönsten Winkel der Teichlandschaft steht heute ein primitiv zusammengestückeltes Wochenendhaus, dessen Häßlichkeit mit einem daneben befindlichen Blechlokus wetteifert. O quae mutatio rerum!

Bereits 1951 wurden im Forstort Lohe vier Jagen von einer schräg über die Drelleniederung verlaufenden Starkstromleitung zerschnitten. Gewiß kein schöner Anblick, immerhin aber bot sich die Leitungs-Trasse für die Anlage von Äsungsflächen an, die auch bald vom Wild angenommen wurden. Mit der Elektrifizierung der Bundesbahn wurde der Bau einer weiteren Starkstromleitung erforderlich; man ließ sie neben der bereits vorhandenen verlaufen. Auch damit noch nicht genug: Anfang der siebziger Jahre kam eine dritte, in ihrer Auslage noch breitere Starkstromleitung hinzu, so daß nunmehr drei nebeneinander errichtete Leitungen mit ihren häßlichen Gittermasten die Landschaft verunstalten.

Weite Heideflächen sind den Aufforstungen gewichen und mit ihnen die einst zahlreichen Bienenstände. Das Lied der Heide ist verstummt. Der Fischotter ist nirgends mehr an der Lutter zu Hause. Eine letzte Birkhenne fand ich bereits Anfang der sechziger Jahre verendet unter den Drähten der Starkstromleitung. Das letzte Paar Turteltauben verschwand zur selben Zeit. Nirgends mehr sah ich in den letzten Jahren meiner Dienstzeit den Grünspecht. Graureiher, Fischadler und Schwarzstorch sind seltener geworden. Ihnen allen zerstörte oder beeinträchtigte der „Fortschritt" den Lebensraum.

Wie sagte doch seinerzeit Forstmeister Funk?: „Zu diesem Revier sollten nur Jäger, aber keine Forstleute und Techniker Zutritt haben." Ein frommer, aber utopischer Wunsch! Aber wenn er sich verwirklicht hätte – Lohe wäre trotz der Sturmkatastrophe im Artenreichtum seiner Fauna und Flora ein kleines Paradies geblieben, dessen Rendite sich zwar nicht in Mark und Pfennig, wohl aber in der unbezahlbaren Freude an einem Stück sich selbst überlassener Natur ausgezahlt hätte. Und wäre es wirklich so absurd gewesen, wenn eine Verwaltung, die über große Latifundien verfügt, einige hundert Hektar Wald und Heide sich selbst überlassen und damit ein Reservat für ein vielfältiges Tier- und Pflanzenleben geschaffen hätte? Würde ein solches Reservat heute nicht einen immensen Wert haben und selbst Nutzen abwerfen, indem es einer vergleichenden Wissenschaft als trächtiges Objekt hätte dienen können?

Ich weiß um die Abwegigkeit solcher Gedanken in einer Zeit, in der wirtschaftliche Notwendigkeiten Vorrang vor dem Heimweh nach einer natürlichen Umwelt haben. Es wäre ja auch unmöglich, wenn jeder Forstmann in seinem Revier derartigen Träumen nachhinge oder sie gar verwirklicht sehen wollte. Und dennoch – wer nicht mehr zu träumen vermag, empfängt auch keine schöpferischen Impulse mehr.

Es wäre jedoch undankbar, den Blick nicht auch auf positive Ergebnisse zu lenken. Viele der inzwischen zu Dickungen herangewachsenen Kulturen befriedigen mit ihrem zum Teil hervorragenden Wuchs das Auge des Waldbauers. Dort, wo sie von Traubenkirschen eingefaßt wurden, unterbrechen sie mit lebhaften Farben die Monotonie des Nadelholzwaldes. Der „Urwald" im Espenloh mit seinen alten Eichen und zwischen- und unterständigen Fichten blieb unberührt erhalten. Die ihm benachbarten Eichenbestände wurden zum Teil mit Winterlinden, Rotbuchen und Traubenkirschen unterbaut und somit zu einer Laubholzoase inmitten der Kiefern- und Fichtenbestände. Hinter dem Forsthaus sind die Erlen herangewachsen und bieten unter ihrem lockeren Schirm dem Wild bereits üppige Äsung.

Der Rotwildbestand hat sich auf eine normale Wilddichte von drei Stück je 100 Hektar eingependelt und in seiner Qualität enorm verbessert. Das Schwarzwild hat sich vom letzten Pestgang erstaunlich gut erholt und berechtigt, nachdem es nach dem Lüneburger Modell bejagt wird, zu der Hoffnung, künftig wirklich starke Keiler hervorzubringen. Der Kolkrabe, vor dreißig Jahren noch selten, ist heute überall in der Südheide zu Hause. Wiederholt konnte ich Flüge von zwanzig und mehr Raben beobachten. Der Ziegenmelker schnurrt wieder in der Abenddämmerung seinen eigentümlichen Liebesgesang, nachdem der Sturm ihm mit weiträumigen Blößen neuen Lebensraum schuf. Unerwartet vermehrte sich in den letzten Jahren der Rauhfußkauz. Selbst den harten Winter 1978/79 überstand er unbeschadet, fand er doch an den zahlreichen, für das Wild mit Körnerfrucht beschickten Fütterungen ausreichend

Mäuse als Nahrung. Nach wie vor brütet der Eisvogel an den Teichen. Milan, Bussard und Habicht haben sich in ihrem Bestand erhalten.

Es mag noch manches zu rühmen sein, unwiederbringlich erscheinende Verluste können damit nicht aufgewogen werden. Was mir blieb, ist die Erinnerung an alles, was die Sinne jemals bewußt in sich aufgenommen haben: Die Erinnerung an ungezählte Stunden frohen Jagens und Fischens in einer zu Beginn noch heilen Umwelt. An gute Freunde, an über alles geliebte Hunde, die mich vor Tau und Tag ins Revier begleiteten, in der Abenddämmerung neben mir auf der Kanzel saßen, mit mir am gestreckten Wild standen. An verschneite Fichten unter frostklarem Himmel, an das hundertfältige Grün im Frühjahr, an die lohenden Farben des Herbstes. An den Ruf des Kuckucks, das Rucksen des Taubers, das Schlagen des Finken, den nächtlichen Gesang der Heidelerche. An den Ruch von Tang an den Teichen, von Kien auf den Kahlschlägen, von Juchten in den Birkenjugenden. Eben an alles, woran sich einmal die Sinne in Gottes eigenem Garten berauschten.

Alles ist wie einst, und wer glaubt, die Erinnerung sei der Tod, der sich seiner selbst bewußt wird, hat nie die Wirklichkeit gelebt und nie erkannt, daß Wirklichkeit ins Unendliche wirkt. Nur Blinde zerschlagen die Zeit in Vergangenheit und Zukunft und hocken hilflos auf dem schmalen Grat ewig wandernder Gegenwart. Es gibt kein Gestern ohne Heute und kein Heute ohne Morgen.

Jeder neue Tag birgt neue Hoffnungen in sich. Und um die Hoffnung, daß sich eine jüngere Generation nicht weiterhin der letzten natürlichen Werte auf Gottes Erde berauben lassen wird, möchten wir uns nicht betrogen sehen.